U0560206

法治建设与法学理论研究部级科研项目成果

人工智能的场景化应用
及其法律规制研究

张永亮　等著

ZHEJIANG UNIVERSITY PRESS
浙江大学出版社
·杭州·

图书在版编目（CIP）数据

人工智能的场景化应用及其法律规制研究／张永亮
等著. —杭州：浙江大学出版社，2024.4（2025.6 重印）
　　ISBN 978-7-308-24555-5

　　Ⅰ . ①人… Ⅱ . ①张… Ⅲ . ①人工智能－法律－研究
Ⅳ . ①D912.174

中国国家版本馆 CIP 数据核字（2024）第 017897 号

人工智能的场景化应用及其法律规制研究

张永亮　等著

责任编辑	王　晴
责任校对	朱梦琳
封面设计	十木米
出版发行	浙江大学出版社
	（杭州市天目山路 148 号　邮政编码 310007）
	（网址：http://www.zjupress.com）
排　　版	杭州好友排版工作室
印　　刷	杭州高腾印务有限公司
开　　本	710mm×1000mm　1/16
印　　张	15
字　　数	320 千
版 印 次	2024 年 4 月第 1 版　2025 年 6 月第 2 次印刷
书　　号	ISBN 978-7-308-24555-5
定　　价	68.00 元

出版说明

　　本书是张永亮教授主持的司法部课题"人工智能的法律规制研究"（18SFB2049）的重要成果。为了高质量地完成该课题，课题组成员根据研究基础和特长，将研究领域聚焦于人工智能的主体资格、算法权力法律规制、金融科技监管法律问题、智能汽车交通事故致损法律问题、人脸识别法律问题、人工智能生成物著作权保护法律问题、互联网金融平台监管法律问题等方面。全书共分七章，其中第一章和第二章是关于人工智能基础理论的研究；第三章至第七章是关于人工智能在金融科技、智能汽车、人脸识别、人工智能生成物著作权保护、互联网金融平台等具体应用场景的法律规制研究。

　　人工智能是一种模拟人类智能思维和行为的技术和方法。随着计算能力的提升和大数据的积累，近年来人工智能取得了长足的发展，涵盖了多个子领域和应用领域。从法学视角研究人工智能可以为人工智能技术提供明确的法律界限和指导，鼓励科技创新和应用。人工智能在收集、分析和利用数据时可能涉及个人隐私和权益，适当的法律规制可以保护个人隐私，防范个人数据滥用，维护个人的权利和尊严。人工智能技术的应用可能引发伦理问题、安全问题、算法偏见等一系列风险隐患，通过法律规制有助于识别和规避这些潜在风险，防止技术的滥用和不当行为。在某些领域，特定的法律法规可能要求人工智能系统满足一定的合规标准，促使开发者确保其技术符合相关合规要求。借助法律规制可以要求人工智能系统的开发者和使用者解释算法决策的过程，增加透明度，建立问责机制。希冀本书的研究成果在保障人工智能技术应用的合法性、道德性和可持续性，促进科技健康发展并维护公众权益方面有所贡献。

1

本书系集体创作完成。写作组成员包括张永亮、周建伟、王洋、林盛浩、余思梦、赵鹏、潘尔潇、闫琪、陈亦涵。具体分工如下：第一章：王洋、周建伟；第二章：林盛浩、张永亮；第三章：张永亮、周建伟、陈亦涵；第四章：余思梦、张永亮；第五章：赵鹏、张永亮；第六章：潘尔潇、张永亮；第七章：闫琪、张永亮；统稿：张永亮、陈亦涵。

目　录

第一章　人工智能法律主体资格
认定问题研究

　　人工智能(artificial intelligence)是以数据为基础,依托算法,致力于最大程度上模拟人类思维过程以完成一定任务的理论、方法、技术及应用系统。经过六十余年的发展演变,人工智能已然成为当下全球范围内重点关注的科技创新。然而,随着时代的发展,科技和认识水平的提高,人工智能在其应用领域所展现的智能在令人惊叹之余,也难免让人心生忧虑。譬如,2016年自动驾驶汽车交通事故引发了人们对于人工智能侵权案件中权责划分的思考,2018年首例人工智能著作权案又引出了人工智能"作品"著作权保护的问题。人工智能给法律带来的挑战与冲击远不止如此,更是直接冲击了现有的法律理念和法律制度体系。当下,人工智能从各方面给人类带来了巨大的效益,有着广阔的应用前景,在医疗、管理、金融等多个方面都极大地改变了人们的生活。第三次信息革命已经接近尾声,我们即将迎来第四次智能化浪潮,人工智能在其中会扮演何等重要的角色不言而喻。实践中,人工智能与法律实践交互较少,大多数人工智能的研发和应用集中在金融、数字化等技术含量高、用户需求大、市场前景优越的产业。在算法设计过程中,从业者需向技术人员解释法律规则的要求,而技术人员在设计产品的时候要将法律规则考虑进去,旨在从根本上限制不法分子利用人工智能从事违法行为的可能性。为了促进行业的健康发展和社会稳定,加快不同领域的交流合作,构建完善的人工智能法律体系刻不容缓。《全国人大常委会2020年度立法工作计划》就提到:"加强立法理论研究。重视对人工智能、区块链、基因编辑等新技术新领域相关法律问题的研究。"①但在构建具体法律体系时,立法者应坚持人工智能工具论,将立法重点集中在治人上,而非追求绝对的网络信息安全一味地限制人工智能的发展。人工智能所带来的一系列法律问题的根源在于,是否应该赋予人工智能法律主体资格使其能够独立参与社会生活。

第一节　人工智能法律主体资格概述

一、人工智能的概念

自 1956 年麦卡锡正式提出"人工智能"这一专业术语,再到 2016 年 Alpha Go 的横空出世,时至今日,人工智能已经从方方面面渗透人类的日常生活:在医疗保健领域,人工智能可以辅助医生进行诊断,储存患者的相关数据供医生查询,安排预约以及帮助患者跟进缴费流程;在商业领域,人工智能通常被用来执行重复性任务(比如信息收集);在教育领域,人工智能可以批阅试卷和辅导学生;在金融领域,人工智能可以提供理财建议、收集个人数据;在法律部门,人工智能被用来检索适配法条甚至做出法律裁决。

根据人工智能现有的及可推测的发展演变,可将其发展分为三个阶段:第一阶段是专用人工智能(artificial intelligence,AI),这一阶段的人工智能只能依靠人类的手动输入和固定配套程序的内在调整维护其运行和自我纠错,一般只能应用于特定领域;第二阶段是通用人工智能(artificial general intelligence,AGI),这一阶段的人工智能拥有一定程度的自主性,可以应用于多个领域;第三阶段是超级人工智能(artificial super intelligence,ASI),这一阶段的人工智能拥有自我意识,并拥有超过人类水平的自主性,可以应用于所有领域。

人工智能威胁论一直不绝于耳,2016 年 Alpha Go 战胜数位世界顶尖棋手这一事件,则彻彻底底地将人工智能推向了风口浪尖。但人工智能战胜人

---

① 中国人大网:《全国人大常委会 2020 年度立法工作计划》,http://www.npc.gov.cn/c2/c30834/202006/t20200620_306624.html,访问日期:2021 年 8 月 18 日。

类棋手,在人类历史上已经不是第一次了。1997 年,深蓝计算机就曾以 3.5:2.5(两胜一负三平)战胜了连续雄踞国际象棋排行榜 12 年之久的世界冠军卡斯帕罗夫。为什么这一次 Alpha Go 引起了人们如此大的恐慌呢?原因在于两者的战场及获胜原理不同。

深蓝与人类的战场集中在国际象棋,其分支因子是 40 左右。这表示预测之后 10 步的动作需要计算 40 的 20 次方,这样大的运算量哪怕以 1GHz 的计算机来运算也几乎是个不可能完成的任务。这意味着在国际象棋的博弈中,深蓝可以计算出每一步棋后面 12 步的变化,而最强的人类大脑,只能计算 10 步。因此,深蓝的胜利也就不难预想。但深蓝的胜利更多地向人们传达了一种正面激励,负面声音在划时代的技术突破面前显得微乎其微。举个不太恰当的例子,就像人与计算器比计算加减乘除一样,没有人会因为计算器的胜利而感到恐慌,人们只会惊喜于计算器功能的强大。而 Alpha Go 与人类对弈的领域是围棋,围棋的复杂程度远远超过国际象棋,它的分支因子是 250,共有 361 个落子点,整个围棋棋局的运算量高达 10 的 171 次方,因此围棋也被称为人类大脑的最后高地。

在技术层面,Alpha Go 运用类神经网络技术构建了策略网络(policy network)和价值网络(value network),换言之,人类棋手在与 Alpha Go 进行博弈时,并不是像对战深蓝那样在与数据和程序对弈。单就从围棋思维这一块来说,Alpha Go 可以说是建立了一个可以像人类一样思考的“大脑”,以致很多棋手都以为自己是在和一位真正的棋手对弈。这也是为什么当 Alpha Go 的身份公之于世时,会引起那么大的震动。

更令人感到惊讶的是,从一个零基础的人工智能程序,到打败人类棋王,Alpha Go 只用了两年。2017 年 10 月,开发团队公布的第二代程序 Alpha Zero 只用了 40 天就超越了 Alpha 系列所有的历史版本,这也意味着二代程序在短短 40 天内就打败了人类两千年的经验和积累。相比之下,人类千年来的进化演变与人工智能相比,可以说是不值一提。

如上文所言,想要解决人工智能在现代社会中所引发的法律和道德风险、如何引导人工智能未来的发展,以及是否需要提前规划规制人工智能的专门法,首先要解决的便是人工智能的法律主体资格问题。在讨论人工智能是否被授予法律主体资格时,我们应该首先明确什么是法律主体？获得法律主体资格需要满足哪些条件？

二、法律主体资格内涵

法律主体是法律关系的基本概念,是一切法律关系的起点,构成了法学的底层逻辑。法律主体在一般情况下,是指在法律关系中享有权利和履行义务的"人"。关于"人"的探讨,同样也是定义法律主体的重要参考。法律主体仅是具有伦理性的自然人,[①]而像法人这种为了适应经济发展和生活需要拟制出来的法律主体,并不能当然地认为是法律主体。

简而言之,我们应该将自然意义上的人与法律意义上的人进行区分。需要明确的是,自然意义上"人"的概念与法律意义上"人"的概念是不一致的。我们这里讨论的"人"不仅包括传统意义上具有伦理性的自然人,还包括具有抽象意义的实际法律关系中的主体。

从上述论证中我们可以得知,法律主体的意义和存在具有历史性,法律主体资格在不同历史时期有着不同的认定标准和认定群体,并非一成不变,其范围和内涵随着时代的发展而变化。根据约翰·厄姆拜克的"实力界定权利"理论,我们可以推断出权利会受到新兴事物的冲击,实力不同的群体会重新构建其权利体系。纵观世界历史,我们会发现即使人类,在历史发展前期也并不是当然就拥有法律主体地位,享有法律权利的。

近代法制形成之前,并不存在现今所定义的法律主体制度,而是在社会生活中约定俗成地形成了一种既定的社会事实,即父权主义下,以家庭团体为结构、以父亲为代表的早期主体制度。

从自然人的主体变更来看,首先在古罗马时期,奴隶是一种私人动产,也即法律客体,可以通过买卖、抵押等手段转移所有权。随着罗马帝国的衰弱和奴隶阶层的成长,公民与奴隶的差距不断缩小,奴隶被给予了更多的自由,直

---

① 〔法〕莱昂·狄翼:《宪法论》,钱克新译,商务印书馆,1959,第374页。

到被最终解放而成为国家公民的组成部分,实现从法律客体到法律主体的本质跨越。其次是妇女以及黑人选举权的获得。第一次世界大战之后爆发的女权运动号召提高女性地位、赋予女性选举权;到了20世纪中后期,人权运动愈演愈烈,提高黑人地位成为大部分人的诉求,在实力提高的背景下妇女和黑人终于被赋予了选举权,这些都印证了"实力界定权利"这一理论。

而自启蒙运动开始,理性的曙光穿破古代封建的枷锁,以家庭身份为特征的古代主体制度逐渐转向以个人权利为追求的近代法律主体制度。在这场开天辟地的转变中,人的自我意识在其中发挥了至关重要的作用,自我意识也是区别法律主体与法律客体的重要评判标准。1900年,《德国民法典》中创设了权利能力的概念,其中第一条规定,"自然人的权利能力,始于出生的完成"。至此,法律主体迎来了人格普遍化时期,自然人凭借权利能力的规定真正达到法律平等的状态。① 各国相继出台具有宪法意义的法律文件,进一步明确法律主体资格的内涵。其中,以《德国民法典》为标志,正式奠定了当代法律主体资格的重要地位和权能。在当代,法律主体资格是指在法律上作为一个能够维护和行使权利、履行法律义务和承担法律责任之主体的法律资格。纵观法律主体资格含义的变迁,我们可以从中抽象出认定法律主体资格的必要条件,即自由意志和法律确认。换言之,社会认可特定主体的能力或者将某种特定的能力归属给符合条件的主体,并赋予其承担责任的资格。而一个特定的主体之所以能够成为主体,并不是因为其享有特定的身份,而是其被认为有能力作为规范的接受者满足规范的期待。在现代经济发展中,社会组织、法人等是经济发展中非常重要的主体,是经济交往中必要的一环,对传统意义上的权利主体——人产生了巨大冲击,最终被赋予法律权利而成为法律主体。

法律主体资格的判断基于两点:自由意志和责任承担。法学上的主体性以哲学上的主体性为基础,因此个人意识与主观能动性在法律关系中具有决定性的作用,民法便是建立在主观意思表示的基础之上。法律主体的制度建构一般有自由意志和责任承担两个层面的考量,自由意志主要用于论证自然

---

① 郭剑平:《制度变迁史视域下人工智能法律主体地位的法理诠释》,《北方法学》2020年第6期。

人作为法律关系的主体。①

自由意志是主体性的核心要素。自由意志意味着法律主体可以根据自身的辨认能力和判断能力,选择做什么样的决定,即意志的主动性。传统意义上的法律主体(如自然人),因其自身的特殊性天然就满足这一要求。但团体法人因其特殊性,抽象出以责任承担为基础的集体意识,用以确保其主体性,从而解决有限责任的问题。总的来说,法人的主体地位是民事法律责任承担的特殊制度建构,既无社会政治性,也无伦理性。

因此,法律主体资格的内涵与变化从根本上来说是随着人的认知以及需要而不断发展的。在现代社会,随着时代的发展,原本自然人的概念内涵进行了扩展,原来不属于自然意义的"人",也经由法律拟制技术巧妙地被变成了"法律主体"。这也意味着,随着人工智能时代的发展,法律主体的范围也将会随之发生变化。

三、法律主体资格的特征

(一)主体性

主体性的概念是二元论世界观的产物。法律意义上的主体性以哲学上的主体认知为基础。哲学上的主体是人,法律主体则为法律上的人。法律是人类社会最具权威性和强制性的社会关系调和器。在历史的发展过程中,对主体性这一概念,诸多流派有着诸多不同的解释,其内涵也随着时代的发展而不断变迁。在古典哲学中,人类因自身的局限性,对人力无法撼动的自然充满敬畏,信奉万物有灵。因此在古典哲学中,主体的概念往往并不是特指人类。笛卡尔"我思故我在"的论断,将个人自身的思维界定为人的本质特征,并主张世界必须被个人通过思维意识到②,这就意味着笛卡尔从认识论的角度肯定了人的主体性。康德在这一基础上进行了更深层次的论断,以先天综合判断重构了人的理论理性,并且基于人在道德上的自我立法,确立了人的目的价

---

① 郑文革:《人工智能法律主体建构的责任路径》,《中国应用》2022 年第 5 期。

② 陆幸福:《人工智能时代的主体性之忧:法理学如何回应》,《比较法研究》2022 第 1 期。

值①。马克思从历史角度进一步补充了主体性的内涵,他认为"历史不过是追求着自己目的的人的活动而已"②,即人的主体性不仅体现在人自身是目的,还表现在人是决定其他存在者的主体,即在各种存在者中居于超然地位。③

我们可以看到自康德开始,欧陆哲学的主体性通常与人的自由意志和理性紧密相关,康德哲学中的"人为自然立法"确立了人的"主体性"原则。④ 基于此,不论自然人还是法人,在成为法律主体之前,首先要成为一个独立的主体,而成为一个独立的主体则意味着该主体本质上具有主体性。

(二)权利与义务统一性

法律主体即法律关系主体,是指在法律关系中享有权利、承担义务的具体主体,包括自然人、法人和其他组织。法律主体通过参与社会生活,形成法律关系,在具体的法律关系中享有权利和承担义务,从而满足其利益所需。行使权利与承担义务,需要一定的物质基础与自我认知,即作为法律主体天然就享有权利,并承担其相应义务。毫无疑问,不管"权利和义务的主体"还是"权利主体",它们都不过是法律主体的另一种修辞而已。⑤

(三)独立性

法律主体以某种方式参与社会生活,享受权利和承担义务。根据古典学派的意志自由论,任何人都有为善避恶的自由意志。犯罪是恶,有自由意志的人能避之却实施之⑥,就应承担相应的法律责任。法人也是基于集体意志或代理人意志这一学理,为适应社会实践而将符合条件的公司、企业拟制为法律人格。虽然在实践中极难区分法人的独立意志和其代理人的意志,但是在学理上,英美法系更倾向于将法人与其代理人的意志加以区分。因此,法律主体承担责任享受权利的前提条件是法律主体拥有独立意识。

---

① [德]康德:《实践理性批判》,邓晓芒译,人民出版社,2016年,第163页。

② [德]卡尔·马克思、[德]弗里德里希·恩格斯:《马克思恩格斯选集》(第一卷),中共中央马克思恩格斯列宁斯大林著作编译局编译,人民出版社,2012,第146页。

③ [德]海德格尔:《林中路》,孙周兴译,商务印书馆,2020,第96页。

④ 严福平、吴珍:《论康德哲学的批判主体性认识论》,《学术交流》2012年第10期。

⑤ 胡玉鸿:《法律主体的基本形态》,《法治研究》2012年第10期。

⑥ 彭文华:《自由意志、道德代理与智能代理——兼论人工智能犯罪主体资格之生成》,《法学》2019年第10期。

第二节　人工智能法律主体资格之争议

针对人工智能法律主体资格的探讨,学界主要形成了两种对冲观点。持肯定观点的学者们多从主观层面出发,认为不能因为人工智能不具有生理因素就排除其拥有法律主体资格的权利。赋予人工智能相当的法律主体资格,一方面给未来强人工智能乃至超级人工智能的发展留有余地,另一方面也是基于现实的需要——人工智能在专用领域显现出的远超工具范围的智能已经初步达到了赋予其法律主体资格的标准。持否定观点的学者们则认为,人工智能展现出来的核心智能尚未脱离人类的掌控,其本质仍是在算法支配下的机械运转,因此人工智能赋予法律人格没有现实必要性。

一、肯定说

对人工智能法律主体资格持肯定观点的理论学说主要有法律人格拟制说、电子代理人说和电子人格说,详述如下。

（一）法律人格拟制说

拟制说认为,可以通过拟制这一法律技术手段,为实为权利客体的人工智能拟制出一个法律上的人格,具体方式和地位可以参考公司的法人拟制。拟制说认为,在科技高度发达的 21 世纪,人工智能在发展过程中产生的诸多问题已经不能简单地依照产品责任来解决,由此派生出来的其他人工智能"被侵权"案,在不给予人工智能独立的法律地位的前提下,无法依照现有的法律框架完善地解决。但拟制说并非赋予所有级别的人工智能法律地位的权利,而是更倾向于能够自主生成作品的人工智能、自动化的无人驾驶汽车两者以主体身份,独立享有创作作品的著作权和承担致人损害的责任。[①]

（二）电子代理人说

电子代理人一词源自美国《统一计算机信息交易法案》。该法案第一次将

---

① 郭剑平:《制度变迁史视域下人工智能法律主体地位的法理诠释》,《北方法学》2020 年第 6 期。

提供电子智能服务的人工智能定义为"电子代理人",可以将人工智能看作"运营商对外延伸获取信息的长臂"①。该法案还规定,电子代理人在审查某一记录或条款后,签章确认或者作出予以接受的操作,即表示同意该记录或条款。② 这其实可以视为使用者使用电子代理人做出真实意思表示且产生法律效果的行为③,一定程度上来讲,其承认了人工智能在智能金融领域的代理人身份,并在一定程度上解决了应用于智能金融风投顾问方向的人工智能的法律问题。

(三)电子人格说

电子人格说将人工智能视为独立的硅基智慧生命,使得人工智能先天具有法律人格,而非后天拟制。欧盟法律事务委员会于 2016 年 5 月提议,要求欧盟委员会将最先进的自动化机器人视为具有特定权利和义务的"电子人"(electronic person),为其设立登记账户。委员会于次年 2 月向欧盟议会提出关于人工智能的立法建议,包括确立人工智能伦理准则,为人工智能重构责任规则以及考虑赋予复杂且自主的人工智能"电子人"的法律地位。2016 年 10 月,沙特阿拉伯率先赋予机器人"索菲亚"公民身份,开创了第一例人工智能"电子公民"的先河。

二、否定说

否定说是探究人工智能法律主体资格问题的主流观点,代表性的理论学说主要有以下四类。

(一)工具说

工具说认为,人工智能无论在专用领域发展到何种程度,其本质仍是在模拟和扩展"人类智能",其身为工具的基本属性没有发生变化。它是人类在逻辑计算方面的智能延伸物,其运转需要人类进行编程和输入,本身没有内源性

---

① Samir Chopra & Laurence F. White, *A Legal Theory for Autonomous Artificial Agents* (Ann Arbor: University of Michigan Press, 2011), p. 6.

② 《统一计算机信息交易统一法案》112 条 b 款。

③ 高丝敏:《智能投资顾问模式中的主体识别和义务设定》,《法学研究》2018 年第 5 期。

行为能力,也没有内源性权利能力,法律适用的核心部分不会因为人工智能的出现而发生根本变化。[①]

（二）类人格说

类人格说将人工智能在民法上的地位定义为人工类人格。杨立新将其进一步解释为,"智能机器人所享有的,通过人工制造的,类似于或者接近于自然人的自然人格的民事法律地位"[②]。此种人格和自然人人格几乎相同,但依然坚持了人工智能因自我意识、社会存在以及物质财富的缺失,而无法享有民事权利并负担民事义务的传统观点,明确了人工智能在主客体二元划分中,仍属于权利的客体,仅具有客体地位,而不能作为法律主体参与法律生活。

（三）动物说

动物说认为机器人更接近于动物的概念,而非法人。该观点认为法人实际上是生物意义上的人类的集合体,法人的权利义务以及责任的承担最后都将追溯到自然人身上,法人背后的自然人和法人之间的关系实质上就是代理与被代理的关系。然而即使强人工智能,也不能像法人一样与自然人形成代理关系,其行为和后果只能当然地认定为归属于自然人,因此将人工智能认定为动物才更加合理。有学者认为,虽然人工智能具有自我意识以及选择能力,还能够反思调整自身的运行路径,但是其与动物一样,都不具备规范性认知能力和道德意义上的意志能力。

（四）特殊物说

特殊物说认为,就当下人工智能的发展水平而言,其并不具有理性,但是由于其与一般的"物"不同,应将其界定为法律客体中的特殊物,而且追究人工智能的责任实际上毫无意义,法律设立的惩罚除去惩罚意义外,还有教育和预防的目的。但是人工智能主观上并不能产生"我错了""我不应当这样做"的意识,责任追究制度并不能达到其目的。此外,人工智能并没有财产权利,其责任会追溯到其背后的创造者和使用者,因此将人工智能确认为法律主体并没

---

① 郝铁川:《为什么坚信人工智能不可能取代人》,《解放日报》2018 年 1 月 23 日第 13 版。

② 杨立新:《论智能机器人的民法地位及其致人损害的民事责任》,《人工智能法学研究》2018 年第 2 期。

有绝对的必要。

三、折中说

折中说以有限人格说为代表。既不肯定也不否定人工智能的法律主体地位,总的来说,折中说只承认一部分强人工智能拥有法律主体地位。

（一）有限人格说

西方哲学家认为技术发展到一定程度后必然会产生精神,如果技术发展更加智慧,它就会像大脑一样成为精神的载体。而人工智能具有这种成为精神载体的高度可能性。与此同时,享有法律主体地位的前提是拥有法定权利。根据斯通纳的理论,人工智能同样可以满足获得法律权利的要求。从现有技术层面出发,人工智能具有独立自主意识的智慧工具属性,享有权利并承担责任的独特特点决定了其具有法律人格。但这种法律人格同自然人或现有的拟制法人并不完全相等,虽然人工智能可以作出独立自主的行为,但其承担行为后果的能力是有限的。[①]

（二）第三物质说

有学者认为,人工智能是一种存在于人和物之间的第三物质,第三物质说同样以人工智能是否具有"智能的自主意识"来区分其强弱程度。弱人工智能归属于法律客体,而强人工智能则被赋予法律主体地位。

（三）利益平衡说

司晓和曹建峰认为,关于人工智能的问题存在着许多不同的解决方式,而赋予人工智能法律主体地位只是解决问题的方式之一。立法者或者法院选择哪种解决方式,应当以实现法律的利益平衡为首要目的。[②]

（四）电子奴隶说

在古罗马,奴隶虽然不被视为公民（人）,没有法律主体地位,无法参与正常的社会生活,但仍然可以代表主人。如果奴隶犯了过错,其产生的责任由奴

[①]　袁曾:《人工智能有限法律人格审视》,《东方法学》2017 年第 5 期。
[②]　司晓、曹建峰:《论人工智能的民事责任:以自动驾驶汽车和智能机器人为切入点》,《法律科学（西北政法大学学报）》2017 年第 5 期。

隶的主人承担。① 电子奴隶说主张，人工智能就相当于古罗马的奴隶，认为人工智能可以作为限制民事行为能力人，以此赋予其行为能力但无权利能力。该说本质上是工具说的延伸。

第三节　人工智能法律主体资格之确定

随着科技的发展，人工智能在实务中将会引发大量法律问题。人工智能的发展会涉及人格权保护的问题。部分人工智能系统已经可以做到将他人的声音、表情等植入系统，进而可以模拟他人特定的个性特征、交流表达。比如最近风靡的"AI换脸"就是将一个人的面部特征转移到另一个人身上，还有部分人会恶意地将他人的脸转移到恶搞视频甚至色情视频里，导致人格侮辱等问题。同时，由于人工智能不断精进，光学技术、声音控制以及普及的人脸识别技术已经渗透生活的每个角落，但是无论哪一种技术都可能需要采集具有个性特征的数据并形成一个巨大的数据库。若数据遭恶意泄露，则极大可能侵犯人们的肖像权并被他人利用。此外，人工智能创作技术发展迅速。实践中，人工智能已经拥有了自己创作的能力。比如，百度开发了可以创作诗歌的机器人；微软的人工智能产品"微软小冰"在2017年5月出版了人工智能诗集《阳光失了玻璃窗》；在日本，机器人创作的小说甚至进入了日本文学奖的第一轮。最典型的案例是腾讯在中国发生的文章纠纷，该篇由人工智能创作的文章被认定为艺术作品。因此，人工智能的作品著作权如何认定、归属于谁又形成了新的争议。同时，许多人工智能创作的作品都是基于其他作家的原作品，通过数据整合再处理绘制而成，这很可能会产生侵权责任追究的问题。如何认定人工智能剽窃、人工智能侵犯知识产权后如何追究责任等问题也值得探究。

前文已经阐述了人工智能的三个发展层次，下面我们将就三种类型的人

---

① 杨立新：《人工类人格：智能机器人的民法地位——兼论智能机器人致人损害的民事责任》，《求是学刊》2018年第4期。

工智能能否获得法律主体资格进行更深一步的探讨。根据人工智能的性能以及发展路径,我们可以将人工智能大体分为三个层次。第一层次是专用人工智能(AI)。在这一阶段人工智能并未展现出在某方面超越人类的智能,但在重复性、机械性劳动上,有着无可比拟的优势。这些优势仅局限在专用领域,一旦超出专用领域,就毫无用武之地。第二层次是通用人工智能(AGI)。与专用人工智能不同的是,专用人工智能研究的是某一领域的智能化(如机器视觉、语音输入等)。在这一阶段,人工智能已经接近人类智能,能够在很多方面熟练从事原本由人类从事的工作。第三个层次是强人工智能(ASI)。其是真正意义上能够进行推理(reasoning)和解决问题(problem solving)的智能机器。其拥有自我意识,可以独立思考问题并制定解决问题的最优方案,有自己的价值观和世界观体系,并存在本能(如生存和安全需求)。

一、专用人工智能的法律主体资格认定

专用人工智能仍然处于低级的工具性阶段,自由意志的缺位和社会功能的单一化导致了其在法理上主体理论基础的不足。这一阶段的人工智能只是单功能智能体,并不具有法律主体资格认定的形式要件,因而不能认定其法律主体地位。

从法律层面上来说,法律是一种人类行为秩序,调整的是人类的行为。换言之,法律是调整法律主体行为秩序的工具。而"行为"在此的定义,则是自然人出于自我意识所作出的独立行为。现阶段的弱人工智能只能最大程度贴近人类生活,它没有自我意识,只能被应用于相应的专用领域,更多情况下是作为一种工具而存在。虽然专用人工智能不能属于传统意义上的财产,但其本质属性仍未脱离财产范畴。不管在目前的法律框架中,还是在实践中,人工智能拥有的法律地位往往不被各国所承认。各国的法律都不约而同地将人工智能定义为一种产品或者服务,其造成的不利后果根据事故发生的原因(比如质量问题和虚假宣传)对厂商或者售卖者进行追责。在此背景下,为专用人工智能设立法律主体资格并无实际意义。一方面,即使直接对机器人施加惩罚,包括机器的断开、瘫痪和毁坏,也只会给拥有机器或对其拥有权利的当事人造成

负担。另一方面,如果真的在侵权责任划分过程中,将人工智能作为可能的侵权主体来考虑,虽然并非不可取,但是前提应是把范围限定在类似亚马逊语音助手 Alexa 这样自我学习倾向不可控的人工智能内,并非普遍适用。因此,以赋予人工智能法律主体资格来限制人工智能制造商或设计者的责任,显然不能充分支撑为人工智能拟制法律人格的观点。

总之,赋予专用人工智能法律主体资格需要两个前提条件:实体必须拥有自主意识。尽管人工智能在某些专业领域已经登堂入室,但是人工智能并没有拥有真正的自主意识。它们本身只是程序和算法的执行者,其行为完全受控于程序和算法。因此,专用人工智能不能被赋予法律主体资格。第二,实体必须有法律责任能力。在目前情况下,专用人工智能不具备这些条件。专用人工智能只是程序和算法的执行者,它们无法承担法律责任和义务。专用人工智能的行为完全受控于程序和算法,其错误和失误只能归咎于程序和算法的设计者和维护者。

二、通用人工智能的法律主体资格认定

(一)通用人工智能获得法律主体的前提

在大陆法系国家,"社会存在"和"法律确认"是获得独立法律人格的两个必要条件。从社会存在的角度来说,其又分为客观存在和主观存在。客观存在是指某一主体在社会范围内需要有可视的实体和物质基础参与社会运转,比如自然人的种种法律行为。主观存在则是指该主体的独立意识,即由人决定自我意识活动的产物作出,而非受制于其他人。而这两点最终完整地体现在权利与义务的一致性上。[1] 因此,人工智能获得法律主体的前提应从两个方面考虑:其一,人工智能能否独立作出意思表示;其二,人工智能能否独立行使法律权利、承担法律责任。

(二)通用人工智能不具有独立性

人工智能进行思考的基础,必须是拥有了程序模式,基于程序完成逻辑运

_____

[1]　朱艺浩:《人工智能法律人格论批判及理性应对》,《法学杂志》2020 年第 3 期。

算,最终形成决策。通用人工智能不同于只能依靠人力操作的专用人工智能,它在人类编译的基础上能通过自主学习进行自我演化(比如前文提到的Alpha Go)。通用人工智能与专用人工智能的最大的区别在于其行为的透明性。透明性这一概念源于2019年4月8日欧盟委员会所发布的《人工智能道德准则》(Ethics Guidelines for Trustworthy AI)(以下简称《准则》),其中就额外强调了人工智能模型的透明性,即人工智能模型本身是可以被人类理解的,而可理解性意味着人类人工智能模型作出的决策能够达到一定的理解程度。[①] 目前,相当一部分高端人工智能可以通过自我演化以及智能图谱强化自身的"智能",但依旧无法改变人工智能自主思考的前提——人类给予的既定数据范围,以及被设计者编写的程序和数据库牢牢桎梏的思维上限。现阶段的人工智能所作出的决策都是基于数据库中有限信息资源的再次整合利用,通过数学、统计学等计算方式,算出大致走向。虽然大大节省了时间和人力,但人工智能无法达到和人类思维一样的广度和深度。哪怕在某些领域已经超越人类的通用人工智能,本质上仍然没有脱离工具的范畴,没有思维活动,自然也没有意识。换言之,通用人工智能本质上仍是一种工具,并不和人一样具有主观能动性和自由意志,仍需要人类对其进行操控。不能因其作为工具的特殊性,就忽略了人工智能的工具属性。如果人工智能因其应用范围和适应范围广而获得了主体地位,那么弱人工智能永远不可能获得主体地位。

在我国民法上,民事责任能力与自然人是否具有承担侵权损害能力挂钩,判断的依据在于自然人是否具备在具体情境下对其责任的理解程度和自然人民事行为能力的层级。在刑法上,无论三要件说还是四要件说,都将犯罪主体对自身危害行为及其危害结果所持的心理态度列为构成犯罪的要件之一。这意味着,想要真正意义上成为法律生活中的主体,对自我的认知,也就是自我意识必不可少。在刑法教义学中,将刑罚定义为:"国家对犯罪行为的否定评价与对犯罪人的谴责的一种最严厉的形式,当然地对犯罪人具有身体的、精神

[①] Alejandro Barredo Arrieta, Natalia Díaz-Rodríguez etc., "Explainable Artificial Intelligence (XAI): Concepts, Taxonomies, Opportunities and Challenges Toward Responsible AI," *Information Fusion*, 58, (2019): 5.

的、财产的剥夺性、限制性痛苦。"①正因如此,对于目前的弱人工智能而言,它们在法理上缺失了拥有民事能力和成立犯罪的可能性。

（三）通用人工智能无法独立履行权利、承担法律责任

索菲亚被沙特授予公民身份这一事件,不仅在世界范围内引起争议,同样也引起了学界新一轮的讨论,即人工智能能否作为法律的适格主体？虽然索菲亚并不真正属于我们所探讨的通用人工智能,但仍可借由此案例,引申出一个更具体的问题,即人工智能能否以法律主体的身份实施法律行为、行使自身权利并承担法律义务？

在肯定学说派那里,这个答案是肯定的。但我们不妨大胆设想一下,如果以肯定说中几种较为主流的假说来赋予人工智能法律主体资格,可能会出现这样的情况——立法者首先从法律拟制开始,为人工智能拟制了一个法律上的人格,这时的人工智能已经可以独立行使法律权利并承担法律义务。有一天,人工智能因为一场民事纠纷,与一个自然人对簿公堂,法官判决人工智能需要对自然人作出民事赔偿。可是民事赔偿要以当事人个人财富为承兑基础,人工智能没有个人财富,也就无法承担赔偿义务。

归根结底,人工智能的拟制人格与公司的法人资格不同。从法理上说,拟制人格的背后集中的是人的意志,是自然人人格的集合。② 对于某一拟制人格的处罚最终还是会落到其背后的自然人群体上。人工智能是一个人工实体,如果通过法律拟制使其拥有一个拟制人格,就会导致人工智能与制造商、使用者权责关系的分离,一旦发生侵权问题,侵权责任就无法得到负担。

同理,赋予人工智能电子人格一样无法解决侵权责任的负担问题。毕竟无论拟制人格还是电子人格,都要求人工智能独立承担法律责任,而在实际生活中,这样的要求会使得债权人负有极高的风险。

要解决这一问题,就需要回到赋予人工智能法律主体资格的最初阶段。从法理论的角度而言,成为法律上的"人"（法律主体）意味两个条件的统一:一

---

① 张明楷:《刑法学》,法律出版社,2016,第503页。

② 杨立新:《人工类人格:智能机器人的民法地位——兼论智能机器人致人损害的民事责任》,《求是学刊》2018年第4期。

方面,应当拥有享有权利和履行义务的法律资格;另一方面,实际具备享有权利和履行义务的意志能力,即意识和选择或反思调整的能力。[①] 在前文的论证中,本书提到了通过法律拟制或者赋予人工智能电子人格的一个最大弊端——人工智能无法独立履行权利并承担法律责任。而这恰恰是赋予事物法律人格的必要条件之一。

我们仍以上文索菲亚为例,虽然沙特授予其公民身份,但沙特本身并未对以其为代表的一类公民在法律或社会认同上作出实质性改变。真正衍生出自我意识的强人工智能尚未出现,因此就目前的发展状况而言,人工智能显然还达不到我们所想象的萌发自我意识的水平。没有自我意识,法律责任能力也就无从谈起,更不用说独立承担法律责任了。

人工智能拥有自我财产的情况还没有先例。而财产是人类生存必需的物质基础之一,也是自然人承担侵权损害赔偿的重要依据。人工智能不像人类需要物质基础才能保证身体机能的正常运转,财产对它而言并无实际的存在必要。

财产是由自然人脑力或体力活动的成果转化为社会生产力,并由此变现而累积起来的。从某种程度上来说,人工智能同样贡献了生产力,其服务或者成果同样拥有强大的变现能力。然而人工智能终究只是一种工具,其产权和劳动产出的物质财富不能被自身所有,而是归于人工智能的所有人。试想,如果法律允许人工智能拥有财产,那么什么样的财产可以被称为人工智能的私人财产?

无论哪种等级的人工智能,都要经过人类程序员的研发和设计,其间还要经过无数次的模拟学习和反复测试,才能面向市场,为人所有,并在专有领域发光发热。如果将人工智能看作雇员,那么所有人给予其工资也无可厚非。不过正如前文所述,物质财富不是维持人工智能运转的必需品。如果真的给予人工智能报酬,也应该是维持人工智能生存发展的其他物质资料(比如日常维护,保证能源供应),这些对于人工智能来说才是真正意义上的个人财富。但这已经超出了法律上个人财产的范畴。法律要求的个人财产应该是社会所认

[①]　冯洁:《人工智能体法律主体地位的法理反思》,《东方法学》2019 年第 4 期。

可的一般等价物,而日常维护升级或者能源供给对于一部分人来讲或许可以当作与金钱等值的资源,但对大多数人来说,这显然不能作为损害赔偿的给付物。

也许有人会反驳,如果按照电子代理人说,因人工智能侵权所造成的损害赔偿完全可以向被代理人——使用者进行追偿,使用者再通过人工智能额外的智慧服务收回代为支付的赔偿金。但在这种情境下,无疑使用者替人工智能承担了赔偿责任,而让具有独立法律主体地位的人工智能置身事外。虽然使用者可以通过所谓"智慧服务"收回用于赔偿的资金,但是人工智能的智慧服务本来就是为了增加使用者的财富而提供的,并不能以此作为支付给使用者的赔偿。更何况很多时候,人工智能的智慧服务是无法直接折算成财富的。使用者是否愿意接受这种无法以现实价值衡量的额外服务尚无定论,但接受这种半强迫的智慧服务会侵犯使用者的固有权利。

对于受害人而言,为了匹配前述独立责任,使得人工智能主体设立人注入责任资本或者购买责任保险常态化。虽然仍然存在责任保险和责任资本资金不足以清偿的风险,但相比由传统法律主体负责的思路,无疑给受害人获得经济赔偿开辟了新的道路。中国首例特斯拉自动驾驶汽车致人死亡的案件表明,论证人工智能在侵权案件中与损害结果存在因果关系的司法鉴定成本是昂贵且困难的。① 此外,从实在法的角度而言,即便是完全自主的技术所造成的损害,一般也可归因于自然人或现有各类法人的风险。2020 年 2 月发布的《欧洲人工智能白皮书》同样提出,在未来的监管框架中,每项义务都应由最有能力应对任何潜在风险的参与者承担。换言之,哪怕赋予人工智能法律主体资格,也不应以不合理转嫁责任为目的。

前文已经阐述了通用人工智能无法满足赋予其法律主体资格的前提条件——人工智能没有欲望情感,没有自我认知,在社会秩序层面缺乏权利和义务的边界。纵然赋予人工智能法律人格可以让机器人独立承担责任,避免使用者和不同控制者的责任不清,厘清相关责任者的责任份额,但就责任划分这个角度而言,在民法上选择哪一个主体承担赔偿责任,应当根据该主体是否具有完整的行为能力与认识能力以及过错大小作出判断。因此从一般常理而

---

① 王乐兵:《自动驾驶汽车的缺陷及其产品责任》,《清华法学》2020 年第 2 期。

言,直接让机器人承担责任并非解决人工智能给法律体系带来的一系列困难的最优解。① 其实,我们不一定要将人工智能的侵权问题想得太过复杂。人工智能本质上是高端科技的聚合体,它诞生的意义是为了服务人类。科技是无罪的,利用人工智能违反法律并造成严重后果的是人类。向一个没有自我意识的工具追讨损害赔偿、追究责任是毫无意义的。因此,针对人工智能侵权的责任划分,按照现行侵权法中关于产品责任的法律来划分人工智能侵权案件中的损害赔偿责任是可以满足社会需要的。至于刑事责任则要具体问题具体分析。虽然实践中,大量的判例都将刑责归到具体的责任人身上,人工智能在刑事案件中基本被当作犯罪工具来看待,但也可以增加专门针对人工智能的特殊刑罚,比如删除程序、清除数据等。

总的来说,首先,人工智能作为工具,无法拥有个人财产,人类社会的一般等价物对于人工智能的生存发展没有实际意义。因此,在社会存在层面,人工智能并不满足法律主体资格的必要条件。其次,在弱人工智能的时代,想实现从“工具”到“独立生命体”的跨越,自我意识的萌发必不可少。人工智能的特殊性决定了这个过程虽然并非不可展望,但显然不是当下数十年内可以达到的。现阶段我们没有必要太过恐慌,人工智能缺乏自主意识,也缺乏法律责任和能力。然而,人工智能需要法律保护,以确保它们的正确使用并防止滥用。因此,通过对人工智能使用和应用的监管和管理,以及对人工智能维护者和设计者的监督追责,可以达到保护人工智能和确保其正确使用的目的。如前文所述,哪怕人工智能发展速度如此迅猛,我们仍要正视一点:现在的人工智能仍然只是一种工具,是处于第一、第二阶段的弱人工智能,尚未萌发自我意识,更无心于争夺人类社会的控制权。太过恐慌人工智能的发展,难免有因噎废食之嫌。

三、强人工智能的法律主体资格认定

（一）强人工智能的认定

首先我们要明确,何为强人工智能。在强人工智能的时代背景下,其必须

---

① 刘云:《论人工智能的法律人格制度需求与多层应对》,载《东方法学》2021年第1期。

具有区别于弱人工智能的运行逻辑。通用人工智能的核心硬件是主机,通过编程赋予其数字逻辑,基于数据库进行甄别学习。基于此,人工智能虽然在数据收集、基础数据分析处理等方面有着无可比拟的优势,但是与人脑相比,其智能化和分析问题的逻辑能力仍有所欠缺。因此,强人工智能必然是朝着能够具有与人类高度一致的逻辑思维和判断能力的方向发展,使得人工智能可以基于人类发出的指令,通过一系列思考和决策,主动进行联想、判断、决策和学习。

强人工智能应该被视为一种心灵的产生,一种其他类型的认知状态,不再是模仿智能从而产生一些智能的错觉,而是真正成为有心灵的机器。[①] 其全面模仿人类智能行为的外在特征使得其具有了法律资格认定的形式基础。

我们在前文已经论证过,作为弱人工智能的通用人工智能,在强大的数据收集与基础处理的外表下,其本质上仍未脱离辅助工具的范畴。由此,弱人工智能不可能具有主导地位或资格。对于强人工智能而言,它已经脱离了工具的范畴,触碰到了"生命体"这一领域,是一种精神与心灵的体现。图灵测试的本意是判断人工智能是否能通过与人类的交互,作出不合机械逻辑的判断,打破单一固定的交互程序,最终使其"成为人"。而从"无穷趋近人"到"成为人"本身就意味着,在真正成为人以前,人工智能永远不能被认定为主体。在这样的环境中,我们应该怎样定义精神与心灵?部分学者认为,在弱人工智能时代,人工智能体不可避免地存在工具属性。需要强调的是,为了避免产生伦理道德困境,本书所提到的强人工智能体可以不完全具有人类专属的情感和生理属性。强人工智能通过深度学习可以进行一定程度的思考,能够在各种常见领域根据具体情形提供当下问题的解决方案。

有学者总结了强人工智能的五个特征:(1)能够与外界进行交流,被认为是定义智能实体最重要的属性;(2)对自我本体的哲学思辨,指的是实体对于自身的知识,与自我意识相似;(3)对外部世界的基础认知,指的是关于外部世界和事实真相的事实数据;(4)有目标驱动的行为,标志着随意或任意行为和

[①]　孙伟平、戴益斌:《关于人工智能主体地位的哲学思考》,《社会科学战线》2018 年第 7 期。

有意行为之间的差异;(5)具备创造力,包括发现新的理解方式或行为方式。①

一些未来学家预测了未来的"奇点"阶段——人工智能机器转变为有自主意识的能够独立行为的机器人。此时的人工智能机器不仅拥有自己的自由意志,而且在智能的各方面都将超越人类。② 当然这一阶段是一个猜想的阶段,它的到来可能需要一定的时间,也可能永远都不会到来。

(二)强人工智能法律主体资格的确认

1. 赋予强人工智能不同于自然人的法律主体资格

强人工智能已经从"趋近人"过渡为"成为人",其是人工智能的最终阶段,可以进行以往的程序和机器做不到的自主性的、创造性的判断和行动。这也使得人们曾经套在人工智能脖子上的制动彻底失灵,将很难控制和想象人工智能会如何进行自主判断,又会作出怎样的行为。弱人工智能在人类层层把关、尚无智力和自我意志萌发的物质基础下,仍会存在失控和漏洞。正是因为人工智能的这种特性,使得强人工智能发生事故的危险性失去了可预见性,产生了责任的空白,使得在侵权方使用人工智能的情况下,原告难以举证,从而催生了法律层面上不存在责任者的问题。③

赋予强人工智能法律主体地位,同样也是社会经济生活的需要。任何法律制度和法律观念都是社会生活的反映,已经先一步拥有法律主体地位的"法人"也是如此。在小农经济时代,人类顺应自然、改造自然。作为唯一具有主导支配地位的主体,自然人天然拥有法律主体地位。随着经济的发展,出现了以集合体为导向的发展趋势,法人逐渐被承认具有法律主体地位。④ 从欧盟委员会近年来收到的赋予人工智能电子人格的呼吁,到其发布的《人工智能道德准则》,都意味着在当今信息化时代,人工智能给经济带来的助力远远超出我们的想象。在全世界范围内,人工智能已经被广泛地运用于制造业、医疗、金融、教育、电商以及交通运输业等领域。人工智能已经成为国家经济发展的

① [以色列]加布里埃尔·哈列维:《审判机器人》,陈萍译,上海人民出版社,2019,第8—10页。
② 郑文革:《人工智能法律主体建构的责任路径》,《中国应用》2022年第5期。
③ [日]福田雅树、林秀弥、成原慧编著:《AI联结的社会——人工智能网络化时代的伦理与法律》,宋爱译,社会科学文献出版社,2020,第266—269页。
④ 谭倩童:《人工智能法律主体地位研究》,吉林大学硕士论文,2021年。

核心驱动力,各国也在为人工智能的发展制订国家层面的战略计划。

基于人工智能的发展趋势以及人工智能在未来人类生活中的重要性,我们又回到是否应该为人工智能赋予法律主体资格,应该如何为人工智能赋予法律主体资格的问题上。

前文已经论证,法人的内涵随着时代的发展不断丰富,法人的本质其实是社会生活中团体的社会价值,或者说法律对法人进行了合目的性的选择。法人这一定义也曾经把自然人排除在外,而在现今社会,法人已经经过了一次将"非人"化"人"的历程,因此我们可以推定,法人也可以扩展至所有非自然人的法律主体。除集体意识的法人以外,其他非自然人同样因其存在社会价值而成为法律主体。基于此,人工智能法律主体资格的构建应围绕强人工智能设计一套以责任承担为核心的法律主体制度。

2. 通过法律拟制赋予强人工智能法律主体资格

我们应该明确,法律拟制是将"非人"抽象为"人"的路径。在法律层面上,法律主体的标准不一而足。自然人天然便因其伦理性与主观一致性,当然具有法律主体资格,在法律上也是无可争议的适格主体。自然人以外的其他组织则需要借助法律拟制这一立法手段,成为法律主体。但法律拟制并不是空中楼阁,需要法定条件的加持,才能为其他组织构建出稳固的法律地位。因此强人工智能作为非自然人的实体,想要成为法律主体,法律拟制是唯一且必要的手段,也符合发展人工智能以及法律制度的要求。

但我们在通过法律拟制赋予强人工智能法律主体资格时,也应注意,人工智能发展的目的是为人类服务。从阿西洛马人工智能原则的"23 条准则"[1]中可以看出,人工智能是手段,人类才是目的。由此看来,一些学者简单地将人工智能的法律主体地位定位为自然人与法人的法律主体地位的限缩的做法是错误的。[2]

将人工智能"拟制"为法律主体,意味着人工智能仅被视为自然人而成为法律主体。人工智能本质上并不是"人",不需要将自然人的伦理性和道德一

---

[1] Michael Irvin,陈亮:《阿西洛马 23 原则使 AI 更安全和道德》,《机器人产业》2017 年第 2 期。

[2] 谭倩童:《人工智能法律主体地位研究》,吉林大学硕士论文,2021 年。

味地套用在人工智能身上。通过法律拟制技术赋予人工智能法律主体资格的一个重要目的是更好地承载法律制度,建立起现实社会与未来社会、旧规则与新规则的沟通桥梁。[①] 归根结底,法律主体只是社会需要的法律形式,真正影响人工智能法律主体地位的除了人类的决断,还有科技发展的程度。

法律拟制本质上并不是指将一个非人的动物或实体假定为人从而使其与自然人一样拥有不加限制的平等的权利与义务,而是为了方便社会经济发展,新的法律关系的产生。法律上的"人"终归是立法者基于现实的需要而进行的一种抽象或者拟制。[②] 换言之,是法律创造了法律主体,而不是法律主体创造了法律。法律意义上的人也可以不是生物意义上的人,因此人工智能也可以是法律意义上的人。

3. 强人工智能承担法律责任的要件

人工智能虽然不能和自然人一样,被视为全面权利的主体,但至少我们可以将强人工智能视为财产性的法律主体。物质基础是其承担法律责任的前提,为人工智能建立独立的财产制度成为当务之急。

人工智能无法独立承担法律责任的痛点就在于人工智能没有自己独立的财产,本身也无需依赖人类社会的物质基础而生存。一旦发生人工智能侵权案件,在人工智能本身被授予法律主体资格的情况下,原告即使赢得了法院支持,也无法获得经济赔偿,使得为人工智能赋予法律主体地位变得毫无意义,反而可能变成有心人规避罚则的途径。因此,人工智能至少应能直接(作为一家公司)或间接地持有资产。在具体制度设计上,通过建立强制保险制度,要求每个具有人工智能功能的机器都购买保险,并将此行为设置为内置程序。保险由人工智能的开发者和掌控者支出。为了节省企业成本并鼓励企业投保,还可给予一定的税收优惠,反向促进企业投保。以这部分资金形成潜在的资金池,可以抵御潜在风险,便于在发生人工智能侵权事实时,支付赔偿金。此外,还可与金融机构形成联动,建立储备基金系统,将达到准入门槛的人工智能

---

① 参见张玉洁:《论人工智能时代的机器人权利及其风险规制》,《东方法学》2017 年第 6 期。
② 参见李拥军:《从"人可非人"到"非人可人":民事主体制度与理念的历史变迁——对法律"人"的一种解析》,《法制与社会发展》2005 年第 2 期。

作为一个整体看待,建立独立单一的资金池,以备在承担赔偿责任时使用。①

第四节　结　语

人工智能能否拥有法律上的主体地位,关键在于它的发展是否已经达到了超越极限意义上的"工具"的范畴。当人工智能诞生出"自我",拥有等同于人类的智力水平,可以像人类一样思考不同层面的问题,能够理解复杂理念时,人工智能才真正地从工具层次上升到了独立的硅基智慧生命。也只有当人工智能发展到这个阶段,为避免对智慧生命体的奴役,赋予其法律主体地位才是必要且有意义的。因此,笼统地说,权利和义务的能力(实际能力与规范性能力)是被法律用来决定是否赋予某实体以法律主体地位的唯一特征。②毕竟法律是一种人类秩序,它所调整的一切关系,归根结底是基于人类生产发展和活动的需要。如果人类随意利用法律为各种实体创设主体地位,未来也必将生活在各种法律主体束缚的"囚室"③。而作为法学与人工智能的交叉领域,人工智能法学的未来发展需要准确把握未来与实践两种面相。④ 正如唐林垚所说,技术和时代的发展势必会推动人工智能法律地位的变化。⑤ 2019年,欧洲专利局(EPO)发布了新版指导方针审查指南,其修订的条款正在努力澄清以前被认为是非技术性发明的可专利性问题。这也就意味着,只要通过特定的指导原则,并满足筛查条件,人工智能的造物同样也能申请专利。这其实是变相在专利领域对人工智能的法律地位给予了一定的确认。但这一切仍然建立在弱人工智能的大背景下,在当前这个时代,人工智能显然还不能拥有法律主体资格并作为独立主体被纳入法律建设。有朝一日,当人工智能真

---

① ［美］约翰・F.韦弗:《机器人是人吗?》,刘海安、徐铁英、向秦译,上海人民出版社,2018,第26—30页。

② 冯洁:《人工智能体法律主体地位的法理反思》,《东方法学》2019年第4期。

③ 朱艺浩:《人工智能法律人格论批判及理性应对》,《法学杂志》2020年第3期。

④ 刘艳红:《人工智能法学的"时代三问"》,《东方法学》2021年第5期。

⑤ 唐林垚:《人工智能时代的算法规制:责任分层与义务合规》,《现代法学》2020年第1期。

正拥有智能的那一天,人类与人工智能便不再是使用者与工具的关系,而是硅基生命与碳基生命的关系。到了那时,人工智能法律主体资格的认定才是必然且必须的。而在人工智能自由意志的产生尚需时间的情况下,主体性的考虑必须以功能论为基础,即人工智能在主体功能领域发挥多大的作用,这是人工智能主体设计的最直接参考。

第二章 人工智能算法权力异化法律规制研究

第一节 算法权力：技术逻辑、异化表现与背后原因

一、算法权力的概念

算法权力作为一个全新的概念，在近年的算法研究中不断出现。算法能作为一项权利，主要基于以下两大原因：第一，算法的社会性是算法权力产生的基础。在算法应用过程中，各种资本、法律制度、技术标准、使用协议以及算法运行的硬件和基础设施，对算法进行的实质性构成和塑造，磨灭了算法作为技术的中立性，赋予了算法社会性。第二，算法使用主体支配力赋予促成算法权力。权力作为一个社会学概念，是指在一定社会关系中，主体支配受体实现自身意志的过程。在算法应用过程中，算法背后的主体凭借其对算法技术资源的控制形成了对国家和社会的支配力。这种支配力符合权力概念的生成逻辑。对此，算法的社会性以及算法背后的支配力赋予算法对社会主体产生影响、控制、支配的能力，即算法权力。此外，算法权力需区别于"算法权利"。权利作为一个法律概念，是指特定主体拥有为一定行为或不为一定行为的自由。在算法应用过程中，算法自动化决策的过程实质上是数据分析处理的过程，算法自动化决策的作出往往需要相对人的数据授权，没有个人数据使用权的授予，算法系统无法产生决策结果。因此，算法相对人的"算法权利"实质上是一项数据权利。我国《个人信息保护法》第十四条规定的个人信息处理同意权就

是所谓的"算法权利"。

互联网的发展使得人们在线上活动的占比增大。算法在应用过程中给人们带来了便捷,同时也给人类的自主判断带来重大影响,一种新型的数字化权力正在形成和扩张。一股数字化权力正在形成。福柯认为:"权力不是获得的、取得的或分享的某种东西,也不是我们保护或者回避的某个东西,它从数不清的角度出发,在各种不平等和变动的关系相互作用中运作着。"[①]数据与算法的高效联结便得算法权力的应用空间越来越大,对人类社会生活的影响越来越深。对于算法权力的定义有许多不同的观点。算法权力最早由桑德拉·巴曼提出,她认为算法通过对数据的占有、处理与结果输出,演化为资源、商品、财产、中介甚至社会建构力量。在此基础上,国内学者对算法权力给出了定义。周辉认为算法权力即网络平台私权力,具体指网络平台借助网络平台生态中的技术、信息、资本优势,通过平台规则的制定及执行迫使平台用户或平台服务者作出某些定向判断的能力。[②] 陈鹏认为,算法权力即资本权力,以资本的投入不断强化资本背后主体对于国家和社会的影响力和控制力。[③] 郭哲认为,算法权力是一种"准公权力",其利用大数据和算法技术,借助自身行业特征和专业的技术优势,不断控制社会信息和资源,从而对个人、政府、司法机关作出的决策进行干扰和引导,这样的影响力即算法权力。[④] 张凌寒认为,算法权力是算法基于海量数据运算配置社会资源,并直接规范影响人的行为,辅助甚至取代公权力决策的一股新兴技术权力。[⑤] 通过上述学者们对于算法权力的概念界定,可以总结出算法权力是一种特定的影响力,只是就影响力的来源存在不同的观点。其中,无论基于网络平台优势产生的影响力,还是由资本产生的算法影响力,都不能准确地涵盖算法权力背后真正的权力来源。算法权力产生特定影响力的根源在于,算法是目前最优的数据处理技术,可以最大程度地降低人们通过数据挖掘现实规律的成本。人们对于此种技术优势的

① 福柯:《性经验史》(第一卷),上海人民出版社,2016,第61页。
② 周辉:《算法权力及其规制》,《法制与社会发展》2019年第6期。
③ 陈鹏:《算法的权力和权力的算法》,《探索》2019年第4期。
④ 郭哲:《反思算法权力》,《法学评论》2020年第6期。
⑤ 张凌寒:《算法权力的兴起、异化及法律规制》,《法商研究》2019年第4期。

信赖是算法所作出的决策结果被人们认可的根本原因。对此,笔者认为算法权力是算法借助数据处理过程中自我学习的技术优势,以算法决策的方式对社会主体产生的影响力、支配力和控制力。数据与算法结合的动态过程是算法权力产生的必要条件。算法权力作为抽象的权力概念,通过自动化决策最终得以体现。因此,本书所探讨的算法权力异化及算法权力规制,都围绕算法系统作出自动化决策结果这一过程展开。

二、算法权力的特征

(一)算法权力具有隔离性

算法权力的隔离性,是指由于算法具有较高的技术壁垒,公众无法理解算法运行逻辑与决策结果,传统法律难以对算法技术产生规范作用。

一方面,算法权力与公众理解相隔离。算法权力本质上是一种技术权力,其通过技术化手段实现统治目的,使得缺乏技术素质的普通公众难以理解算法的内在运行逻辑。算法权力产生决策的过程是基于对大数据的解析,抽象出一套模型,再依靠此套模型对后续的数据进行处理,并如此循环往复、不断更正模型的过程。此种决策过程具有很强的技术理性,但决策过程在算法黑箱中进行。黑箱的不可知性与决策结果之间存在断层,使得公众无法仅透过决策结果,理解黑箱中的算法运行逻辑。以法官的自由心证为例,自由心证也是黑箱,其心证过程存在于法官的内心世界,人们无法直接观察。但是人们可以通过相同的心理机能、文化背景、法律认知,对此类决策结果进行理解。而算法黑箱产生的决策结果基于数据与算法程序,人们无法直接透过数据与程序对决策结果进行理解。在美国司法部指控托普金斯案中,托普金斯利用算法黑箱作为庇护,隐藏实施采取监督学习类算法收集用户的相关定价行为,并采取定价算法与其他经营者达成价格协议,使得算法相对人权益受损但却无法察觉。这便是算法权力隔离性的集中体现,即公众无法充分理解算法权力,无法分辨算法权力所产生的决策结果对其是否存在损害。

另一方面,算法权力与传统法律制度相隔离。现阶段民法成为规制算法权力的主要部门法,但传统民事法律责任制度已经适用于算法引发的损害结果。传统民法的逻辑基础是任何损害行为的主体都为民法意义上的"人"所产生，并在此基础上进行责任分配。与"人"有着类似自主性的算法权力在现阶段还不能被涵盖在民法制度下"人"的概念之中。① 因此，算法权力目前与传统法律之间的联系存在很大的隔离性。此种现象将改变未来法律的发展方向。人工智能时代，在对权利、义务、责任设定之初就应将算法权利的自主性纳入考量范围。以算法权力引发的价格歧视现象为例，我国现有法律对价格歧视的规定仅限于《价格法》《反垄断法》等法律法规中。在《价格法》中仅规定了经营者对其他经营者实施的价格歧视；《反垄断法》仅规定了价格歧视的实行需要首先认定经营者的市场支配地位。然而，在算法权力所引发的价格歧视现象中，私营平台一是利用算法技术中立为由规避自身的主观过错，否认实施价格歧视的行为；二是以算法的自主性、不可知性，模糊了合理差别化定价与价格歧视之间的界限。由于法律对于算法权力规制的空白，进一步加深了算法权力的隔离性。

（二）算法权力具有跨越性

算法权力的跨越性，是指算法不仅跨越了物理维度和时间维度，而且跨越了制度化的权力与非制度化的权力。

在传统社会中，公权力的辐射范围和空间距离与时间长短成正比，时间越短，距离越近，越能发挥权力控制的功能。② 就空间维度而言，算法权力不再受空间界限的限定，它的运行突破了物理世界的限制，嵌入了人们生活的方方面面。随着大数据技术的蓬勃发展、云计算和云存储的广泛应用以及物联网技术的成熟，算法可以通过持续地收集数据，不断计算生成自动化决策并传导至人工智能设备，进一步实现了算法跨越主体、跨越地域、跨越平台的调度与应用。就时间维度而言，大数据与云计算存储了大量过去的数据信息，算法的自主学习能够对人类未来行为进行预测。算法权力拥有记录过去、预测未来的技术优势，将不再受时间维度的限制。由此可见，无论从时间维度还是空间

---

① 佩德罗·多明戈斯，《终极算法：机器学习和人工智能如何重塑世界》，黄芳萍译，中信出版社，2017，第 198 页。
② 崔靖梓：《算法歧视挑战下平等权保护的危机与应对》，《法律科学（西北政法大学学报）》2019年第 3 期。

维度来看,算法都具有极强的跨越性,如此的跨越性赋予了算法权力进一步扩大的能力。

权力作为一种特殊的影响力,从社会角度来看可以分为两个类型:制度化的权力与非制度化的权力。[①] 制度化的权力一般指代公权力体系中的权力,制度赋予权力拥有者十分强大的力量,其代价是制度对于权力拥有者有着极高的要求。在互联网时代,一股非制度化的权力——算法权力正在崛起,其背后是大型互联网企业和垄断集团凭借其所占有的生产要素和技术垄断对其他个体的压制,并以其强大影响力为出发点,向外辐射出多种非制度化的新型社会关系。同时,算法借助对数据的处理优势,也被公共部门和政府机构大量采用,嵌入社会体系,形成对社会资源调配的影响力。非制度化的算法权力,在私营平台中成为非制度化权威,控制着资本的运作与言论的自由。在公共部门,这一非制度化的权力又被纳入其自身的权力体系,成为权力圆心的一部分。从算法迭代和应用扩展的速度来看,算法权力在这一路径上的版图扩张是必然的趋势。算法权力打破了传统权力以制度为基底的局面,开拓了一种以技术作为权力产生方式的权力新形态。

(三)算法权力具有间接强制性

算法权力的间接强制性,是指算法通过决策结果变向限制行为人的选择范围,对行为人产生定向影响。

从平台企业的算法运营视角出发,平台通过算法应用规则的代码化(code is law),实现以代码对所有交易规则及支付规则的运行与表达。在算法平台使用过程中,用户要想获得企业提供的服务就必须适应算法平台的使用规则。平台规则如同国家法律一般对用户产生控制力和支配力,用户对算法规则的遵守正是算法权力实现的过程。以平台为例,滴滴平台可以对司机的订单进行半强制性派送,制定行驶路线,规定乘客评分与报酬挂钩;某些平台为了排除竞争可能,会在平台内移除用户上传的包含对于其他平台描述的文章。[②]

---

① 参见秦亚青:《权力·制度·文化——国际政治学的三种体系理论》,《世界经济与政治》2002年第 6 期。

② 周辉:《算法权力及其规制》,《法制与社会发展》2019 年第 6 期。

其通过信息的强制传达,对人的意识形态产生潜在的影响。美国 YouTube 平台通过神经网络推荐算法,对其用户在平台上观看视频后的评分、用户浏览视频的时间长短、用户是否评论订阅相关视频的信息进行处理,对用户的喜好作出判断,并在此基础上对用户进行二次分类,从而为用户推送其喜爱的视频。不仅如此,YouTube 平台还进一步跟踪用户后续的浏览情况,及时作出评判和更正。YouTube 平台的操作虽然能迎合用户的喜好,推送受其喜爱的视频内容,但却造成了用户选择范围的受限,使得推送行为具有一定的间接强制性。算法权力的运行实质上是开发者意识形态的植入。从表面来看似乎是技术平台在介入一定的数据平台之后独立运行的过程,但其通过算法黑箱,对人们的行为进行间接强制的约束。这一形态有别于一般权力作用于他人的直接强制,其通过一串串代码即可达到对行为主体的定向影响,具有极强的隐蔽性。从公权力部门运用算法自动化决策来看,公权力部门以算法决策结果压缩了行政程序正当的过程。

三、算法权力异化的表现

算法权力的异化是指算法在应用过程中偏离了技术中立的基本原则,引发算法歧视、算法不公等算法乱象,成为算法技术掌控者逃避法律责任的工具。在数字时代,算法最大的优势在于其可以迅速整合大量任何人类个体都无法精确压缩和处理的数据,并且算法可以避免人类在决策时的任意、草率与偏见,是精确且高效的模拟智能化运行机制。但这种精确且高效的算法决策由于缺乏透明度、可预测性与可解释性,在运行过程中将会复制人类的偏见或其他扭曲决策的因素,并造成决策的歧视性或不公正。因为几乎所有算法系统都是私人和秘密开发的运算程序,甚至那些应用于公共部门的算法系统——公众对其算法的细节知之甚少。[①] 算法"黑箱效应"的存在使公众无法了解开发者在设计或实施算法系统时所作的具体决策将如何影响其下游结果,公众无法知晓政策目标如何被转化为算法系统的运行逻辑,或者说算法系

---

① Deirdre K. Mulligan & Kenneth A, "Bamberger, Procurement As Policy: Administrative Process for Machine Learning", *BERKELEY TECH. LJ.* 34(2019): 175.

统如何代表政策权力发出指令。算法"黑箱"的不可知性,固化了算法权力的排他性。无论平台企业所代表的资本权力,还是公权力部门所代表的政治权力,伴随算法权力的嵌入,都将造成公正与平等的缺失。权力垄断的异化现象将引发一系列不可规避的风险。

(一)私营平台算法权力异化的表现

私营平台是算法技术发展最大的推动者,也是算法权力最初的控制者。平台利用算法技术优势与架构优势,通过对用户数据的收集来攫取高额的利润,算法权力在商业领域形成了对用户的掠夺。平台对于数据的掌控也影响着公众隐私信息的安全。不仅如此,基于算法与数据而产生的新型数字产业链在无形之中剥夺了公众的自由选择权。受限于现有法律无法对算法权力膨胀、越界行为施加直接的规制,私营平台所掌控的算法权力带来了严重的法律风险。

第一,算法权力导致平等权受损。算法利用已有的大数据对用户的行为信息和性格特点进行描述,并利用画像数据形成用户画像。用户画像精准的个性化推荐虽然满足了人们的购物需求,但也侵害了人们在同货同价购买方面的平等权。弗雷德里克曾就电商平台的运营进行研究,发现平台以用户的个人特征为每个用户提供不同的价格,当某些对价格不敏感的用户长期购买平台推送的商品时,此类用户将被收取更高的商品价格。算法通过用户画像,将用户进行群体划分与身份构筑,以此作为为用户标定其愿意支付的价格的基础,实施"一人一价"的价格歧视行为。在各大购物平台的算法中,会员票价反而比非会员高、使用高档手机购物付费更多、商品搜索频次越多却越贵等算法歧视现象层出不穷。同样,在其他类型的算法中也存在算法歧视。"以Facebook 泄密门为例,Cambridge Analytica 仅靠'趣味小测试'就拿到了 32万名用户的授权,据此推断出 5000 万用户的喜好,有针对性地设下桃色陷阱、推送诱导新闻、操纵总统选举等严重侵犯平等权的行为。"[1]私营平台利用技术能力不对等、信息来源不对称等优势,影响用户在商业活动中最真实的意思

----

① 郑智航、徐昭曦:《大数据时代算法歧视的法律规制与司法审查——以美国法律实践为例》,《比较法研究》2019 年第 4 期。

表达,使处于弱势地位的用户无法作出正确的判断,导致不公平和低效率现象频现。

第二,算法权力导致隐私权受损。数字化的网络世界产出了一个"数字化人格"。所谓数字化人格,即以个人在网络中所留存的数据信息为基础,通过数据模型构建起一个数字人格映象。① 数字人格产生的基础是对海量个人数据的分析处理。个人数据成为算法运行的必要条件,是互联网经济时代推动经济发展的"原油库"。平台企业的算法,一方面,通过数据的分析为用户提供更为精准化的服务;另一方面,也加剧了数据泄露带来的用户个人隐私的泄露风险。在算法运行过程中,可能因本地服务商的不当操作或受非法入侵,造成大量信息泄露。同时,算法运行过程对于数据的获取本身就是对用户隐私的侵害。2020 年 12 月,《新京报》报道称数位明星的个人核酸检测信息和北京健康宝信息在网上流传。这些本应被妥善保管的个人隐私信息遭到外泄,揭露了算法权力运行过程中个人隐私权可能遭遇的泄露风险。海量的消费数据被记录在案,用户的偏好和习惯在不经意间被人知悉。在这个商业利益至上的市场经济环境下,平台都极力争取获得用户数据的机会。苹果公司曾表示:"在 2021 年春季将升级 IOS 系统,以加强对广告平台访问其数据的限制,其中要求应用程序必须获得用户同意方可追踪用户在其他公司的应用和网站上的活动数据。"此次升级将影响那些依赖苹果个人设备标识符进行数据跟踪的平台,脸书(Face Book)创始人马克·扎克伯格对此表示强烈抗议。原本应由用户自由支配的隐私,在算法权力的发展之下,掌控在各科技巨头手中。人们无法知悉算法"黑箱"背后的个人数据流向,也无法掌控自身隐私的权属。

第三,算法权力导致自由选择受限。"监视资本"是算法权力膨胀过程中对公众在市场经济体制下自由选择的严重阻碍。② "监视资本",是指大规模的互联网技术公司利用全球数字平台实现自动化营销而得到经济增长。此种商业模式以"眼球"而不是收入作为公司的估值基础和投资回报的预测指

---

① 齐爱民:《私法视野下的信息》,重庆大学出版社,2012,第 13 页。
② 于志刚:《网络法学》,中国政法大学出版社,2019,第 264 页。

标。① 监视资本利润的主要来源是对个人信息流量的引导和控制,但是其利润转化过程不完全透明。平台企业可以通过算法和极为复杂的构建,实现对用户数据的挖掘、分析、处理。大量的元数据经由算法的处理,不断被结构化、同质化、模型化,最终被导入数字经济市场。其借助算法将数据转化为"测试性产品"(用户行为预测),并将此类产品出售给各类广告客户,从而产生高额利润。平台用户成为生产链上的重要一环,其不仅是数据的产出者,还以消费者的身份对平台企业进行数据反馈。② 此种模式基本可以实现零成本剥削用户"剩余数据"进而完成资本的原始积累。其将用户原有的知情权和自主选择权剥夺,进一步固化了用户的弱势地位。不仅如此,互联网平台从单一业务转向跨界经营,通过打通上下游产业链,进而打造复杂的"金融超市"生态。③ 以已有用户为基础,平台发挥其在数据占有与数据利用上的优势,为公众提供"有选择"的金融服务。以金融科技平台为例,平台通过大数据结合算法技术的准确计算,对互联网金融服务对象作出准确的信用评分,再据此提供专项金融服务。平台以算法技术剥夺了用户的服务选择,同时利用最大的杠杆为金融科技企业带来最大的利润。此外,算法限制公众自由选择权的另一种形态就是"信息茧房"。信息茧房是指公众只注意自身选择并且能够引发自身兴趣的信息,长此以往使得自身处于蚕茧般的信息空间之中。最典型的例子就是近年的今日头条、抖音、微博等互联网 App,它们通过数据挖掘、信息推送给用户构筑了一道道信息茧房。

(二)公权力部门算法权力异化的表现

算法权力在公权力部门中的应用主要体现在行政领域与司法领域。算法权力在行政领域的扩张,给传统行政活动的运行规则和基本范式带来了翻天覆地的变化。一方面,算法自动化决策明显缓解了治理机关与治理对象间的信息不对称,进一步增强了行政部门收集、处理、输出信息的能力,提升了行政

① Shoshana Zuboff. Big Other,"Surveillance Capitalism and the Prospects of an Informal Civilization,"*Journal of Information Technology* 30(2015):957.

② 胡凌:《论赛博空间的架构及其法律意蕴》,载《东方法学》2018 年第 3 期。

③ 孙方江:《数据垄断视角下金融业和互联网平台的共生发展问题研究》,《西南金融》2021 年第 3 期。

执法的效率,是行政权力合法和有效运行的催化剂。另一方面,在算法决策自动化运行过程中,自动化的处理方式剥夺了公众的意志表达,架空了正当程序原则与信息公开原则。在司法领域,一方面,算法自动化决策在预防犯罪、侦查以及司法裁判环节的应用,极大地提升了司法活动的效率;另一方面,算法线性的处理方式无法有效输出正确的法律结果,将产生司法偏误的现象。针对算法自动化决策在行政与司法领域可能出现的风险,我国现有的法律、法规并未提出系统的规制框架,这将进一步加剧算法权力在公权部门扩张的风险。

第一,算法权力剥夺了行政决策中公众表达意志的自由。在行政决策中,公众参与的核心理念是"听取公众意见",这需要通过专门的程序来保证公众的参与,并保证各方信息的对称性。公众的有效参与主要体现在,公众在行政决策过程中作为独立主体自由支配自身的行为,从而产生某种结果,而非以消极客体的身份被动接受某一结果。但在收编算法权力的行政部门中,"自动化偏见"成为公众意志表达中的障碍,人们对于算法决策的倾向度将大于其自主作出的决策,其自主性表达被算法权力不断抹杀。算法决策系统所使用的"超级推理"能够以微妙而有效的方式塑造用户的感受和行为,破坏个人的独立判断力。① 同时,自动化决策所带来的行政行为自动化运行,造成了行政相对人陈述与申辩环节的缺失。在预测型算法中,算法结果产生的过程都处于算法"黑箱"内部,完全规避了公众参与、专家论证等信息交换的正当程序控制。在行政相对人面对自动化或半自动化的算法行政决策时,若行政处罚产生不利于相对人的处罚的结果时,相对人囿于算法黑箱的不可知性,无法通过有效的陈述申辩来改变行政处罚的结果。自动化或半自动化的算法决策相当于否定了行政处罚行程序相对人的陈述申辩权,这将进一步消解公众参与在行政行为中的意志表达。

第二,算法权力架空了行政法的正当程序与信息公开原则。算法的自动化决策为行政执法带来便利的同时,也压缩了原有的行政活动环节,使得正当程序原则无法落实。以交通违章为例,算法自动化决策能对交通监控设备采

---

① Karen Yeung. Hypernudge,"Big Data as a Mode of Regulation by Design, Information," *Communication&Society* 20(2017):211.

集的数据进行智能识别和分析,并按照输入的技术标准,识别并输出车辆违章数据,经交管部门审核,即可对违法车辆进行处理,最终将违法处理结果通知送至违法者。在执法过程中,除去人为的审核环节,其余各个环节均可通过算法技术在瞬间完成。算法决策的自动化,的确提高了行政权力在运行过程中的效率,但其省略的行政活动环节将对行政相对人的实体权利造成消减,直接损害其程序性权利。行政程序设立的目的,在于保障相对人能接受客观、公正、合法的行政行为,程序环节的缺失不仅架空了程序正当原则,也架空了信息公开原则。自动化决策的过程本身无法被行政相对人知悉,加之其压缩了行政行为的必要环节,相对人对于行政信息的了解将进一步被限制。程序正当与信息公开原则,是规制行政权力的重要原则。引入算法自动化决策后,两大原则在实践中被架空,不仅将造成行政权力行使的失范,还将造成算法权力的极度膨胀。作为国家防疫工作公信力的证明,"健康码"在"河南村镇银行储户赋红码"事件中成了有关人员限制公民人身自由的技术手段。这是公权力部门利用算法权力架空正当程序原则与信息公开原则的典型案例。

第三,算法权力在司法领域的应用风险。算法在司法领域的部署、应用都可能因技术与司法实践无法契合而产生对法律权威及当事人合法权利的消极影响。算法技术与司法相融的实质,就是将司法的过程纳入数据与算法的泛在监控之下。利用司法大数据与算法技术,打造一套静默化、自动化、可视化的全流程监控系统,构筑"数据铁笼",实现"科技控权"[①]。算法应用于司法活动的初衷是用人工智能技术监控司法权力行使的合法性。然而,伴随算法权力影响力的增强,司法活动被纳入了更隐蔽、更多元、更宽泛的技术权力侵蚀之中,从而丧失司法的独立性。同时,算法权力与司法的结合将进一步削弱法官的主体地位,由算法辅助或主导的审判模式将带来严重的司法风险。一个审判结果的导出,需要大量的法律要素以及对于法律价值的判断,而算法系统无法将法律要素有效数据化,也无法将法律价值通过数据的形式展现。基于广泛收集数据的充分信息是人工智能有用武之地的基本前提。[②] 由于算法缺

[①] 王禄生:《司法大数据与人工智能技术应用的风险及伦理规制》,《法商研究》2019 第 2 期。

[②] 左卫民:《关于人工智能在中国运用前景的若干思考》,《清华法学》2018 年第 2 期。

乏有效的司法裁判数据输入,算法系统在司法审判中所作出的决策将存在偏误与不公。

四、算法权力异化的原因

(一)算法黑箱对法律责任的逃避

算法在技术层面的不可解释性与法律规制体系的缺位,造成了自动化决策主体逃避法律责任的现象。约书亚新和丹尼尔·卡斯特罗提出,人类面临着由社会所制造的威胁其生存的风险[①],其在算法社会中,体现为技术性风险和制度性风险。一方面,由于技术"黑箱"的存在和算法的自我迭代,导致算法利用缺乏监督,潜在的应用场景也难以控制,此即算法的技术性风险;另一方面,现有的法律制度对于该技术风险供给不足,制度的缺位使得立法者和监管者难以应对算法导致的新型社会问题,问题与解决方法的错配也进一步扩散了制度性风险,此即算法的制度性风险。为了应对算法决策引发的不利影响,我们有必要采取风险举措,即预防行为和因应制度。[②]

首先,算法黑箱的不可解释性引发了技术性风险。从算法技术应用出发,联结主义学派下的算法模型被广泛应用于各行各业,常见的推荐算法、预测算法、排序算法等以深度学习为核心技术的算法都由联结主义发展而来。联结主义中的深度学习技术赋予算法极强的自主性,其利用数学和统计学原理对输入数据进行分析处理,并更正原有的模型,以提升结果的准确性。然而,这一系列流程都在算法黑箱内部完成,人们无法窥探其产生的全过程。即使算法具备极强的自主性,但算法黑箱进一步增加了算法系统运行的技术风险。同时,算法的运行高度依赖数学和统计学,其拥有的自主性并不能解决语义理解的问题。最典型的表现是人工智能本身不能够理解因果关联,因为其所学

[①]　Joshua New & Daniel Castro, "How policymakers can foster algorithmic accountability," *Center for Data Innovation*, no. 5(2018): 2.

[②]　S Wachter, B Mittelstadt, and L Floridi, "Why a right to explanation of automated decision-making does not exist in the general data protection regulation," *International Data Privacy Law*, no. 2(2017): 79-81.

习到的统计频率上的关联性不能够代表因果关联。① 并且算法的深度学习依赖数据的输入,不同的数据输入将造成不同的结果,这使得自动化决策结果无论运算过程抑或输出结果都不具有可解释性。

其次,法律的滞后性导致对算法权力规制的缺位。一方面,立法的审慎性导致立法在回应社会变迁时的滞后。在算法领域,算法技术的迅速迭代进一步拉大了技术现状与立法需求之间的差距,造成了法律面对技术发展时的缺位局面。法律是一种保守的社会力量,其调整社会关系的方式以及对平等权的保护方式向来是被动回应型的。② 这也造成了我国应对算法问题时被动回应的立法局面。另一方面,现有法律规则体系无法追究算法责任。算法使用者多以算法错误为"技术错误"而非使用者的主观过错来逃避侵权法律责任。即使对算法决策适用者进行追责,要求决策者公布决策逻辑或对决策结果提供解释,其往往以商业秘密或重大机密等作为抗辩理由拒绝公开决策内容和理由。此外,算法平台作为算法使用者可以主张用户通过平台服务协议对面临的算法自动化决策知情同意③,并以此主张无需对自动化决策结果承担责任。虽然《互联网信息算法推荐管理规定》第十二条、第十六条对上述情况作出了规定,但由于缺少具体的标准与执行程序,算法黑箱对于法律责任的逃避问题始终没能得到根本的解决。

(二)算法对人的客体化造成人主体性的削弱

算法为商业和公共机构提供了操控人类的机会,同时还刺激人类使自身的生活顺从算法的要求以避免不利决策。算法正进一步将人客体化,削弱人在面对技术时的主体地位。一方面,自我迭代的算法预设了人们的身份,其通过统计学上的关联性替代因果性对个体进行评判,成为社会规制的塑造者;另一方面,算法以高效便捷的决策结果影响着人们的行为,使人逐渐沦为机器操纵的对象,导致人的主体性出现危机,独立判断能力、想象力和自由精神大为削弱。算法对人主体性的削弱、客体性的加深是算法权力失范的重要原因。

---

① 魏斌:《符号主义与联结主义人工智能的融合路径分析》,《自然辩证法》2022 年第 2 期。
② 郑戈:《人工智能与法律的未来》,《探索与争鸣》2017 年第 10 期。
③ 胡凌:《论赛博空间的架构及其法律意蕴》,《东方法学》2018 年第 3 期。

算法的主体化造成人的客体化。算法原本作为一项技术,是人类行为的客体,但在算法嵌入式的社会应用中,其逐渐呈现出主体化趋势。算法的主体化是人类在利用算法改造客观世界的过程中,算法对人作为技术应用主体地位的反作用。算法自主化运行引导决策结果的产生,人被动接受决策结果,并逐渐呈现客体化趋势。在算法系统中,人的行为以数据的形式展现,成为算法系统分析的对象,具体表现为:用户须满足平台算法设置的条件才能享受平台服务;算法以技术规则约束人的行为来增强自身的权威。算法利用其技术优势将个体纳入算法的运行逻辑,并将其列为算法运行的参数而非具有自主性的独立个体,反客为主地支配着人的行为,从而使得人在算法面前面临主体客体化的风险。在算法技术的研发过程中,人作为研发算法的主体,能够通过能动地改造、影响控制算法,让算法服务于人,客体被动地服务于主体,这是人在算法技术面前主体地位的集中体现。然而,在算法应用的实际场景中,算法不仅未能以自身的"自主性"提高人们对技术的警觉以强化自身的主体地位,反而通过"自主性"引导人们向算法技术屈服,使得人们依赖算法决策所给出的"最优决策",从而逐渐沦为算法决策的依附,失去了对自身主观能动性的思考。

(三)算法的政治内嵌、资本介入造成"技术公平"假象

算法权力异化的背后是政治力量的内嵌、资本的介入。算法应用者通过资本、技术及市场等隐性优势,以算法为手段绕开法律规定。而算法相对人在算法运行过程中,由于缺乏对算法系统的理解,浑然不知自身处于弱势地位,游离于法律保护的范围之外。

算法的政治内嵌造成算法权力的异化。利益集团通过算法技术操控舆论、维护其自身权力统治。算法本身不仅具有技术性,同时也具有社会性。算法需要相对人与系统进行交互,此种交互本质上是算法控制者与算法相对人之间的价值交互,而算法的设计和使用过程必然会嵌入控制者的政治属性与社会本身潜在的权力关系。算法技术的政治性具有双重维度:一是算法作为技术,其另一层本质是为"给定的政治体系"提供确立,抑或巩固权力和威望的手段,其必然内嵌了某种政治属性;二是政治对技术的需求与生俱来,而技术

也在某种意义上回应着它们的需求。最典型的例子便是 2016 年的"剑桥分析"事件,算法成为政治精准营销的"引擎"。2016 年美国大选,剑桥分析公司利用问卷调查方式,获取用户的脸书数据授权,再通过与从其他多种渠道购买的民众土地登记、汽车信息、购物习惯、俱乐部会员资格等信息相整合形成数据库。该公司通过算法分析筛选出政治态度摇摆的选民,根据选民性格、认知特点,在合适的时间、合适的地点以最易影响目标选民政治倾向的信息呈现方式,向其精准推送和传播相关政治理念,最终影响其投票选择。[①]

　　资本的介入是算法权力失范的又一诱因。巨额的资金投入是任何一项技术研发和运用的前提。只有以雄厚的资本为支撑才能保证算法的研发和持续优化,微软、苹果、谷歌等互联网巨头利用其资本优势掌握着强大的算法技术。资本的介入在带来技术进步的同时,也赋予了算法天然的逐利性。资本将成本投入—利益产出的商业逻辑奉为圭臬,因为"掌握了数据就意味着掌握了资本和财富,掌握了算法就意味着掌握了话语权和规制权"[②]。虽然海量的数据输入能赋予算法对不同文化内涵的呈现,但其始终受到算法背后的资本的影响。科技作为数智社会下最新的集权方式,在为社会发展带来便利的同时也构成了一种威胁。智能技术赋予权力复合体更加先进的统治方式。传播技术手段越复杂,就越有能力和效率过滤掉那些对抗权力复合体的不良信息,从而巩固自身的权力。利益集团为了实现其利益,通过对算法系统的操作影响算法决策结果,有意地制作具有偏见态度的信息,从而操纵人们对于客观事实的主观认知。算法控制者将自身的利益诉求嵌入算法运行,将其内在的价值理念化为数据与代码。在互联网时代,"流量为王"是商业资本遵循的基本逻辑,资本与平台共谋,通过结合算法技术与热点事件创造流量、吸引用户。诸如谷歌、脸书、腾讯及阿里巴巴等大型网络平台型企业,其商业属性与公共属性已很难进行界分。他们通过自身搭建的算法平台收集了海量的数据资源,并以算法技术优势取得了公众的信赖。而且其由算法技术优势所带来的算法能力已远远超过了单一地方政府,甚至单一国家的监管的能力与范围。一些国家

---

①　穆琳:《"剑桥分析"事件"算法黑箱"问题浅析》,《网镜纵横》2019 年第 4 期。
②　郑智航:《人工智能算法的伦理危机与法律规制》,《社会科学文摘》2021 年第 4 期。

的公共部门为了商业利益,实际上牺牲了对商业机构算法操作和功能进行有意义的监督能力,以及要求它们遵守自身透明度和对决策作出解释的法定义务的能力。算法运营人运用算法逻辑构筑有利于自身的算法自动化决策系统,利用算法逻辑对算法决策相对人进行数据化场景设置并实现自身操控的隐形化,阻隔行为主体与法律体系的关联性。

第二节　算法权力异化的法律规制思考

在加快推进人工智能技术研发和产业应用的同时,需要同步跟进适应智能化变革的制度调整和技术治理。算法权力规制滞后将制约技术的应用与发展。面对算法权力的异化,需要我们从算法的技术逻辑出发,将技术事实转化为法律事实,充分考虑规制过程中的时机、方式和标准,构建贴合数字经济发展、回应算法社会关切、维护中国数字利益的算法权力规制体系。

一、算法权力异化规制之考量因素

(一)算法权力规制的理念

首先,算法权力规制的理念应从以经济效益为本位转变为以社会利益为本位。无论私营平台通过监视资本谋取商业利益,还是公权力部门利用自动化决策降低行政成本,算法的使用目的皆基于经济层面的考量。例如,美国作为世界范围内算法技术的领跑者,其对于算法权力的规制更是将经济发展效益的追求最大化,形成了"技术—经济"的算法权力规制理念。美国针对算法权力的规制秉持商业利益优先的理念,弱化了对算法的事前监管,充分鼓励企业与行政部门开发使用算法系统,仅在算法决策系统产生损害结果后,通过行政处罚的方式对算法决策系统进行处罚。然而,此种规制理念下的美国存在着诸多算法乱象。例如,优步打车软件出现算法歧视,密歇根综合数据自动化系统错误认定居民涉嫌欺诈。对此,美国逐渐重视算法技术利用过程中社会利益的考量,并于 2019 年颁布《算法问责法案》(Algorithmic Accountability Act),建立算法影响评估机制以加强算法的事前风险防范,从而减少算法对于个人、社会的负面影响。从美国的算法权力规制基本理念转换中可以看出,算法作为正逢其时的技术新领域,其发展在可能带来经济迭代福利的同时,也正在产生社会正反方面的巨大效应。法律作为社会利益保障的最后底线,在规制算法权力时应充分考虑社会公共利益,以社会公共利益为算法权力规制的基本理念。

其次,算法权力规制应树立协同性治理理念。第一,数据与算法的协同治理。既往法律制度重视数据保护,忽视了算法权力中自动化决策所带来的不良影响。算法权力的兴起使得传统的数据保护路径失去了意义,具体包括个人数据保护的知情同意原则基本被架空,对于个人敏感数据划分标准因算法的分析基本失去了意义等。[①] 诸如监视资本、公权力与算法合谋的政治内嵌、公众自主选择权的丧失、人主体性的削弱等现象,背后都是算法权力发挥支配力的体现。在此情形之下,算法权力规制应将数据治理与算法治理相结合。这是因为个人权利遭受的损害,不仅来自数据或算法,还来自两者的汇合。因此,应将个人数据保护与自动化决策监管相结合,严格监管数据控制者对"数据使用"的使用行为。尤其在特定敏感数据的二次利用上,建立数据处理活动的风险评估机制,以避免造成错误的决策。第二,技术治理与法律治理协同。法律应避免将算法作为纯粹的"技术"进行规制,需要将算法技术对社会结构的深刻影响纳入考量范围,将算法权力作为规制对象。此般做法能最大限度地保证规制制度的完整性和相关性。由于算法在各领域的大规模应用编制出了越来越复杂的算法生态系统,人们的认知和行为也将嵌入得更深,算法对人类行为的驱动力日益增加[②],仅通过技术治理或法律治理并不能完全应对算法权力异化所引发的社会问题。对此,需要协同技术治理与法律治理,将算法权力作为直接规制对象以适应复杂的算法生态系统。

(二)算法权力规制的时机

算法权力的间接强制性引发了算法权力规制的时机因素考量。如前所述,算法权力的间接强制性带来了相对人对算法决策结果的被动接受,而决策

---

① Cate F. H&Viktor Mayer-Schönberger, "Notice and consent in a world of Big Data," *International Data Privacy Law*, no. 3(2013):34.

② 胡凌:《论赛博空间的架构及其法律意蕴》,《东方法学》2018 年第 3 期。

结果的作出需要事前的算法部署以及运行过程中的数据输入,这些都将对算法决策结果产生影响。若仅将算法决策结果作出后的责任追究阶段作为法律介入的时机,则无疑错过了事前监督与事中补正的机会。对此,将算法权力规制的时机分为事前、事中、事后三个阶段能有效地对算法权力进行全方位的管控。

首先,阶段的划分符合算法运行的客观现实。算法权力主要通过算法自动化决策的结果对当事人产生影响力,其中算法起着至关重要的作用。针对算法权力的规制需要从算法运行的事前设计阶段、事中运行阶段以及事后决策结果产生的救济阶段介入,对算法设计者、算法部署者及算法运营人的算法歧视行为进行强有力的监管。事前阶段为算法的设计阶段,设计阶段的潜在风险在于设计者以代码的形式将自身的价值选择嵌入算法之中,这势必会影响技术中立原则在算法系统中的体现,从而在后续的运行过程中,抑或在决策结果导出中造成算法歧视、算法不公。将算法设计阶段纳入算法权力规制的考量,能最大限度减轻算法权力失范的风险,降低监管成本,构筑公众对于算法的信任。事中阶段为算法的运行阶段,这一阶段中算法模型与用户数据的交互结果将影响算法模型的最终形态。尤其在机器学习算法中,错误的数据或存在偏见的数据将影响算法决策的最终结果。因此,事中运行阶段的算法权力规制既要加强对输入数据合法性、合理性的审查,又要对变化的算法决策逻辑进行验证。运行阶段的算法其风险呈波动变化的形态,无论喂养数据来源的审查还是决策逻辑的验证,都将对最终的决策结果产生实质性的影响。应该把运行阶段的算法权力纳入规制范围,以减少算法权力失范的风险。事后决策结果导出阶段,是算法自动化决策作出后,其对算法相对人产生实质性影响的阶段。算法作为技术工具,是连接各主体行为间的媒介。例如用户在淘宝上搜索商品,搜索页面最终导出的商品与价格是由算法作出的,但这一导出结果连接的是商家的出售行为与用户的购买行为。

其次,分阶段的算法权力规制能充分发挥法律的预测作用、指引作用与评价作用。事前阶段的法治介入能为算法设计提供指引,例如通过算法影响评估制度评估算法设计的合理性和合法性,减少算法在设计阶段的歧视风险。

事中阶段的法治介入能有效加强算法运行阶段的监管,发挥法律的指引作用,有效指导算法运营人规范数据使用与算法模型更正,减少运行阶段的算法风险。事后阶段的法治介入能有效发挥法律的评价作用,从法律责任层面对算法决策行为作出评价,并进一步追究相关主体的法律责任以弥补算法决策所带来的损害结果。

(三)算法权力规制的方式

算法权力的规制应将场景化作为规制的主要方式。算法权力作为一项跨越时空维度以及制度化与非制度化的新型权力类型,其跨越性给算法权力规制的方式选择带来了极大的困难。算法人机交互的运行逻辑,使算法运行过程呈动态性、不可知性。当使用主体与应用领域不同时,算法的性质产生差异。场景化规制方式的提出是为了适应不同"场景"下的不同法益保护的需求。① 在行政自动化决策场景下,高度集中的权力属性,结合算法广泛且深远的影响力,对于公共集体法益具有极强的破坏力,这就要求政府的算法解释与算法应具备更高的公开要求。同时,对于如阿里巴巴、腾讯、百度等超级平台而言,数据资源的掌握与算法能力的运用使其具备了准公权力的性质或公权力的一些属性,在某些特定场景下也应对其采取更高的算法解释义务与算法公开义务。因此,对算法权力的规制,应当充分考虑不同应用场景中的算法类型与使用主体,以场景化规制的方式对算法运用的复杂多变的现实情况进行法律层面的界分,从而收紧算法权力规制的口袋。

(四)算法权力规制的标准

算法权力的隔离性使得传统法律法规难以对算法权力进行直接的规制。对此,我们需要以算法技术标准作为算法与法律之间的转换媒介,将技术事实转化为法律事实,从而利用法律对算法权力进行直接的规制。算法技术标准是指算法在设计、运行过程中需要符合合法性、合理性而制定的一套认定规则。算法技术标准应当以算法应用的技术逻辑为起点,对算法损害结果进行提炼,明确算法损害结果的侵权标准。

---

① 苏宇:《优化算法可解释性及透明义务之诠释与展开》,《法律科学(西北政法大学学报)》2022年第1期。

马克思·韦伯提出,"工具理性是实现自身的理性追求和特定目标的手段、方式,价值理性是包含在特定行为方式中无条件的内在价值与正当性标准"①。算法权力的背后是算法作为工具理性与法律作为价值理性的相互交织。算法权力的规制目标不在于注重手段方式的工具理性,而在于正当标准评判和价值引导的价值理性。② 从算法工具理性的角度出发,确立算法技术标准,既能响应技术发展和应用迭代的现实需求,又能深度契合算法动态化运行的治理需求,其是实现分级分类、场景化和精细化算法治理过程的最佳路径。一方面,算法技术标准是衔接算法场景化规制和算法问责的纽带。算法技术标准凝聚了技术专家在技术论证和技术认知方面的关键共识,解决了人工智能技术在治理层面可能面临的最初分歧。无论场景化规制,抑或算法问责,算法技术标准都能为设计者设置符合场景要求的透明度方案提供指引,从而留下可靠、完整运行记录,为算法问责提供依据。以美国《自动驾驶法》为例,其设置了自动驾驶场景下的汽车安全标准与安全范围,以技术正当为原则要求生产商对标准与范围进行定期审查更新。自动驾驶场景下的算法技术标准不仅有助于提升该场景下算法设计、应用环节的安全性,还为算法问责提供了基础。若厂家在产品设计与产品维护中未达到标准要求,则可作为问责依据。另一方面,算法技术标准能在算法系统中嵌入伦理和价值需求。算法技术标准聚焦算法技术的源头环节和底层架构,能够在算法系统生命周期的早期阶段实现关键产品要素的标准化,促使设计者、部署者调整设计理念,将伦理和可信价值导入技术和产品的设计环节,进而嵌入治理实践之中。③ 利用算法技术标准将伦理和价值需求嵌入算法系统中,设计阶段和运行阶段的伦理价值输入有助于减轻事后问责的成本。此外,算法技术标准能将伦理价值需求嵌入早期的算法系统,在事前环节即对平台企业的算法失范进行规制。因此,就算法权力规制体系构建而言,算法技术标准是算法治理的技术基础,建立算法技术化标准是实现算法技术逻辑法律表达的重要路径,也是构建规

---

① [德]马克思·韦伯:《经济与社会》第一卷,上海人民出版社,2010,第45页。
② 任颖:《算法规制的立法论研究》,《政治与法律》2022年第9期。
③ 王平、梁正:《标准和标准化概念的多学科观点(之五)——Brunsson和Busch的社会学观点》,《标准科学》2020年第5期。

制体系的客观必然。

二、中国算法权力异化规制之反思与优化

（一）中国算法权力异化规制体系之窥探

为了适应数字经济的快速发展、回应算法社会关切、维护国家数字利益，中国目前主要从算法伦理法律化、算法立法专门化、算法监管主体多元化的视角对算法施以规制，初步形成了中国的算法规制体系。目前，中国的算法规制体系主要包括法律法规、规范性文件、标准等多个方面。一方面，中国政府已经出台了多项法律法规来规范算法应用。例如，2017年出台的《网络安全法》就对算法应用的安全性、保密性、公平性等方面进行了规定；2020年颁布的《数据安全法》则更加重视数据处理的合规性和安全性。此外，涉及人工智能等前沿技术的法律法规也在逐步完善，如2021年发布的《个人信息保护法》等。另一方面，政府和行业组织也发布了许多规范性文件和标准，以指导算法开发和应用的具体实践。例如，2021年中国人民银行、工信部、公安部、国家市场监管总局等多个部门联合发布了《金融科技（FinTech）风险管理规定》和《金融科技（FinTech）安全规范》，以指导金融机构在使用算法进行风险管理和数据安全方面的工作；2021年9月出台了《关于加强互联网信息服务算法综合治理的指导意见》（以下简称《指导意见》）、2022年3月21日出台《互联网信息服务算法推荐管理规定》（以下简称《算法规定》）。此外，值得注意的是，中国政府也在加强对算法透明度和公正性的要求。例如，2020年工信部等多部门发布的《人工智能治理规定（征求意见稿）》，要求算法开发者应当提供模型的透明度和可解释性，并遵守公正性原则，不得歧视或侵犯人权。

1. 算法伦理法律化

算法伦理为算法治理提供正确的价值引导，是确定算法治理原则的依据，也是构建算法治理体系的根基。由于算法歧视、算法风险、算法黑箱等算法失范现象的存在，亟待伦理规范以约束算法行为。在应然意义上，算法伦理的价值包括公平公正、安全可控、公开透明。基于此，我国在相关规范性法律文件中确立了算法公正、算法安全、算法向善的算法规制理念。

第一,算法公正。算法公正着重强调"个体公平"与"结果公正"。就"个体公平"而言,《个人信息保护法》赋予公民"知情决定权""更正补充权""删除权"等一系列权利,以保证公民拥有自由公正平等地接受算法自动化决策的意愿。就"结果公正"而言,通过算法决策无歧视地确保"结果公正"。为应对"大数据杀熟""借贷信用排序"等算法歧视问题,《算法规定》不仅将"公正公平"列为算法推荐服务的基本原则,禁止基于消费者消费习惯、交易习惯等特征实施不合理的差别待遇,而且通过设置用户权益保护,防止算法歧视与个体人格尊严受损现象的发生。

第二,算法安全。算法安全重在强调算法技术的可控性,以防范技术风险。机器学习①在算法中的应用导致算法更新迭代难以预测,而数据质量的低劣或数据的不完整则会进一步引发算法歧视。对此,《关于加强科技伦理治理的意见》中明确指出:"科技活动应客观评估和审慎对待不确定性和技术应用的风险,力求规避、防范可能引发的风险,防止科技成果误用、滥用,避免危及社会安全、公共安全、生物安全和生态安全。"②《算法规定》第二十八条明确提出构建算法安全评估和监督检查机制,有关部门事前监管维护算法安全。

第三,算法向善。《算法规定》第六条将"积极传播正能量,促进算法应用向上向善"作为算法服务的价值导向。《数据安全法》第二十八条将"促进经济社会发展,增进人民福祉"作为技术研发的主要目的。在《新一代人工智能伦理规范》中,"增进人类福祉"成为人工智能发展的首要原则。这一系列规范性文件旨在将"向善"的算法伦理融入中国的算法规制体系之中,彰显了向善原则是规制算法行为的最高价值标准。

---

① 机器学习是人工智能的一个子领域,其致力于通过梯度下降的方式,拟合出数据集中,输入和输出之间的函数关系。通俗而言,机器学习将从数据中学习,根据反复的数据分析结果作出最佳决策和预测。机器学习在计算机视觉领域(如人脸识别,图片自动分类,图片自动生成等)、自然语言处理领域(如语言翻译,语音识别成文字,客服机器人对话等)、推荐算法领域(淘宝推荐商品,抖音推荐短视频,b站推荐视频等)、强化学习领域(谷歌的 Alpha go、Deepmind 等各种机器人人工智能)都有着广泛的应用。

② 《关于加强科技伦理治理的意见》,http://www.gov.cn/zhengce/2022-03/20/content_5680105.htm,访问日期:2022 年 8 月 9 日。

2. 算法立法专项化

从国际社会观察,为了规制算法行为、实现算法正义、构建算法问责制度,算法立法专项化蔚然成风,这是有效治理算法的必然趋势。[①] 美国是最早对算法进行专项立法的国家,2019 年美国国会通过的《算法问责法案》,将算法自动化决策作为规制对象,构建了一套以算法自动化决策问责为中心的算法规制体系。2019 年 4 月,欧盟通过欧盟议会研究服务机构颁布《算法问责及透明度监管框架》,对算法进行专项立法。此前,欧盟秉持"保障个人私权利"的核心理念,将算法治理嵌于个人数据权利保护之中,构建了一套"个人权利保护型"算法规制模式。随着算法应用在社会各领域的嵌入,算法风险日渐暴露,促使欧盟开始对算法进行专项立法。我国主要采用部门规章对算法失范现象进行规制,例如《算法规定》针对算法推荐服务进行专门规定,《平台经济领域的反垄断指南》针对价格歧视、大数据杀熟现象进行专门规定,《银行保险机构消费者权益保护管理办法(征求意见稿)》则对信贷信用排序进行专门规制。我国以部门规章作为算法规制的主要载体,虽然能更灵活、更有针对性地对算法违法行为进行规制,但零散的部门规章难以统筹算法应用下的所有社会关系,不能为算法规制体系的构建提供充足的法治保障。对此,《指导意见》明确规定"加快制定算法管理规定,明确算法管理主体、管理范围、管理要求和法律责任等",旨在以算法专项立法对算法应用失范行为进行规制。之所以如此,不仅在于算法专项立法与现有《数据安全法》《个人信息保护法》等立法在内容、对象、目的、手段上存在不同,还因为算法专项立法将有效鉴明政府与算法平台间、算法服务企业与消费者间、算法服务提供者间的法律关系,在算法治理的顶层设计和系统部署方面对算法乱象予以全面规制。

3. 监管主体多元化

算法作为人工智能重要的应用技术,一直处于不断探索、不断革新之中。法律作为调整社会关系的工具,总是滞后于社会关系的快速变化,尤其在面对动态发展的算法社会关系时,进一步放大了其滞后性的局限。对此,我国通过

---

① 任颖:《算法规制的立法论研究》,《政治与法律》2022 年第 9 期。

监管主体的多元化,强化监管的力度与灵活性以适应法律滞后之不足。《算法规定》要求有关部门建立算法分级分类安全管理制度,鼓励社会力量参与算法监管,开设投诉举报通道规范算法失范行为。《指导意见》明确提出,"进一步明确政府、企业、行业组织和网民在算法安全治理中的权利、义务和责任……打造形成政府监管、企业履责、行业自律、社会监督的算法安全多元共治局面"。《算法规定》和《指导意见》顺应了"建设人人有责、人人尽责、人人共享的社会治理共同体"①的理念。在算法规制体系中,政府、企业、社会组织、公众都是算法监管环节的主体,都是有其责亦应尽其责的"一元",都是多元共治格局中的一个"方阵"②。以监管主体的多元化赋能算法监管,可以增进算法监管活动的有机互联,增强治理的敏捷性,进一步缓解算法应用活动的广泛性、复杂性所带来的规制难题。

(二)中国算法权力异化规制体系之反思

马克思·韦伯提出,"工具理性是实现自身的理性追求和特定目标的手段、方式,价值理性是包含在特定行为方式中无条件的内在价值与正当性标准"③。算法法律关系的背后,正是算法作为工具理性与法律作为价值理性的相互交织的结果。算法规制的目标不在于注重手段方式的工具理性,而在于正当标准评判和价值引导的价值理性。④ 算法规制体系的构建应更关注算法应用活动中的伦理规则与法律要求,而非技术手段、方式本身,因为技术的使用涵盖使用者的价值选择,而技术本身是中立的。

1. 规制对象局限

我国现阶段算法规制对象过于局限,仅仅关注私营平台企业中的算法推荐行为,而忽略了国家机关对算法的应用。《算法规定》第二条第一款规定,"在中华人民共和国境内应用算法推荐技术提供互联网信息服务,适用本规定。法律、行政法规另有规定的,依照其规定",将"应用算法推荐技术提供的

---

① 《中共中央关于坚持和完善中国特色社会主义制度——推进国家治理体系和治理能力现代化若干重大问题的决定》,2019 年 10 月 31 日中国共产党第十九届中央委员会第四次全体会议通过。

② 张吉豫:《构建多元共治的算法治理体系》,《法律科学(西北政法大学学报)》2022 年第 1 期。

③ [德]马克思·韦伯:《经济与社会》第一卷,上海人民出版社,2010,第 114 页。

④ 任颖:《算法规制的立法论研究》,《政治与法律》2022 年第 9 期。

服务",而非"算法推荐技术"作为规制对象。这体现了算法规制的立法属性,即社会规制,以价值引导、正当性判断约束"技术非中立性使用"①。此举明确了算法规制应建立正确的价值引导以规范算法在不同场景中的应用活动,在立法思路方面没有问题,但在规制对象考量方面存在不足。《算法规定》中的"算法服务"限于平台企业,而忽略了国家机关作为算法应用的主体,特别在自动化行政中,算法的潜在风险同样不容忽视。以抗疫利器"健康码"为例,作为个人获得出行、复工资格的法定证明,国家机关先将评判标准程式化,相对人在线提交信息并申请后,系统自动分配不同颜色标志的二维码,这是"自动化行政"的典型形式。② 如前所述,作为国家防疫工作公信力的证明,"健康码"在"河南村镇银行储户赋红码"事件中成了有关人员限制公民人身自由的技术手段。我们认可技术的中立性,但不能否认技术使用背后的价值判断。河南村镇银行赋红码事件中的算法维护了使用者的利益,侵害了公民的基本人权。国家机关利用自动化行政是为了消除决策成本,但却带来了另一重风险,即人为的制度性风险。制度系统的复杂性带来制度功能的部分缺失,最终成为更多强大风险的制度性根源。算法规制的对象若仅限于私营平台,而忽略了自带"权力"属性的国家机关,其背后潜在的制度风险将对整个社会产生颠覆性的影响。

2. 问责路径缺失

算法问责是指算法设计者、算法运营者、数字平台等主体对算法存在潜在风险时,因违反算法设计和运营的信息披露义务而应承担的算法责任分配和赔偿机制。③ 在《指导意见》《算法规定》和《个人信息保护法》施行后,以国家互联网信息办公室为规制主体,以"算法安全""算法公平""算法信任"为内在价值的算法规制体系框架基本形成。④ 但这一规制框架存在算法问责路径缺

---

① 陈兵:《互联网屏蔽行为的反不正当竞争规制》,《法学》2021 年第 6 期。
② 许可:《算法规制体系的中国建构与理论反思》,《法律科学(西北政法大学学报)》2022 年第 1 期。
③ Diakopoulos N, "Accountability in Algorithmic Decision Making," *Communications of The ACM*, No. 2(2016):177-182.
④ 徐琳:《人工智能推算技术中的平等权问题之探讨》,《法学评论》2019 年第 3 期。

失的问题。一方面,算法透明是算法问责的关键要素,是算法相对人提起诉请以及算法设计部署者提起解释抗辩的基础。《个人信息保护法》中虽然对算法自动化决策的透明度作出要求,并且在第四十八条中赋予个人提请解释说明的权利,但其无论对算法透明度要求的内涵及构成要素,还是算法解释权的性质与适用前提,都未进一步明确,造成了横向维度上算法问责的困境。另一方面,技术治理标准的缺失造成算法应用行为难以定性。算法问责既需要社会规制提供价值指引,也需要技术规制提供技术事实向法律事实转变的标准,如同刑法中以客观的量化标准,即损害他人身体的三种形态——轻伤、重伤或死亡为法律问责提供理论基础。技术治理标准应当以算法应用的技术逻辑为起点,对算法损害结果进行提炼,明确算法法律关系中侵权行为的标准。技术治理标准不仅能为算法问责提供标准,还能进一步规范算法伦理,降低算法失范风险。从算法应用产生的损害结果来看,平台企业间竞争失序、平台损害用户权益、平台定制用户数字人物画像违反公序良俗是算法失范的主要表现,如何在不同场景下制定分类分级的算法技术治理标准,是中国算法规制体系构建必须攻克的难题。

3. 监管体系化不足

算法规制体系的构建不仅需要立法层面的优化,还需要监管层面的体系化。中国目前存在监管主体多元但主次不明,监管手段多样但轻重不分的现象,并未形成系统化的算法监管结构。首先,从监管主体来看,《算法规定》融合了行政部门、算法应用平台、行业协会、社会公众力量等多元主体。虽然算法技术的复杂性与社会分工的精细化需要更多元的主体加入算法监管队伍,但算法监管的体系化并非建立在各主体静默参与、相互割裂的基础之上,而需要各主体间相互联动、相互配合。在加强行政部门与私人机构协同、融合多方力量对算法应用活动进行监管的同时,仍须明确行政监管部门的主导作用。而且《算法规定》并未对监管主体的具体职责进行进一步的划分。由于算法技术本身仍处于探索发展阶段,未知性、不确定性是其主基调,国家应进一步明确、细化行政部门在算法规制体系中的监管责任,而非笼统地将其与倡导性监管力量混为一谈。其次,从监管手段来看,我国的确创设了富有启发性的新型监管方式。《算法规定》根据算法推荐服务提供者的级别设置了行政备案;面对算法失范现象,设置了行政约谈制度,为算法整改提供建议;网信办会同其他部门,设置算法分级分类安全管理制度;为维护用户个人权益,设置安全评估制度。但监管的体系化意味要明晰监管手段使用的主次,尤其在对算法的监管中,算法黑箱的"自主性"与"不可知性"带来的动态监管压力无时无刻不在,行政监管部门应集中主要的监管力量对监管目标进行强有力的监管。目前,我国强调行政监管改革创新。2019年,国务院公布《关于加强和规范事中事后监管的指导意见》,更多地强调行政资源从事前审批转到加强事后监管上来,落实监管责任,并提倡与私人机构的协同管理。① 对此,网信部门应联合社会力量,将监管中心落到事后监管环节,而非追求监管手段的多样性。

三、中国算法权力异化规制路径之优化

将算法技术的运用特点与法律的基本价值追求相融合,是构建算法治理体系的基本思路。基于此,建立场景化思维,将算法规制的对象指向算法技术具体的应用场景;树立技术化治理理念,将算法技术标准作为算法问责的基准线;建立多元主体协同治理体系,引导多元主体参与算法治理,是优化中国算法规制体系的有效路径。

(一)场景化规制方式

算法人机交互的运行逻辑,使算法运行过程呈现动态性和难以预知性。当使用主体与应用领域不同时,算法的性质将产生差异。一方面,从使用主体来看,当使用主体是公权力机关时,算法将成为公共决策机制,作为一种行政正当程序而存在;当使用主体是平台企业时,算法将成为公司内部决策程序,是企业自主经营权的体现。另一方面,算法应用领域不同,相应领域所体现的法律关系也有所差异。在外卖配送行业,美团、饿了么将算法应用于计算送餐时间时,其背后将产生外卖配送员与平台之间的劳动关系;在新闻资讯领域,抖音、快手等利用算法绘制用户数据画像用以提高新闻资讯的传播效率,其背

---

① 张宇晖:《算法决策的结构化问责机制:欧盟经验与中国借鉴》,《上海政法学院学报(法治论丛)》2022年第4期。

后将产生个人信息保护与隐私权法律关系；在电商领域，拼多多、淘宝、京东等购物平台利用算法对个体进行个性化推荐，以提升商品成交量，其背后将影响消费者与平台之间的法律关系。对此，算法公开、个人数据赋权、算法反歧视等传统法律规制方式并不符合算法规制的基本原理，算法法律规制必须建立在场景化的基础之上。[①]《算法规定》明确以算法可解释、促进算法公开透明为主要手段，优化算法可解释性与算法透明度义务，使其具有层次是算法治理中制度层面的中国方案。层次的确定取决于业务场景，而"场景"的实质是不同的法益保护需求。[②] 在行政自动化决策场景下，高度集中的权力属性，结合算法广泛且深远的影响力，其对于公共集体法益的破坏程度极强，这就要求政府的算法解释与算法公开应具备更高要求。同时，对于如阿里巴巴、腾讯、百度等超级平台而言，数据资源的掌握与算法能力的运用使其具备了准公权力的性质或公权力的一些属性，在某些特定场景下也应对其采取更高的算法解释义务与算法公开义务。场景化的规制方式将更有针对性地对不同法益相关主体的注意义务作出判断，以更精准的价值判断对算法解释与算法公开提出要求。算法规制场景化是构建更具层次、更合理的中国算法规制体系的必要路径。

（二）算法技术标准

算法技术在各应用场景的嵌入带来的结构性挑战推动了算法规制范式转向动态性、复合性和协同性治理。为了有效达成治理效能，从算法工具理性角度出发确立算法技术标准，既能响应技术发展和应用迭代的现实需求，又能深度契合算法动态化运行的治理需求，其是实现分级分类、场景化和精细化算法治理过程中的最佳路径。一方面，算法技术标准是衔接算法场景化规制和算法问责的纽带。算法技术标准凝聚了技术专家在技术论证和技术认知方面的关键共识，解决了人工智能技术在治理层面可能面临的最初分歧。无论场景化规制，抑或算法问责，算法技术标准都能为设计者提供指引设置符合场景要

---

①　丁晓东：《论算法的法律规制》，《中国社会科学》2020 年第 12 期。

②　苏宇：《优化算法可解释性及透明义务之诠释与展开》，《法律科学（西北政法大学学报）》2022 年第 1 期。

求的透明度方案,留下可靠、完整运行记录为算法问责提供依据。例如,美国《自动驾驶法》设置了自动驾驶场景下的汽车安全标准与安全范围,以技术正当为原则要求生产商对标准与范围进行定期审查更新。自动驾驶场景下的算法按技术标准不仅有助于提升该场景下算法设计、应用环节的安全性,还为算法问责提供了基础。若厂家在产品设计与产品维护中未达到标准要求,则可作为问责依据。另一方面,算法技术标准能在算法系统中嵌入伦理和价值需求。算法技术标准聚焦算法技术的源头环节和底层架构,可以在算法系统生命周期的早期阶段实现关键产品要素的标准化,促使设计者、部署者调整设计理念,通过将伦理和可信价值导入技术和产品的设计环节进而嵌入治理实践之中。[①] 利用算法技术标准将伦理和价值需求嵌入算法系统中,在设计阶段和运行阶段的伦理价值输入有助于减轻事后问责的成本。目前,平台企业在利益驱动下,将算法作为牟利工具,在算法应用过程中将产生算法歧视、算法操纵、算法不公等负面行为。对此,算法技术标准能将伦理价值需求嵌入早期的算法系统,在事前环节即对平台企业的算法失范进行规制。因此,就算法规制体系构建而言,算法技术标准是算法治理的技术基础,建立算法技术化标准是实现算法技术逻辑法律表达的重要路径,也是构建规制体系的客观必然。

(三)多元主体协同治理

多元主体协同治理是各主体建设性地跨越公共机构、政府等级以及公共、私人与市政领域的边界,形成共识导向的决策的治理模式。[②] 多元主体协同治理在算法治理领域的应用是为了应对算法动态监管的难题,以及加强监管力量。我国虽然已明确网信部为算法治理主管机构,并在各类文件中强调多元主体协同治理理念的原则,但在治理主体层面,并未形成治理合力。对此,在算法治理模式上,优化多元主体参与协同治理,明确各主体在算法治理中的角色定位,有助于进一步优化算法规制体系的构建。首先,明确政府在算法治理中的主导作用。政府作为公权力机构,其治理效能远优于其他治理主体。

---

① 王平、梁正:《标准和标准化概念的多学科观点(之五)——Brunsson 和 Busch 的社会学观点》,《标准科学》2020 年第 5 期。

② 曾雄、梁正、张辉:《欧美算法治理实践的新发展与我国算法综合治理框架的构建》,《电子政务》2022 年第 7 期。

因此,充分发挥政府作为算法监管主导力量的领衔作用,加大算法规范科普宣传,加强算法监管执法活动,持续提升算法治理水平和算法治理能力,引导各治理主体参与算法协同治理体系,推动算法应用向上向善发展。其次,落实企业在算法治理中的主体责任。企业作为算法的主要应用主体,其能否有效进行自我风险把控将对算法治理效能产生直接影响。为进一步规范算法失范现象,企业应积极推动算法事前、事中、事后全过程的风险把控,积极探索算法评估、算法透明、算法可解释性等治理实践,积极参与算法技术标准的制定。最后,积极引导行业组织和个人参与算法治理。行业组织作为兼顾服务、沟通、自律、协调等功能的社会团体,是协调算法治理、制定算法应用产业标准的先行者和积极实践者。在算法治理中,建议进一步发挥行业组织作用,积极搭建政产学研沟通平台,组织开展算法治理相关研究,制定算法技术和产品标准,推动行业各方落实算法治理要求,持续贡献行业治理经验。[①] 个人作为算法应用的对象,在算法应用实践中直面算法,其权利的损益将直接对算法应用活动定性,有助于进一步加强算法规范。因此,积极引导个人参与算法治理,提升个人算法素养与算法规范意识,充分发挥个人在算法治理中的优势是十分必要的。

第三节　算法权力异化法律规制之路径选择

一项又一项的研究已经证明了人类天生的倾向,即认为算法所作的决策是正确的。[②] 人类对于算法决策的依赖使得算法权力的影响力进一步加深。从私营社交网络到公共部门法庭,各网络非组织正在以前所未有的速度采用算法系统,因为这种技术有能力以与人类相比悬殊的成本和规模从根本上改善数据驱动的决策。随之而来的是算法权力对传统社会关系的打破。法律作为社会关系的调节器,如何适应由技术引发的社会关系变革,防范技术性权力

---

① 胡坚波:《多措并举推进我国算法治理》,《人民论坛·学术前沿》2022 年第 10 期。
② Solon Barocas & Andrew D. Selbst, "Big Data's Disparate Impact," *CALIF. L.* No. 10 (2016):673.

所引发的社会风险成为数智社会下的法治议题。对此,算法权力规制的法治路径应以事前设计阶段、事中运行阶段、事后救济阶段三个时间节点为介入时机,将场景化规制手段融入设计阶段的算法影响评估制度与运行阶段的算法审计制度,并以算法解释权为中心展开算法问责制的构建。

一、设计阶段:算法影响评估制度

算法影响评估制度,是指对自动化决策系统的决策流程、数据使用和系统设计等内容进行系统评判,以明确该系统的影响水平和风险等级的一种算法治理实践。算法影响评估机制设立的目的有二:第一,旨在构建一个系统且合理的方法来审查算法,在算法作出无法纠正的决策前规避风险;第二,创造算法在自我学习过程中所作出的决定及其理由的文件,留档文件既可以便于全面地对决策进行问责,又可以为日后对算法决策进行干预提供有效信息。

(一)算法影响评估制度的起源

算法影响评估机制是影响评估机制这一监管方式在算法领域的应用。影响评估机制最早来自环境保护领域。美国 1970 年通过的《国家环境政策法案》(National Environmental Policy Act)首创环境影响评估机制,后来影响评估机制被不断应用于隐私保护、人权保护、数据保护等领域。2016 年,欧洲从事人工智能研究的学者联合发表了一份题为《负责性算法的原则和算法社会影响声明》,阐述了算法在运用时的五个高级原则——责任、可解释性、准确性、可审计性和公平性,并针对算法设计阶段、发布前与发布后提出了一套具有探索意义的问题作为评估算法社会影响的方案,成为算法影响评估机制发迹的开端。2016 年,欧盟通过的《通用数据保护条例》(General Data Protection Regulation,以下简称《条例》)中提出了数据保护影响评估,玛戈特·卡明斯基和吉安克劳迪奥·马尔吉里对此提出将数据保护影响评估与《条例》中的协作治理制度有效联结,构建个人数据权利与算法治理相结合的影响评估机制。[1] 2019 年,美国颁布《算法问责法案》(Algorithmic Accountability Act,以

---

[1]　Margot Kaminski, "Algorithmic Impact Assessments under the GDPR: Producing Multi-layered Explanations", *University of Colorado Law School Legal Studies Paper Series*, 6(2019): 47.

下简称《法案》),标志着算法影响评估机制在美国的立法新篇章。2019年,加拿大颁布《自动化决策指令》(Directive on Automated Decision-making,以下简称《指令》),将算法影响评估机制广泛应用于政府公共部门的算法决策过程之中。美国与加拿大的框架式治理模式与欧盟的协作治理模式对我国算法影响评估机制的构建有一定的参考价值。

(二)算法影响评估制度在规制算法权力中的应用

我国在《关于加强互联网信息服务算法综合治理的指导意见》与《互联网信息服务算法推荐管理规定》中提出构建算法影响评估制度的治理目标,但并未就算法影响评估制度的具体展开提出明确标准。对此,我们仅能以域外算法影响评估制度的经验为我国算法影响评估制度的具体构建提供参考。

欧盟的算法影响评估机制框架,通过数据保护影响评估(Data Protection Impact Assessment,DPIA)的多重作用进行构建。数据保护影响评估制度在欧盟算法治理中发挥了协作治理和个人数据保护的功能。首先,数据保护影响评估制度具有协作治理功能,在协作治理中发挥着"元监管"的作用,即通过寻求外部监管意见,改变决策系统的决策过程与决策启发方式,形成一种自我监控、自我调节的模式。协作治理要求算法决策系统充分考虑算法不公、算法错误、算法偏见与算法歧视等风险,向受算法影响的数据主体、监管机构、内部独立数据保护官以及第三方专家等寻求意见,并在此基础上构建风险应对方案。协作治理的目的在于极力避免算法系统构建时的偏见与偏误,通过多方协作的评估方式校正算法决策系统的合理性。其次,数据保护影响评估制度具有个人数据保护功能。《条例》中第十三条、第十四条和第十五条,规定了数据收集主体对于个人的通知义务以及个人对于被收集数据的访问权,从而赋予受自动决策系统影响的个人获取决策的运行逻辑以及决策的预期结果的权利。《条例》第三十五条中还规定,数据保护影响评估必须对系统处理的目的进行描述,并对数据主体的权利与自由进行风险评估。《条例》充分满足了个人数据权利保护的权利要求,通过事先通知、事后了解以及自动决策系统有关主体的主动披露,对个人数据权利进行保护。在算法决策背景下,数据保护影响评估通过将协作治理模式与个人权利相联结,以对个人数据权利的具体描述作为算法决策系统颁布阶段的注意风险点。此种模式虽然为各国在算法治理方面提供了监管范本,但其实质上更像是一种扩大算法决策系统执行人承诺的手段,由执行人自己在风险评估意见反馈之后提供应对方案,监管部门仅提供一个预估风险的流程,并未提出实质性的监管标准。同时,数据保护影响评估制度最大的不足在于,并未提供强制向公众披露信息的机制。[①] 公众披露机制被认为是影响评估作为监管工具的一个最基本要素。公众披露不仅有利于构筑算法信任,而且能有效地形成公众监督预防算法风险。《条例》对公司的算法、公司的行为与监管机构的能力都显得很有信心。数据保护影响评估制度要求公司提出如何实现个人数据权利的方案以及如何解决算法不公、算法偏见和歧视的问题[②],通过多方形成的协作治理评估机制对算法决策风险进行预估,从而省略公众披露与公众参与环节。那么,如何确保此种个人权利保护与协作治理的混合系统正朝着公共利益的方向而努力? 这是数据保护影响评估制度需要解决的问题。

美国联邦通过的《法案》和加拿大已经施行的《指令》均采取框架治理与协作治理相结合的模式,对算法决策系统进行评估。[③] 纽约市依据《法案》成立了自动化决策工作组,并由其制定自动化决策清单,以问卷调查形式进行算法风险评估。《法案》采取自我评估与政府评估的双轨模式,由联邦委员会制定算法评估标准。在面对"高风险自动化决策"时,联邦委员会可在必要时派遣相关人员与专家组进行合作评估。《指令》奉行的是清单式问卷调查型算法影响评估机制。根据《指令》的规定,算法评估标准着重关注经济、社会、生态等方面的影响,评估内容包含了大约 60 个有关业务流程、数据以及系统设计决策问题,并且评估标准和治理框架需每隔 6 个月进行更新。《指令》中还规定使用算法决策的政府机构必须在生产之前和项目上线前完成算法影响评估机

---

① Michael Veale, "Reuben Binns & Jef Ausloos. When Data Protection by Design and Data Subject Rights Clash," *International Data Privacy Law*, no.2(2018): 43.

② Margot Kaminski. "Algorithmic Impact Assessments under the GDPR: Producing Multi-layered Explanations," *University of Colorado Law School Legal Studies Paper Series*, no. 6 (2019): 56.

③ 张欣:《算法影响评估制度的构建机理与中国方案》,《法商研究》2021 年第 2 期。

制的相关工作。无论美国还是加拿大,都围绕着算法公平、算法透明的核心价值建立问责评估体系,以详细的评估标准遵循技术治理、权利救济的思路。其自上而下封闭式的问卷清单,看似合理但却存在很大的缺陷。在设计评估的封闭式问题的过程中,评估人员必须事先已经对算法决策结果的好坏优劣具有清晰的认识,才能提出正确的评估问题。此种自上而下的评估模型虽然能让算法决策系统设计师在早期对决策风险进行评估,但算法自动化决策系统在运行时的自主学习,将使自动化决策过程的输出结果处于一个动态更新的状态之中,事先封闭式的问卷评估模式无法做到对算法决策风险的实质防范。

（三）算法影响评估制度的法治构建

算法权力的隔离性给算法权力的规制带来了很大的困境,传统的监管体系已无法适应算法权力所引发的社会变革。对此,通过算法影响评估制度从设计阶段对算法权力的行使进行监管,将有效降低算法权力异化的风险和算法权力的规制成本。

1. 构建内外兼容的协作治理评估体系

在欧美的算法评估体系构建经验中,私营平台往往缺乏合规意识,政府往往缺乏技术与算法流程知识,只有协作治理才能充分发挥政府、行业专家以及社会公众等多元力量,对算法权力失范进行精准化、立体化、框架化的监管。在我国,《个人信息保护法》第十一条与《数据安全法》第九条都鼓励推动政府、企业、相关行业组织以及社会公众共同参与数字化治理。因此,构建内外兼容的协作治理评估体系尤为重要。协作治理评估体系不仅要求多元主体共同协作进行算法影响评估,还要求各制度机制之间相互协作配合,对算法的动态变化进行有效监管。首先,从多元主体协作方面出发,在私营平台中,应通过协作治理强化政府正当程序原则对算法决策系统的合规构建,改变系统设计者组织生产模式与算法设计流程,提升算法决策系统的公平性、公正性与合法性。借鉴金融科技领域的监管经验,减少监管惯性,整合来自政府、市场、社会的资源知识,取长补短,相互补充,促进多元主体的合作,利用技术智力构建多层次的治理框架。^①通过国家互联网信息管理部门牵头,构建集中化、一体化评估机制,利用统一的算法影响评估标准对自动化决策系统进行定期评估,通过公私协作提升算法影响评估制度的公信力。在公权力部门中,通过协作治理,提升行政、司法部门对算法系统的利用效率,打破公权力部门在技术与算法流程设计方面缺乏经验的窘境。借鉴欧盟数据保护影响评估制度中的数据专员评估咨询机制与美国纽约市的自动化决策工作组的多方协作机制,加强公权力部门与平台企业、高校、科研机构以及社会公众的联系,通过多元参与,提升自动化决策系统在公权力部门的合理性、合法性、公平性。通过协作治理模式,充分提高自动化决策系统在公权力部门的透明度,进一步构筑算法信任。在制度协作方面,由于算法影响评估制度无法对整个算法运行周期进行全覆盖,因此需要其他制度进行协作联结。首先,加强数据安全保护制度与算法影响评估制度的协作联结。数据作为算法系统的输入对象,其客观、无歧视与否,将影响算法系统的输出结果。充分利用数据安全保护制度能有效减轻影响评估机制的构建成本,进一步提升影响评估机制的效能。以欧盟的数据保护影响评估制度为例,数据处理评估制度设计并非一种停止数据处理的工具,而是作为一种改进算法处理的数据活动,并为未来追究法律责任提供问责点的方法。根据《数据安全法》第二十一条的规定,各地区、各行业需对目标领域的重要数据进行分类分级保护。分类分级保护制度能有侧重、有效地对数据安全进行保护,但缺少了与算法决策公正之间的联结。因此,在算法分类分级保护的基础上,针对算法影响评估制度的对象需要建立数据分类分级登记备案制度,根据数据安全类别与级别的不同,制定影响评估方案,实现影响评估机制的场景化应用,并为未来追究法律责任提供数据处理环节的问责点。其次,通过算法问责机制落实算法影响评估阶段的算法责任。利用算法解释权制度,弥补算法影响评估制度在算法运行阶段的不足。通过影响评估机制与各项制度之间的协作配合,进一步加强算法监管,保证算法公正。

---

① 李有星、王琳:《金融科技监管的合作治理路径》,《浙江大学学报》(人文社会科学版)2019 年第 1 期。

2. 根据算法类型的不同设定不同的评估标准

算法影响评估标准设立的最大困难,源自算法深度学习①的无法预测性。"非监督学习"型算法的广泛应用,进一步加大了算法影响评估制度标准制定的困难度。"非监督学习"型算法可以通过对部分数据进行训练得到训练任务所布置的正确答案,并在此基础上自己建立一个模型来解决未来面临的类似数据的相关任务模式。"监督学习"型算法不会"输入"任何正确答案,而是自由地破译数据中可能表明正确答案的模式。虽然算法设计者肯定能影响其负责的算法的选择,但"监督学习"型算法的选择通常是完全不可预见的。② 虽然算法设计者可以通过预编程冻结算法在面临新信息时改变结论的情形,但这将失去算法的工具价值。对此,在构建算法影响评估标准时,需要使用不同的合理标准对不同算法类型进行评估。③ 针对"监督学习"型算法,由于训练结果是预设的,算法需要大量训练数据的输入来保证最终的算法结果无限接近于训练结果。在设立影响评估机制时,需要对算法训练数据的合理性、合法性、公正性进行评估,从数据输入环节避免歧视性数据的输入,从而影响算法结果。以证券交易为例,算法可以根据用户数据分析出用户投资行为的关键触点,使模型算法偏离度越来越小,形成不断迭代的运营闭环,从而促进证券投资服务更加精准匹配。因此,在设立"监督学习"型算法模型评估标准时,依据不同领域、不同算法使用场景对算法结果准确率的需求,对算法训练结果的准确率进行评估,确保训练型算法在投入使用后的有效运行。针对"非监督学习"型算法,在事前影响评估标准设置上,要充分评估算法设计者在设计算法时各项程序的合理性,要求算法设计者提供算法神经网络中各层级的运行逻

---

① 深度学习是目前人工智能领域中,最常见、最热门的子领域,并且其研究成果广泛应用于算法系统之中。深度学习致力于通过梯度下降的方式,拟合出数据集中,输入和输出之间的函数关系。其主要分为三类:"监督学习"型算法、"非监督学习"型算法以及"强化学习"型算法。"监督学习"型算法,是指从标记的训练数据来推断一个功能的学习任务的算法。"非监督学习"型算法,是指从未标注数据中挖掘相互之间的隐含关系的算法。"强化学习"型算法,是指不要求预先给定任何数据,而是通过接收环境对动作的反馈获得学习信息并更新模型参数的算法。

② Jason Millar & Ian Kerr, Delegation, "Relinquishment and Responsibility: The Prospect of Expert Robots", *ROBOT LAW*. no. 1(2018): 2-4.

③ Karni Chagal-Feferkornt, "The Reasonable Algorithm," *JOURNAL OF LAW, TECHNOLOGY & POLICY*, Feb. 22. 2019: 79.

辑、算法决策树模型以及算法决策的可能性结果,在算法自主运行之前排除人为的偏见,从而降低算法失范的风险。在"非监督学习"型算法投入运行之后,需要由监管机构进行日常监管,定期对该类型算法进行评估。根据具体领域与场景的不同,检查算法是否存在风险(如预测是否准确、对个人是否存在负面影响、是否存在敏感数据错误)。当出现算法风险时,算法设计者与运营人需要提供有针对性的解决方案,并进行新一轮评估。

3. 增设信息公开流程以明确被评估主体的强制披露义务

在算法自动化决策中,数据输入与决策结果输出这两个环节的信息公开,将极大提升算法透明度,促进公众对算法的信任。在数据输入环节的信息公开制度设计上,我国通过《数据安全法》中的数据分级分类制度,以及《个人信息保护法》第十四条中的"知情同意权",最大限度地对个人数据用途在公私领域进行公开,提升了数据透明度。但在算法决策输出环节上,法律学者一直以算法"黑箱"作为算法不可揭示的理由,模糊了算法可以被询问与不能实际被询问之间的界限。人们虽然无法了解算法内部的具体自主学习与决策过程,但是可以通过技术细节了解算法的决策结果的产生逻辑。例如,算法偏见的产生可以来自算法自主学习的不同阶段,算法在自主化运行前产生的"历史偏见"以及在运行后基于应用目的产生的"应用偏见",都将影响算法决策的产出。因此,"黑箱"可以被刺破,其需要的是技术细节。在部署算法影响评估制度时,平台企业与公权力部门应公布程序输入和输出的数据类别信息,公布算法所涉及的逻辑,包括算法输入数据占决策的比重,以便公众了解算法运行逻辑的基本专业知识、算法决策的范围以及程序可能的后果。按照欧盟《通用数据保护条例》背景引言中的披露要求,"数据控制者应当以'易见、易懂、易读'的方式提供真实、可靠可能产生的影响类型示例,包括可视化技术等方式呈现"。平台企业与公权力部门在披露算法决策相关信息时,也应遵循最大限度的透明披露标准,以便公众理解。稍有区别的是,公权力部门有着比平台企业更重的算法透明责任与要求。平台企业可以以商业秘密、知识产权保护的借口,不完全公布涉及企业利益的算法内容,但必须以说明报告的形式向公众公布算法决策相关技术细节。

二、运行阶段:算法审计制度

(一)算法审计制度的内涵及其种类

算法审计制度是指在算法运行过程中收集算法在特定场景中所使用的数据,并通过使用数据的评估来判断其是否对相关主体的权益产生负面影响,从而评估算法本身的合理性、合法性。算法审计在域外已经成为算法系统中诊断自动化决策问题的一种重要研究方法。算法审计制度的设计以风险规避为导向,旨在提升算法在运行阶段的可问责性,以增强算法运营人的责任意识,确保自动化决策系统中数据与算法的合理使用。审计方法是衡量歧视最有效的手段之一。虽然"审计"一词主要应用于财务会计领域,但最初的审计研究是由政府经济学家发明的,用以发现美国住房和城市发展部的研究单位在20世纪70年代在住房方面的种族歧视行为。在数字化发展过程中产生的"算法审计"不同于财务审计。算法审计是指通过刺激模拟用户群体的方式,从被修正的算法决策系统中收集分析数据,从分析结果中找到产生问题的算法模式漏洞。[①] 简单来说,算法审计是测试智能机器是否有盲点或偏见的一系列技术的集合,是一种证明算法存在偏差的研究方法。[②] 克里斯蒂安·桑德维格根据审计数据的来源,将算法审计划分为依托平台的算法审计和依托用户的算法审计。

依托平台的算法审计分为以下三种。(1)代码审计(code audit)。代码审计是由研究人员获取并分析组成算法的代码的一种审计方式。代码审计以搜索程序错误、系统漏洞以及其他违反程序规范的行为为目标。代码审计的前提是审计者可以获取算法的代码。(2)审计工具审计(audit toolkit audit)。审计工具审计顾名思义是通过特定的审计工具搜索算法中存在的问题。审计工具审计需要审计者将采集的数据输入审计工具之中,通过相应的公平指标选择,得出分析报告。(3)抓取审计(scraping audit)。抓取审计是研究人员通

---

① Jack Bandy, "Problematic Machine Behavior: A Systematic Literature Review of Algorithm Audits," *Proceeding of the acm on human-computer interaction* 5 (CSCW1), 2021: 1-34.

② 张超:《资讯类推荐算法的算法审计路径、伦理与可审计机制》,《中国出版》2021年第7期。

过应用程序接口(API)或其他系统查询直接收集数据,然后通过模拟用户来测试算法。此种方法能高效地收集算法系统的相关数据。但由于审计者是通过模拟用户进入系统内部,其在访问权限上会受到限制,因此审计的结果可信度不能被完全保证。

依托用户的算法审计分为以下三种。(1)非侵入用户审计(noninvasive user audit)。非侵入用户审计是以用户主动报告其与算法系统交互的结果来进行审计的一种方式。这项设计的优点在于不受平台干扰,保证了审计对象的真实性。(2)代理审计(sock puppet audit)。代理审计通过模拟用户观察算法输出结果为审计方式。在审计过程中,注入审计的数据的合法性将被严格把控。此种审计方式能妥善地对某些涉及敏感信息的算法系统进行调查。(3)协作审计(collaborative audit)。协作审计是直接利用用户在算法系统中的数据对其进行审计。其与非侵入用户审计的区别在于协作审计可进入用户账户内部直接采集数据。

我国在《个人信息保护法》第五十四条中规定,"个人信息处理者应当定期对其处理个人信息遵守法律、行政法规的情况进行合规审计"。同时,在第六十四条中规定委托专业机构进行合规审计的审计方式。《个人信息保护法》有关算法审计的规定表明我国基本确立了对算法的审计制度。然而由于我国缺少算法权力规制的专项法律,算法审计的具体规定也散落在《数据安全法》与《个人信息保护法》中,如何将算法审计制度具体展开将成为后续算法权力规制的目标之一。

(二)算法审计制度的法治构建

无论依托平台还是依托用户的算法审计方法,想要实现算法审计的技术目的,必须建立完备的审查流程与审查框架。算法审计制度的法治构建须确立算法审计的审计体制以明确审计主体、审计流程,以及审计的伦理原则以引导算法价值,以算法审计联动数据保护全面规制算法权力的异化。

1. 确立算法审计的审计体制

我国目前并未对算法审计的具体审计体制作出制度安排,因此确立算法审计体制是发挥算法审计法治作用的前提。《个人信息保护法》第五十五条明确规定个人信息处理者须针对算法进行内部审计,内部审计是推进和完善算法自我治理的方式。[①] 首先,确立算法审计的主体。囿于算法技术的专业性,算法审计主体必须对算法技术与算法合规审查十分熟悉,具有技术层面的适格性。从《个人信息保护法》与《数据安全保护法》的规定中可知,国家互联网信息办公室是算法治理活动的统筹协调部门,且《互联网信息服务算法推荐管理规定》将算法备案系统的构建与管理职能赋予了国家网信办,因此国家网信办应作为算法审计工作的主要责任机关。在此基础上,算法审计的具体审计工作可设置为审批认证制,由国家网信办对具有审计能力的律师事务所、计算机研究机构、会计师事务所等审计主体进行资格审查,决定该类机构算法审计的主体是否适格。其次,明确算法审计的机制。无论依托平台的算法审计方式还是依托用户的算法审计方式,均存在算法可审计性的难题。算法可审计性是指通过披露能够监控、检查或批评的信息,使得第三方能够探查、理解和审查算法的行为。在算法审计过程中,算法使用者会以算法可审计性作为抗辩理由来逃避算法审计的监管。因此,须明确算法的可审计机制,设置被审计单位配合审计主体进行算法审计的义务,加强算法的可审计性。

2. 明确算法审计过程中的算法审计伦理原则

算法审计主要通过专业监督部门或第三方进行审计。虽然算法审计是针对算法自动化决策系统的一项监督制度,但对于算法审计者本身的监督不容忽视。因此,须明确算法审计中的审计伦理原则,加强算法审计的可信度。

第一,公共利益原则。算法审计看似是一项纯粹的研究工作,原本也不应有过多的价值干涉,但算法审计的结果需要介入算法系统内部而得出,在这一过程中极可能出现审计者以"研究"之名僭越道德和法律的界限,发生侵入算法系统、窃取数据的不法行为。如若不能遵守公共利益原则,一味追求算法审计的公开,算法审计行为很容易变成恶意的黑客行为,导致系统数据泄露,这将造成比发现算法歧视、算法不公更大的伤害。第二,介入无害原则。介入无害原则是指在法律法规允许的条件下介入平台系统或用户账户时,须考虑介

[①] 张永忠,张宝山:《算法规制的路径创新:论我国算法审计制度的构建》,《电子政务》2022年第10期。

入行为的后果,避免损害被审计者的正当利益。例如在协作审计工作中,审计者在进行算法审计前必须考虑模拟用户介入算法系统这一行为本身可能带来数据输入的变动对算法系统的影响。第三,最小必要原则。最小必要原则针对审计者在审计时对元数据的收集程度,其主要目的在于平衡审计效率和审计安全。在算法审计过程中,所需审计数据量的大小与问题的洞察程度并非正比关系。"最小"是指能达到审计结果的数据的量。在《信息安全技术个人信息安全规范》的解释中提到,"只处理满足个人信息主体授权同意的目的所需的最少个人信息类型和数量。目标达成后,应及时删除个人信息"。第四,情境理解原则。情景理解原则是指审计者在算法审计过程中需以算法的具体适用场景为出发点,不仅要考虑算法技术逻辑是否合规,还要考虑在适用场景下的算法是否符合社会利益。

3. 加强算法审计制度与数据安全保护的有效联动

算法审计制度的目的在于对算法决策环节的监管缺位进行补足。而算法权力规制的核心思路在于数据安全与算法系统安全两线合一,才能最大化地对算法权力进行规制。在"监督学习"型算法系统中,算法对于标注数据有着很大的需求,标注数据起到引导算法决策系统学习方向的作用。若其中的数据标注出现错误判断或包含社会固有偏见,那么算法决策结果的输出也将包含这些问题。在"非监督学习"型算法中,数据的存在能帮助系统客观地反映其内在关联性,其中也包含歧视与偏见风险。因此,无论何种机器学习型算法,训练数据的数量与质量尤为重要。算法审计应当注重对于算法决策系统训练数据的审查。目前,使用智能算法的组织机构对训练数据是否存在不公平性的判断智能,依赖于数据保护相关法律法规对是否属于敏感数据情形的认定,这并不能有效解决数据质量问题。① 这就需要算法审计制度与我国现有的《个人信息保护法》《数据安全保护法》相衔接,在各级政府部门制定数据分类分级保护制度时,将算法决策系统的训练数据质量标准进行公布,限制歧视性和违法性数据的使用。算法审计者在审计过程中采取严格的数据审查方

---

① Veale M, Binns R, "Fairer machine learning in the real world: Mitigating discrimination without collecting sensitive data," *Big data & society*, no. 7(2017): 106-109.

法,对训练数据的合理性和合法性进行审查,以防范智能算法在实际应用中的社会风险。

三、救济阶段:算法问责机制

算法问责机制是在算法自动化决策产生损害后果后,对相关主体进行责任追究的制度。我国由于缺少针对算法的专项立法,并无配套的问责机制对算法损害后果进行责任追究。因此,构建算法问责机制以救济算法相对人,成为算法权力规制中必不可少的环节。

（一）算法问责机制的开展困境

算法的自动化对平台的决策结构进行了优化,节约了决策时间成本和资金成本,但这给算法责任的认定带来了困难。首先,算法的自动化使得平台对资源、用户的控制只提供"轻联结",成为一个中转站。所有的决策数据都来自用户本身,而决策结果也由算法作出。因此,在绝大多数情况下,平台往往以技术中立的理由来逃脱自身的责任。其次,平台运行日益自动化,人为干预日益减少。由于计算机系统自身可以进行决策,人的介入一般只存在于算法系统设计部署环节,具体的决策环节几乎没有人的介入,从而人的干预日益减少。最后,技术中立的介质属性,使得行为人与责任人相分离。即算法决策的结果是由算法系统所作出的,而并非算法设计人或算法部署者,因此可以通过技术中立的理由来逃脱算法责任。

虽然算法的复杂性给算法问责带来了困难,但算法问责的实质仍然是对人的问责,算法问责机制须刺破技术面纱来追究技术背后的主体责任。算法的本质可以看作一种"技术人造物"。算法模型往往嵌入了设计者和使用者的目的与意图,算法功能映射出设计者和使用者的价值认知与期望用途。无论监督学习、无监督学习、半监督学习和强化学习等机器学习算法,在本质上都体现为操作性的工具能力。算法无论辅助决策还是进行自动化判断,起到的作用都是人的"代理角色",成为人的"代理者"。算法的代理者角色定位表明算法具有间接的主体性,可以应对社会责任,但这并不意味着委托人责任的消除,而是说明算法责任是人类主体社会责任的延展,算法责任概念具有现实意义和正当性。

（二）算法问责机制的法治构建

1. 以多元主体协作强化责任追究

算法问责机制的构建依赖于多元主体的协作。多元主体协作有助于发挥个体与政府的优势，形成公私法的合力规制。算法责任的生成起点是人、算法、社会三者之间的相互关系，算法责任缺失的主要原因在于"人"的行为偏差、算法的技术缺陷和社会的生态失调互动引致[1]。马兰克·韦林加曾提出"政治问责""法律问责""行政问责""专业问责"和"社会问责"五类算法问责方案。其分类方式体现了在算法问责过程中，政府问责、法律问责、行业问责与公众问责的多元价值取向。不同价值维度的主体共同参与，方能使得算法责任治理方式与算法场景相适配。从各部门法的适用范围来看，高度复杂智能的机器学习算法嵌入社会的方方面面，欲以单项权利或单一的法律关系对其进行认定，或以单一的法律制度对算法权力异化行为进行规制，是难以实现的。将权利救济的希望寄托于个体赋权式的救济之上也是不切实际的。对此，需要充分发挥多元主体协作的动态监管优势，有效整合公法和私法资源，通过法律、伦理、政策、行业规范等多种规制手段对算法权力进行多领域多层次的统合规制，将法律问责、行政问责、专业问责、社会问责融入算法问责机制，发挥市场调控、政府监管、行业自律、用户监督等多元主体参的问责优势。

2. 建立以算法解释权为中心的问责制度

算法解释权是指当算法自动化决策结果对相对人产生重大权益影响时，相对人有权要求算法设计者、运营人对决策结果进行解释。算法解释权制度能在自动化决策结果产生损害后的救济阶段，为算法决策作出者提供申辩的机会，为算法决策相对人提供救济的权利基础。算法自动化决策以技术平台的外壳营造了一种"自动化"的假象。自动化决策的"技术面纱"下隐藏着平台设计部署算法的主观意图，在看似中立的算法自动化决策运营中实际上包含了设计者对结果的设计与预见。因此，如何刺破"自动化面纱"，对算法自动化

---

[1] 肖红军：《算法责任：理论证成、全景画像与治理范式》，《管理世界》2022 年第 4 期。

决策背后的设计人、委托人、运营人归责是法律的目的。算法解释作为事后过错认定的重要环节,应以主客观一致性原则作为问责的核心原则。对此,应以算法在自动化决策中扮演的角色作为责任分配的重要依据,具体分为:纯粹执行的算法、辅助决策的算法、独立决策的算法。第一,辅助决策的算法。当算法在决策系统中仅作为开发者与部署者的辅助工具时,算法责任产生的大部分原因是"人"的不负责行为,特别在算法作为执行工具的情形下,此情形下的算法责任的划分标准应以算法开发者与部署者的主观过错为主要界分,并根据算法自动化决策结果造成的损害结果,划分责任类型。第二,独立决策算法。独立决策算法的独立性来自数据训练的引导,其决策结果虽然无法预估,但算法开发者与部署者可以对其机器学习的数据进行挑选,数据的挑选对决策结果的输出具有关键的引导作用。因此,当算法损害结果产生时,责任主体须对训练数据与决策结果之间的关联性作出解释,从而判断其主观过错的程度。

第四节　结　语

数智时代,随着算法应用在社会各领域的深度嵌入,算法法律关系的复杂度进一步加深,算法权力失范风险进一步加大。应用场景中的多元价值与目标给规制算法权力带来了困难,同时技术与法律之间多种属性的矛盾进一步加剧了规制难度。对此,我国陆续出台了《个人信息保护法》《数据安全法》《互联网信息服务算法推荐管理规定》以及《关于加强互联网信息服务算法综合治理的指导意见》等一系列法律法规,进一步将技术治理与社会治理相融合,树立了"算法公正""算法安全""算法向善"的理念方向,旨在以体系化的立法架构对算法乱象进行规制。然而,算法权力规制需要建立在对算法在法律语境下的充分理解之上,将算法事实转化为传统法律关系,以社会治理的价值导向引导技术应用行为。事前、事中、事后三阶段的制度规制算法权力是应对算法风险最行之有效的路径,随着算法技术的发展,如何通过法律范式对算法技术进行法律表达是算法权力规制效能实现的核心要点。

第三章　人工智能在金融科技监管
应用中的法制革新

　　新旧相推,日生不滞。金融史是一部金融创新史、金融危机史,更是一部技术文明史。① 从历史观之,由技术引发的金融创新深刻地改变了金融业的市场结构,深远地影响着金融监管的制度变迁,推动金融监管法制的不断更新。2008 年,全球金融危机的爆发是"金融科技发展走向新阶段的分水岭,金融危机孕育了金融科技发展的土壤,开启了金融科技发展的新时代"②。在我国,金融科技的重要性也被反复强调。习近平总书记在 2023 年第六次中央金融工作会议上讲话指出,金融监管要广泛运用金融科技,提高数字化监管能力和金融消费者权益保护能力;要强化监管科技运用,增强监管穿透力,打造监管千里眼、顺风耳。③ 习近平总书记强调金融监管要"运用现代科技手段","要把区块链作为核心技术自主创新的重要突破口"④。2019 年 8 月,中国人民银行发布的《金融科技(FinTech)发展规划(2019—2021 年)》提出要"建立金融科技监管基本规则体系"。与这些顶层设计形成反差的是,我国金融监管机构的监管手段和监管能力明显滞后于金融科技的发展,监管法治陈旧、监管模式滞后、监管技术落伍、监管效能低下等问题愈发突出,"监管断层"和"监管空白"现象日趋凸显。不仅在立法上对金融科技和监管科技缺乏明确的法律

---

　　① 张永亮:《金融科技监管的新理念与新模式》,《光明日报》2018 年 8 月 7 日第 11 版。

　　② 杨松、张永亮:《金融科技监管的路径转换与中国选择》,《法学》2017 年第 8 期。

　　③ 中央中央党史和文献研究院:《习近平关于金融工作论述摘编》,中央文献出版社,2024,第 61 页、第 99 页。

　　④ 2019 年 2 月 22 日,习近平总书记在中共中央政治局第十三次集体学习会上就"完善金融服务、防范金融风险"强调,要正确把握金融的本质,深化金融供给侧结构性改革,平衡好稳增长和防风险的关系,精准有效处置重点领域风险,防范化解金融风险,特别指出要运用现代科技手段进行金融监管。

规范,而且理论界对此的研究也处于起步阶段,严重制约了金融科技的规范发展,削弱了监管科技应用的可控性、安全性和有效性,减缓了我国金融业转型升级的速度。因此,如何构建金融科技监管的法制体系,实现金融监管的数字化和智能化,优化金融供给侧结构性改革,防范金融风险,已成为摆在理论界和实务界面前亟待解决的重大课题。本章试图遵循"技术—制度"的分析框架,界定金融科技的本质,揭示金融科技的风险,提出金融科技监管的基本原则及其模式选择,并探究金融科技监管的法制路径。

第一节　金融科技的本质与风险

一、金融科技的本质:突破性金融创新

金融科技是金融服务的技术化、数字化、智能化解决方案,它关注的重点在于如何将"技术"行之有效地应用于"金融"服务之中,旨在用"技术"改进"金融"。金融科技的发展,催生了新的金融中介,重塑了金融业的业务模式,诱发金融业发生结构性的变化,提高了金融业的整体效率,是一种突破性的金融创新。

（一）突破性创新理论的内涵

根据约瑟夫·鲍尔和克莱顿·克里斯滕森的观点,突破性创新(disruptive innovation)是指某种创新形成新的市场和新的价值链,颠覆了旧有的市场结构和价值体系,最终取而代之。[1] 维里泽认为突破性创新会引发"重大技术革新",导致"消费模式改变",提高"社会福利"。[2] 艾里斯从突破性创新产

---

[1]　Joseph L. Bower and Clayton M. Christensen, "Disruptive Technologies: Catching the Wave," *Harvard Business Review*, 73(1995): 43-45.

[2]　Veryzer, RW, "Discontinuous Innovation and the Product Development Process," *Journal of Product Innovation Management* 15, no.4(1998): 304-321.

生的"变化""替代潜力"及其"结构性影响"三个维度分析突破性创新的内涵。[①] 所谓突破性创新的"变化"是指技术创新在产品的功能、绩效、价值等方面取得了突破性的有益增进[②];"替代潜力"是指不管这种"突破"来自本行业内部还是其他行业,只要新产品取代了旧产品,就说明这种突破具有替代潜力;"结构性影响"是指前述创新的"变化"和"替代"最终对行业产生潜移默化的影响,引发该行业呈现结构性的变革。

实践中,突破性创新的发展路径虽然多种多样,但效果却是相同的,即新事物取代旧事物[③],具体表现为新型金融中介的诞生、重大技术应用的突破、商业模式的改变、消费模式的重塑和社会福利的增加。质言之,突破性创新是技术进步引发某一行业发生结构性的变化,新的市场主体具有取代现存者的潜力,改变了商业服务模式,提高了服务效率,增加了社会整体福利。根据历史经验,技术进步并非线性的,重大的技术革新是一个从量变到质变的缓慢过程。只有当量的积累达到一定程度之后,技术才会在短时间内获得单点突破,出现技术拐点,引发行业质变,引领人类社会文明的进步。[④] 当下,以大数据和人工智能为代表的新兴技术把人类的思维从过去的机械思维转向大数据思维。利用大数据所包含的海量信息消除事物的不确定性,研究事物之间的因果关系,探寻事物的发展规律,即是大数据思维的核心。大数据、人工智能、区块链等新兴技术运用于金融业,引发金融业的质变,此举对于金融业而言,是

---

① Iris, H-Y Chiu, "Fintech and Disruptive Business Models in Financial Products, Intermediation and Markets-Policy Implications for Financial Regulators," *Journal of Technology Law & Policy*, 21(2016): 55-112.

② Felix, P., Christophe, M., Florence, C. et. al, "Managing Systemic and Disruptive Innovation: Lessons from the Renault Zero Emission Initiative," *Industrial and Corporate Change*, 24 (2015): 677-695.

③ Larry, D., Paul, N., "Big Bang Disruption," *Harvard Business Review*, 3(2013): 50; David, A., "Innovation and Growth: How Business Contributes to Society," *Academy of Management Perspectives*, 24(2010): 16.

④ 人类历史上出现过许多技术拐点,比如1666年牛顿发现了力学三定律和万有引力定律,完成了光学分析,人类从此进入了近代社会。这一年被视为科学史上的一个拐点。1905年,爱因斯坦完成了分子说,发现了光电效应,提出狭义相对论,开启科学的现代社会。1965年摩尔博士提出摩尔定律,同时在工业界出现大规模集成电路,引领信息产业持续近半个世纪的高速发展。参见吴军:《智能时代大数据与智能革命重新定义未来》,中信出版社,2016年,第217—218页。

一种突破性的金融创新。

（二）金融科技作为一种突破性金融创新的表现

金融科技催生了新的金融中介。金融创新推动金融中介不断推陈出新。金融科技一方面引发"去中介化"，另一方面又诞生新的金融中介。在金融业中，由于信息不对称，中间人或金融中介的作用至关重要。一部分学者认为，去中介化主要是指从以银行为基础的中介转向以资本市场为基础的中介。[1]譬如，企业从间接融资到直接融资即实现了去中介化。但企业在直接融资的过程中，仍然离不开商业银行、证券公司、会计师事务所、评估机构等中介机构的参与。随着技术的进步，金融中介不断迭代升级。某种金融中介"消失"的同时，一批新的金融中介也在"诞生"之中，金融其实就是"无限中介"的持久循环。[2]消费者并不在意是否去中介化，而在意于是否诞生了效率更高、成本更低、程序更为便捷的新中介。从某种意义上而言，去中介化过程也是中介重构的过程。其实，金融本身就是一种媒介，是价值跨时空流动的媒介。它无法真正实现脱媒，金融科技创新只不过实现了介质的形式转换而已。金融科技既催生了新的金融中介[3]，又不断诱发传统金融中介发生改变。因此，"金融脱媒的实质不在于脱媒，而在于信息不对称的减少或消除，以及民众金融权利的觉醒"[4]。

金融科技孕育了新的金融服务模式。新兴的成熟技术在金融业的运用加速了金融业务模式的数字化和智能化，催生了新金融服务模式的诞生，典型例证为智能投顾、数字货币和数字支付。就智能投顾而言，其利用机器人中储存的海量关于投资产品和风险分类方面的极具前瞻性的信息，通过自动化的接触界面，根据不同投资者的需要，利用算法和资产配置模型，智能化地为投资者提供投资建议和审慎投资管理服务。本质上，智能投顾是一种软件算法，它

---

[1]　Steven L. Schwarcz, "Framing Address: A framework for Analyzing Financial Market Transformation," *Seattle University Law Review*, 36, no.2(2013): 229-320.

[2]　Lin, Tom C. W., "Infinite Financial Intermediation," *Wake Forest Law Review*, 50(2015): 643-670.

[3]　较之于传统金融机构，中国的蚂蚁金服、陆金所、京东金融、微众银行、银联商务、度小满金融、卡拉卡等新型金融科技企业正是在技术的催化之下而诞生的新型金融中介。

[4]　李耀东、李钧:《互联网金融框架与实践》，电子工业出版社，2014年，第423页。

根据一组投资者的偏好推荐投资组合,并自动对投资组合进行再平衡。监管者需要关注的是,智能投顾是否存在审慎风险,是否存在操作风险,是否存在技术风险,并遵守相应的监管要求。就数字货币而言,其诞生和运用需要区块链技术的支持,"区块链技术是一种基于技术理性的、由代码架构定义的全新的共识性信任机制,它可以对信息真实性进行源头控制,实现了信息创造与验证权利的分布式共享"[①]。由区块链技术所支撑的数字货币对各国主权货币构成冲击,其中的典型代表即是当下流行的比特币。区块链技术是一种分布式分类技术,可对所有交易进行记录。借助加密技术,每一笔交易的发起、授权、确认和加密情况都可清晰无误地记录下来,交易记录具有不能隐去、无法篡改的特点。就数字支付而言,其运用在近场通信、数字身份证和生物识别技术的推动下正变得越来越广泛。区块链或分布式分类账系统正在接受各种各样的金融测试,业已在银行同业收付款、贸易融资发票对账、执行履约合同中得到应用。金融领域中的大数据运用则可以更深入地了解客户的行为和需求,有效地发现金融交易中的欺诈或异常现象。[②]

金融科技提升了金融服务的整体效率。针对传统金融服务中的"痛点"和"难点",即传统金融机构不愿涉足或低效的业务领域,金融科技企业在技术创新中寻求针对"痛点"和"难点"的解决方案。金融科技利用数据和技术优势,可以为客户提供一个基于数据的全面而立体的客户画像,确定客户的行为偏好和行为特性,借助这些偏好信息与信用可靠性之间关联的算法,为客户提供精准的信用评估,从而为客户提供与其风险偏好相匹配的金融服务,这比银行用传统方法所作的信用评估更为详细、更为全面、更为准确。通过深入挖掘客户的数据信息,了解客户的需求,为客户提供差异化和个性化的金融服务,"它不仅改变了传统金融市场的时空边界,改变了传统金融市场中的交易成本和信息不对称程度,改变了投资者进入金融市场的方式,减弱了投资者进入市场

---

① 汪青松:《信任机制演进下的金融交易异变与法律调整进路——基于信息哲学发展和信息技术进步的视角》,《法学评论》2019 年第 5 期。

② 张永亮:《金融科技监管的新理念与新模式》,《光明日报》2018 年 8 月 7 日第 11 版。

的专业性要求,形成新的金融业态,并形成更为有效的竞争与市场"①。

二、融科技的风险

金融业天生具有创新基因,同时它也具有较强的敏感性、公共性和外部性。金融创新与金融风险相伴而生,金融创新在提升金融服务效率的同时,也会产生金融风险。因为金融创新往往涉及信用创造,而杠杆的增加往往会诱发更大的金融风险,增加金融系统的脆弱性。金融风险所诱发的金融危机具有强大的传染性、连带性和破坏性,给一国金融业乃至国际金融业带来动荡或危机。金融科技作为一种突破性金融创新,在为金融业带来革命性变化的同时,并未改变其背后的风险逻辑。

(一)数据安全风险

数据是金融科技时代新的生产资料,是金融机构的核心资产,是催生人工智能"智能化"的关键要素。对于金融机构而言,确保数据安全是其第一要务。然而,在开放的互联网环境中,数据的输入、传输、存储、使用等各个环节均存在数据被破坏或者泄露的隐患。影响数据安全的情况有很多,主要包括以下几个方面。(1)数据信息存储介质的损坏,如硬盘损坏、设备使用到期、外力损坏等。(2)人为操作失误,如误删除文件、格式化硬盘等。此外,系统管理不当造成的安全隐患,用户设置弱口令或将自己的账号随意转借他人使用,也会给数据安全带来威胁。(3)黑客攻击。黑客入侵、账号泄露、资料丢失、网页被黑等是金融机构信息安全管理中经常碰到的问题。黑客攻击成功后,可能读取邮件、搜索和盗窃文件、破坏数据,造成敏感数据泄露或系统瘫痪等严重后果。(4)计算机病毒。病毒将摧毁计算机软件和硬件的正常运行,破坏数据的完整性和可用性,甚至导致系统崩溃。此外,信息窃取、自然灾害、电源故障、磁干扰等因素皆会影响数据安全。遗憾的是,由于数据安全法律制度缺失,导致数据资源被滥用,使消费者面临个人信息泄露、远程电子欺诈的风险。

---

① 易宪容:《金融科技的内涵、实质及未来发展——基于金融理论的一般性分析》,《江海学刊》2017 年第 2 期。

（二）网络安全风险

随着金融服务日趋网络化和数字化，网络安全风险日益严峻。技术缺陷是网络安全风险形成的客观原因，人类的非法行为则是网络安全风险形成的主观原因。网络攻击是诱发网络安全风险的主要形式，包括口令破解、恶意软件、拒绝服务、数据欺骗、恶意程序等。若金融机构的业务系统遭到网络攻击的破坏，数据或算法被篡改，极有可能诱发金融危机的风险。重大网络安全事件频发，给各国造成了巨大的损失。例如孟加拉国中央银行在美国纽约联邦储备银行开设的账户遭黑客攻击，失窃 8100 万美元；美国遭受史上最大规模分布式拒绝服务攻击（Distributed Denial of Service，DDoS），东海岸网站集体瘫痪；雅虎也曝出了史上最大规模信息泄露，5 亿用户资料被窃；等等。[1] 数字化和智能化的解决方案可能扩大网络黑客攻击的切入点的范围和数量，金融科技会加剧网络攻击对整个金融系统的风险。[2]“对应用编程接口、云计算等促进交互的新技术的依赖性，可能成为未来金融架构的关键部分，也可能使银行系统更容易遭受网络威胁，并泄露大量敏感数据”[3]。在此背景下，网络风险管理已经成为金融监管的新议题，监管机构需要提升监管能力，以应对网络安全风险。“网络安全问题不只是技术问题，更是社会利益冲突在网络空间的反映。维护网络安全不仅需要技术理性也需要制度理性，法律治理与技术治理是网络安全治理一体之两翼”[4]。

（三）技术风险

新兴技术在金融业的广泛应用，极大地提高金融交易的速度，增加金融交易的数量，但新兴技术可能给金融稳定带来风险。以云计算为例，其安全问题

---

[1] 谢永江：《推进网络安全法治建设，提高网络治理能力》，http://theory. gmw. cn/2017-04/17/content_24209498. htm，访问日期：2017 年 4 月 17 日。

[2] 金融稳定理事会金融科技课题工作组：《金融科技对金融稳定的影响及各国应关注的金融科技监管问题》，2017 年第 21 期，http://www. cbirc. gov. cn/chinese/files/2017/ED6C786E381B457291353E421CB6ED47. pdf，访问日期：2018 年 12 月 12 日。

[3] 金融稳定理事会金融科技课题工作组：《金融科技发展对银行及其监管机构的影响》，2017 年第 36 期，http://www. cbirc. gov. cn/chinese/files/2018/233B78A73F704FC8811E9ED9E7FD01CF. pdf，访问日期：2018 年 12 月 20 日。

[4] 袁康：《法律治理是维护网络安全的重要手段》，《光明日报》2019 年 8 月 30 日第 11 版。

包括软件漏洞和缺陷、配置错误、黑客攻击、基础设施故障等。这些问题可能导致数据丢失、信息泄露及服务中断等。在大数据环境下,个人隐私信息泄露的风险加剧,无法做到真正保护个人隐私,数据受到攻击的可能性也大大增加。智能投顾作为一种软件算法,根据一组投资者的偏好推荐投资组合,并自动对投资组合进行再平衡,这一过程是否存在操作风险、审慎风险和系统性风险,是否应遵守资本监管的要求,均须慎重评估。大数据和算法交易可能会产生更高的技术风险,比如失控的算法或网络罪犯可能会窃取客户信息,算法之间的联动效应可能会加剧市场的颓废趋势。

（四）监管风险

数据问题、监管方式问题、技术风险问题均是金融科技引发的新问题,实践证明,传统金融监管的理念和规则体系对此无能为力。监管机构在对金融科技实施监管之前,须明确下列问题:第一,了解金融科技所带来的机遇和风险,掌握金融科技可能会降低哪些风险,可能会加剧哪些风险,或者会产生哪些新的风险;第二,监管机构在适当时机应推出新的监管规范,在不妨碍金融创新的情况下,促进新兴技术的安全和有效应用;第三,监管机构评估其监管能力和监管手段是否符合现实需要,监管制度能否跟得上金融科技发展的节奏,现行的监管原则能否实现监管目标。从长期来看,这将有助于监管机构制定更具连续性的监管政策和监管规则,有利于培育更为有效的监管文化。监管者不应对金融创新采取消极不干预政策,也不应对金融创新作出不假思考的监管控制。监管者应尽可能避免被动式或运动式监管,尽早采取前瞻性的监管措施。面对金融科技所带来的监管挑战,监管者需要变更监管原则,转换监管模式,主动构建金融科技监管的法律制度规范。

第二节　金融科技监管之原则转向

监管原则是监管者在制定监管政策、监管制度、监管规范以及监管执法过程中所遵循的对某种做法的赞同态度、支持行为及由此产生的心理认同归属感。金融监管原则具有历史性,不能抱守残缺。时代变了,经济基础变了,监管原则也须审时度势、除旧布新。面对金融科技对金融业的革命,金融监管的原则需要作出调整。

一、坚守适应性监管原则

适应性监管原则是指监管战略、监管制度和监管方式的选择应因监管对象、监管环境、现实条件的不同而有所差异,并据此作出相应的调整和改变监管思维,它要求监管原则和监管方法应随机而变,原则不能僵化,方法不能单一,不能搞一刀切。[①] 较之传统金融,现代金融业的业务流程、业务模式和支撑力量均发生了根本性变化,尤其在金融科技的催化之下,金融业呈现出数字化和智能化的发展态势。基于此,金融监管的原则和模式也应随之调整,金融监管应该充分考虑技术的力量和优势,聚焦监管科技,提升监管者的监管水平和监管能力。

就当下的监管法律规则而言,它们并未清晰地对监管对象的动态性给予充分的考量。首先,金融机构所处的经营环境的易变性。譬如,当银行的某个客户突然发生经营困难时,那么银行的资产负债状况几乎可以在一夜之间发生改变。倘若监管机构没有广泛的自由裁量权,就不可能对此作出有效的应对和调整。其次,法律规则的滞后性。众所周知,成文法的最大弊端是滞后性,今天制定的法律可能无法适应明天的需要,法律在应对未来的情形时,可能丧失了当初的适用条件。因此,倘若法律规则存在漏洞,则极容易被规避,从而使其偏离了当初设定的监管目标。再次,监管者也可能会过多地依赖外部信息。比如,信用评级机构的信息或银行内部的风险管理模式,而疏于提升自身的监管技能,缺乏独立和专业的判断,无法建立起有效的监管模式。银行对先进的算法工具的使用,给金融监管带来更大的挑战。监管者不能忽视这些变化,必须应对这些挑战。此举需要监管者改变监管模式,大胆进行监管试验,譬如诸多国家已经推行的"监管沙箱"模式。[②] 倘若监管者继续奉行命

---

① 张永亮:《金融监管科技之法制化路径》,《法商研究》2019 年第 3 期。

② Lawrence, G. Baxter, "Adaptive Financial Regulation and RegTech: a Concept Article on Realistic Protection for Victims of Bank Failures," *Duke Law Journal* 66(2016): 567-604.

令—控制型的监管模式,这对现代金融市场而言将是无效的。总之,若想确保金融机构的安全和金融市场的稳健,监管机构应树立适应性监管原则,构建动态化的金融监管模式。

二、秉持包容性监管原则

创新需要包容。现代社会高度复杂,风险无处不在,人们不可能总是事先依照既定的规范或固有的自然概念,来确定他们的行为是否正确。复杂的社会是开放的,事物的标准或准则无法改观。在变动不居的世界中,倘若要树立一个具有内涵的原则,在遇到风险而无法事先明确评估行为方式时,作出不作为的要求,那么这个世界将归于沉寂。为了探索未知的新世界,人类必须打破陈规,对于新事物应持开放的姿态。因此,对金融科技应奉行包容性监管原则。但是,包容性原则有"度"的限制。"包容使有责任的行为成为可能,但同样也会促成无责任的行为。是故,作为法律原则的包容性原则必须以责任原则为补充。包容并非毫无界限,它不是不计任何代价的容忍,有效的法律必须遵循,违背法律,特别是犯罪行为,是不能容忍的"①。

倡导包容性监管原则可以指导监管部门在监管活动中贯彻金融包容的价值取向,应该将包容性监管原则融入金融监管法制之中,借助金融监管推动金融包容的水平,此举有助于提高金融包容的程度和水平②,实现从金融排斥走向金融包容。③ 2015 年 7 月 18 日,中国人民银行等十部委联合发布的《关于促进互联网金融健康发展的指导意见》④、英国政府创设的创新项目(project innovate)和创新中心(innovation hub)、英国金融行为监管局(Financial

---

① 　[德]考夫曼:《法律哲学》,刘幸义译,法律出版社,2004,第 438—462 页。
② 　冯果、袁康:《走向金融深化与金融包容:全面深化改革背景下金融法的使命自觉与制度回应》,《法学评论》2014 年第 2 期。
③ 　李安安:《逻辑与进路:金融法如何实现收入分配正义》,《法商研究》2019 年第 4 期。
④ 　《关于促进互联网金融健康发展的指导意见》是我国互联网金融发展的第一个官方纲领性文件,为互联网金融业态的发展奠定了主基调,即"鼓励创新,支持互联网金融稳步发展",提出"要制定适度宽松的监管政策,为互联网金融创新留有余地和空间",遵循"依法监管、适度监管、分类监管、协同监管、创新监管"的原则。

Conduct Authority，FCA)推出"监管沙箱"制度①，均是包容性监管的体现。

三、倡导实验性监管原则

实验性监管原则是指监管主体在推出一项新的监管政策之前，在一个受控的环境里激励金融创新，通过观察、试错、交流，掌握金融创新的本质、收益和风险，从而有助于制定出符合事物发展规律的、科学的监管政策的一种监管原则。它摒弃了一刀切式、运动式、维稳式的监管，是一种谦抑的、包容的、常态化的监管原则。借助实验，可实现监管主体与金融机构之间平等、及时、有效的信息沟通和交流。② 实验性监管是一种试错性监管，通过不断试错实现有效监管，不会引起系统性风险。③ 实验性监管要求监管者借助模拟实验系统，评估监管"新政"的实施效果，有助于监管者制定更有效的监管规则和监管方案。监管者针对某种金融创新的监管政策在正式出台之前，通过监管测试，可观察金融创新产生的收益和风险，能够深刻认识其对当前监管政策的影响，检验其是否与现存的监管制度存在冲突，是否符合国家的监管目标和金融发展实践。

源于英国的"监管沙箱"是实验性监管原则的典型例证。监管沙箱允许企业在一个安全可控的环境中进行产品、服务、商业模式和通道机制等领域的创新，并不会因该创新而招致不利的监管后果。④ 其要旨在于，在构建适当的消费者利益保障措施的前提下，对进入沙箱测试的公司实施监管"松绑"，允许其在一个真实的市场环境中，测试金融创新的产品、服务和商业模式，其实现了消费者、金融市场、金融机构、监管机构之间"多赢"的局面。因此，可借鉴英国的"监管沙箱"政策，在适当时机推出中国版的监管沙箱制度，创设金融科技监

---

① "监管沙箱"是指允许企业在一个安全的环境中进行产品、服务、商业模式和通道机制等领域的创新，并不会因该创新立即招致不利的监管后果。英国 FCA 已经为"监管沙箱"制度的运营建立了一个实施框架，目标在于：(1)以较低的成本缩短金融产品或服务的上市时间；(2)提高金融服务的可得性；(3)激励更多的金融创新产品走向市场。

② 张永亮：《中国金融科技监管之法制体系构建》，《江海学刊》2019 年第 3 期。

③ 周仲飞、李敬伟：《金融科技背景下金融监管范式的转变》，《法学研究》2018 年第 5 期。

④ Regulatory Sandbox, https://www.fca.org.uk/firms/regulatory-sandbox，访问日期：2017 年 11 月 12 日。

管的法规实验室,通过近距离观察和交流,在限定的范围之内进行创新实验,这将有利于监管者对金融科技创新的过程与风险给予充分的了解,有利于制定出符合实际的监管法律规范。创设实验性监管制度,需要明确监管主体,设立监管沙箱审核委员会,审定入围沙箱测试的企业名单;设定入围沙箱测试的条件、标准、内容、目标;签订监管沙箱合同,明确企业的权利和义务,特别是企业不遵守监管沙箱运行规则时的法律责任;建立信息共享机制,特别是确保企业与监管机构及监管沙箱审核委员会之间的信息畅通;制定消费者权益保障措施;监管沙箱运行时还应注重监管"松绑"政策应用的公平性和透明性,防范监管俘获,平衡各方的利益诉求。

四、强化协调性监管原则

如何监管金融科技,各国在实践中的做法不尽一致,而金融科技的跨国发展,势必要求国际社会统一监管对策,否则将引发监管竞次现象,诱发监管套利。在任何一种金融监管体制中,监管权如何在不同的监管机构之间进行配置,始终是一个至关重要的问题。然而,由于监管权配置的不清晰,再加上金融创新的不断发展和监管法规的疏漏,监管机构之间往往会引发监管竞争和监管冲突。因此,强化监管协调至关重要。

协调性监管原则,一方面是指各级、各类监管机构之间的监管沟通和交流,既包括一国内部不同监管机构之间的沟通,也包括国际监管组织与各国监管机构之间的沟通;另一方面是指监管机构与金融机构之间的监管沟通和交流。在监管机构之间建立监管协调机制,统一监管标准,及时交换监管信息,有助于营造公平的竞争环境,促进金融创新。当下,国家间的监管合作和协调正在进行中,在双边层面,一些国家的监管机构制定了监管合作协议,共享关于金融科技的监管信息。比如,澳大利亚金融监管部门分别与英国、新加坡、加拿大等国有金融监管部门签订了双边合作协议。在多边层面,国际金融监管组织,比如国际证券委员会组织、巴塞尔银行监督委员会、支付和市场基础设施委员会以及金融稳定委员会等国际标准制定者,正在监测和研究技术变革对金融稳定、市场完整性的影响。其他机构,比如反洗钱金融行动特定工作组(Financial Action Task Force，FATF)已经发布了金融科技监管指导规则。从全球金融科技的监管现状来看，各国的监管政策、监管标准差异较大①，数据的界定、数据的保护也缺乏统一标准。技术的进步更容易滋生监管套利，因为许多金融科技产品的呈现形式是数字化的，它不可能被局限于一国范围之内，因此国际层面上的监管协调非常必要。

总而言之，金融科技时代，监管者转换监管原则，是顺应市场变化的客观需要，也是科技进步的必然要求。金融科技时代也是大数据时代，监管者不能再用过去的机械思维来看待复杂多变的金融现象，应转变监管原则，以应对金融世界的不确定性和易变性。监管者可以利用大数据来探寻金融世界的发展规律，据此确定事物之间的因果关系，利用大数据给客户画像，并依此确立监管政策、制定监管规则。唯有如此，方能适应金融科技的创新性、动态性和易变性。根据法律不完备理论，金融监管规则永远滞后于金融创新，这一规律在金融科技时代尤为显著。因此，监管者必须时时跟踪金融市场的变化，识别金融创新的表现及其潜藏的金融风险，运用监管自由裁量权，快速作出监管决策，用监管弥补法律规则的滞后。在此过程中，监管者也应遵循包容性原则和实验性原则，鼓励金融创新，洞察其收益与风险，从而有利于形成科学的监管判断。监管环境的改善、监管政策的优化、监管规则的改进，不可能是监管机构自导自演的独角戏。监管者必须习惯于从金融机构的视角来制定监管政策，形成与金融机构的定期交流和沟通机制，以通俗易懂的方式让金融机构理解并执行监管政策。

第三节　金融科技监管之模式转换

传统金融监管是以银行业为中心而形成的监管模式，其特点主要表现在以下几个方面。第一，传统金融监管在本质上是属于"命令—控制"型监管，它是一种静态式、单向度的监管，监管政策"机会主义"倾向显著，易引发监管真

---

① 廖岷：《全球金融科技监管的现状与未来走向》，《新金融》2016年第10期。

空。第二,传统金融监管以"人工监管"为本位,技术的作用并不居于核心地位。在技术的质变和催化之下,技术俨然"主导"了金融业,令金融业呈现技术化、自动化、智能化的态势,此举必然要求变更金融监管模式,构建"技术化"的金融监管解决方案。

一、监管科技的内涵及其应用基础

监管科技是金融监管机构将技术应用于监管执法的行为,即监管过程、监管行为的技术化、自动化和智能化。申言之,监管科技是以技术为中心的智能化监管模式,是适应性监管原则的体现,是与金融科技相匹配的监管模式,是未来金融监管模式转换的目标。[①] 换言之,监管科技是监管主体"以科技改造监管"的颠覆性创新,其有助于提高监管主体风险监测识别能力,实时理解金融创新产品、复杂的金融交易、市场垄断、内部欺诈和风险,降低人为操作的风险。监管科技所负载的大数据、云计算、人工智能等现代科技手段为金融监管模式的转换提供了技术条件和技术能力,也为监管主体之间的数据共享提供了技术支持。[②] 遗憾的是,不但立法上对监管科技的应用缺乏明确的法律规制,而且理论界关于监管科技的研究也处于起步阶段,严重制约了监管科技的规范发展和安全应用,无助于防控金融风险。因此,稳步推进监管科技的法治建设,实现监管科技的法治化应用,意义重大。

监管科技有效应用的核心在于技术。新兴技术在金融监管中的应用,提高了金融监管的信息化水平,优化了金融监管决策的科学性和时效性。具体而言,第一,人工智能、机器学习及其他自动化分析技术在监管领域的应用可提高监管效率。基于机器学习的数据挖掘算法能集聚和分析大量数据,可以使非结构化的、质量低劣的数据变成极具价值的信息。机器学习具有自我提高的能力,可以精准地进行数据分析、建模和预测。未来,人工智能可以自动化地解释法律法规。第二,加密技术的进步可使数据共享更加安全、便捷和高

[①] 关于监管科技的内涵、监管科技应用的正当性、必要性及其法制路径构建,参见张永亮:《金融监管科技之法制化路径》,《法商研究》2019 年第 3 期。

[②] 许多奇:《互联网金融风险的社会特性与监管创新》,《法学研究》2018 年第 5 期。

效。"安全多方计算技术"(secure multiparty computation and techniques)和"数据存储单元级安全技术"(data storage cell level security)是两类最新的加密技术,可以有效地实现信息透明与隐私保护之间的平衡,既可实现信息共享,又能保护隐私,并确保信息的安全和完整,提升信息披露的效率。第三,区块链和其他分布式账本技术可以在监管机构与金融机构之间开发高效的交易平台、支付系统和信息共享机制。当这项技术与生物认证技术相结合时,可以进行及时、低成本及可靠的客户数字身份识别。第四,应用编程接口可实现系统间的相互兼容,确保不同程序或系统间资源的共享。

监管科技的应用领域是多方面的,主要表现在以下几个方面。第一,监管科技可识别可疑交易行为。通过运用新兴技术,对大数据加以分析和处理,锁定客户身份,有效识别可疑交易行为。美国证券交易委员会(the United States Securities and Exchange Commission,SEC)目前正在使用专题建模和集群分析等大数据技术,来识别异常交易行为,发现投资顾问潜在的不当行为。当下,监管机构在识别洗钱行为及其他可疑交易行为中面临诸如法律制度冲突、成本高昂、基础设施落后、效果不彰等不足,而监管机构应用监管科技则为解决这些难题提供了有效的解决之策。监管科技的应用有助于监管机构有效地识别可疑交易行为,更加精准地掌握和分析交易信息,有效识别洗钱行为。第二,监管科技可有效保障网络安全。金融业的数字化转型使金融业变得愈发脆弱,黑客以及其他网络犯罪活动攻击、盗窃和欺诈的风险愈发突出,网络安全业已成为金融行业面临的最重大风险之一,凸显了发展监管科技的必要性。第三,监管科技有助于优化宏观审慎监管政策。科学的宏观审慎政策的制定,需要监管机构运用海量数据,进行模型分析,识别行为模式,为制定优良的监管政策奠定基础。英国的金融行为监管局正在利用监管科技进行监管政策建模及其影响的分析,利用实时数据进行更准确的风险评估,以便实施更有针对性的监管活动,并实现监管过程的自动化。澳大利亚证券投资委员会(Australian Securities and Investment Commission,ASIC)正在对监管科技进行若干试验,包括分析自我管理养老基金行业服务提供者网页的认知工具;利用机器学习对文件进行分析,以作为法庭使用的证据;实时监控社交媒体;监控市场和图表分析工具,以识别业务实体之间的联系。尽管这些做法仍有待改进,但却突显了监管科技在宏观审慎政策领域的广阔运用前景。

二、监管科技应用需考量的基础性问题

（一）统一数据标准

数据标准是关于如何定义、表示、格式化或交换数据的协议。统一数据标准,一方面有助于提高数据质量,帮助监管机构更深入地理解金融机构的金融创新行为;另一方面有利于实现数据共享,解决金融监管碎片化所带来的监管协调问题。

金融数据存在的突出问题主要包括以下几个方面。第一,数据缺口严重。数据缺口是指监管机构对数据信息整合的需求与微观金融数据体系之间的统计零散、标准不一的矛盾,也称之为信息缺口。[①] 在不同监管体制下,即便是同一类统计指标,由于金融数据缺乏统一的定义,数据格式大相径庭,数据统计口径多种多样,导致数据收集困难,数据整合难度大,数据的全面性、可用性、有效性大打折扣,导致数量众多的专有监管科技解决方案之间缺乏语义互操;针对监管科技解决方案所呈现的数据及其结论分析,金融机构与监管机构对其理解和处理能力也可能不尽相同。第二,数据无法实现机器可读。金融数据信息缺乏机器可读性,限制了智能化信息管理工具的使用,使得金融监管只能依赖人工作业。人工作业成本高、效率低,容易出错。数据标准的不统一和概念解释的不一致,妨碍了金融机构跨部门、跨区域的风险数据采集。在各国的监管框架中,即使某些监管制度业已在国际层面上通过谈判达成一致,各国对监管数据标准和重大监管概念的界定仍然存在极大的差异。更大的挑战在于,由于各国金融发展的程度不一,监管法规各异,使得开发满足各国金融监管共同需求的技术解决方案变得困难重重。

因此,创建标准化的数据库、统一数据标准和开发自动化的共享机制,必将有利于数据共享,以提高监管科技的可靠性。通过提供一种标准化的通信

---

① 王达:《美国金融数据体系改革的背景、进展及影响》,《亚太经济》2015 第 3 期。

机制,比如统一数据格式、统一数据定义、统一应用程序接口、统一数据传递协议,实现在不同的监管者与不同的司法管辖区之间合规数据报告的标准化,以减少金融机构的合规成本,提高合规效率和速度。[①]

(二)扩大数据共享

数据共享的障碍既存在于不同监管主体之间,也存在于监管主体与金融机构之间,甚至跨国性金融机构内部也存在此类问题。数据无法共享,会导致监管漏洞和监管套利,降低监管效率,妨碍监管目标的实现,诱发金融风险。其中的原因,既有监管利益冲突的原因,也有法律制度的障碍,还有技术不成熟的缘由,更有人为因素造成的阻碍。地方化、碎片化的监管制度对于数据在跨国金融机构内部的有效共享业已构成难以逾越的窘境。此外,金融科技企业也可能凭借市场垄断地位,独占大量数据,而企业出于保护商业机密或节约数据整理成本的考虑,不愿意共享数据,从而产生数据垄断或数据"孤岛"现象。[②] 监管利益冲突可通过组织架构的改革来消除,法律制度的障碍也可借助修法给予清除,当下新兴技术的成熟也为解决技术障碍提供了契机。

(三)警惕"反监管科技"

当下,金融机构呈现集团化、跨国化、大型化的趋势,此举令金融监管更加复杂,增加了金融监管的难度。一方面,金融机构依赖复杂的数学模型进行风险管理和合规管理,令风险管理呈现自动化和智能化趋势。另一方面,技术决策过程往往基于非透明的程序化推理,这种程序化推理可能会失之偏颇,不能精准地解释并反映法律的意图。因此,监管技术的有效性和可靠性意义重大。即使存在可靠成熟的合规技术,倘若技术被用于非法目的,那么金融监管的目标同样不可企及。商业动机驱使下的技术操纵,利用技术从事违法行为,或者仅仅为了遵守法律的最低限度,或者在法律允许的情况下,企业开发旨在挫败监管目标的技术,此种行为即是"反监管科技"。此种行为,不仅不能改善金融机构的道德水准和治理水平,反而还成了金融机构谋求非法利益、追求监管套

[①] Institute of International Finance (IIF), "RegTech in Financial Services: Technology Solutions for Compliance and Reporting," *Washington DC*, no. 3(2016).

[②] 王汉明:《银行信息系统架构》,机械工业出版社,2016 年,第 1—10 页。

利的"合法"外衣。因此,技术应用仅仅追求"形式合法"是远远不够的,技术本身无法从根本上制约公司的非道德行为,也无法根除由企业文化所诱发的法律规避现象。① 倘若一项技术在本质上被用来抵销监管目标的实现,那么这项技术本身或其使用方式需要改进和纠偏。此外,技术的大规模使用,可能会消解金融监管过程中人力资源的良好判断。

(四)防范"技术陷阱"

当下,金融业已进入软件主导的时代,从股票交易到资金借贷,几乎每一笔金融交易,都是借助软件来完成的。软件的强大源于算法的强大,软件及其算法显著地改变了金融业的服务模式,在某种程度上扮演着法律的调整功能。然而,技术在应用于监管的过程中存在诸多陷阱,必须严加防范。

第一,技术的政治性。技术既源自社会关系,也重塑社会关系,技术具有政治性,主要表现在以下几个方面。首先,某种技术装置或系统的发明、设计或安排,是解决社会事务的一种方法以下几个方面。其次,技术系统内含政治规则,它必然与某种特定的政治关系和社会秩序相容。随着人们对某种技术适应性的增强,人们的生活习惯、心理感受甚至身份可能会发生改变,并且常常以不可预测的方式进行。虽然某种技术形态具有政治性,但这并不意味着该技术必然内含着某种阴谋或恶意。在许多情况下,技术架构是预先设定的,它有利于社会公共利益,并且这种技术架构也并非必然是有意识地为某种政治目的服务。金融科技,特别是监管科技,为技术的政治性提供了新注解。监管科技的算法应用程序很可能是一个无任何政治目的的设计,但这种算法程序可能会存在某种偏见,它反映了程序设计员个人固有的价值观或世界观,可能会集中反映某个阶层的利益,而忽视了其他阶层的利益。

第二,技术的非中立性。一方面,技术系统具有强大的管理功能,可以根据监管机构的特定需要和法律的规定实现定制化,在应对各种特殊需求方面具有灵活性,有助于提高金融监管的透明度。另一方面,技术系统不可能完全做到中立和公平。原因在于,首先,技术是由第三种独立语言构成的。在将法

---

① Nizan Geslevich Packin, "RegTech, Compliance and Technology Judgment Rule," *Chicago-Kent Law Review*,93(2018):214.

律语言转化为技术语言的过程中,会产生某种偏差,甚至会形成歧视。其次,信息技术本身也不完全是价值中立的。技术既塑造社会环境,也受制于社会环境。技术的形成过程会嵌入某种价值理念,使其不可避免地呈现某种固有的偏见。[1] 再次,虽然技术可以预防并解决某种风险,但是它也有可能掩盖并引发其他类型的风险。肯尼斯·班伯格教授认为,虽然技术化的合规产品为金融机构降低合规成本提供了便利,但其负面作用不容小觑:计算机程序员通过代码解释和适用法律是否会改变法律的原意值得怀疑;程式化的合规程序掩盖了金融风险的不确定性和多样性;程序内在的"自动化偏见"可能曲解了监管法律的本来含义,这种偏见将妨碍金融监管的良好判断;代码化的合规程序缺乏透明度,令监督和问责形同虚设。[2]

第三,技术影响的系统性。一旦在技术系统中隐藏某种"偏见",那么由此产生的缺陷将难以检测或修复。尽管技术提供商宣称其技术系统具有可调整性、灵活性或可选择性,可以根据特定需求或环境变化对代码加以调整,但是技术系统一旦形成,其灵活性基本消失殆尽,技术系统的路径依赖已经从"面向人类需求"转变为"塑造人类行为"。虽然人们最初创建技术基础设施是为了满足人类的特定需求,但最终这些基础设施完全模式化、定型化,影响并重塑人类的行为。这一特征使得技术代码在某种程度上具有立法行为的功能,引导人们的行为方式,建构人们的价值理念,影响社会秩序的运行,奠定公共秩序的政治基础。

人工智能强化学习(reinforcement learning)技术的进步有望降低技术的系统性影响,可根据现实情况的需要,对技术系统给予修正。强化学习能够让机器算法具备自主学习、思考和管理的功能,通过"大数据"训练"大智能",它可以识别大数据集中、复杂的非线性模型,能够建立更加精确的风险分析模型,通过不断地调整算法,实现结果的动态化最优选择。值得注意的是,尽管人工智能技术具有自主性,但是这种智能化技术"没有自主目的、不会反思、不

① Patrick Feng, "Rethinking Technology, Revitalizing Ethics: Overcoming Barriers to Ethical Design," *Sci. & Engineering Ethics*, 6(2000): 211.

② Kenneth A. Bamberger, "Technologies of Compliance: Risk and Regulation in a Digital Age," *Texas Law Review*, 88(2010): 669-740.

会提出问题、无法进行因果性思考、没有自己的符号系统,因此,不具备人类心灵的能力"①。

第四节 金融科技监管之法制路径

技术进步,拓展了人类的生活空间,丰富了人们的社会关系,也诱发了政策真空,导致规范新技术、调整新型社会关系的法规规范处于空白状态。"人类历史上每一种关键性技术的突破,每一种新技术架构的形塑,通常都会导致人类的生活方式甚至基本社会结构的转型,从而开拓新的生存空间,形成新的生活经验。"②技术进步不仅重构权利和义务的配置内容,而且也会改变权力的运行方式,"技术在归根结底的意义上决定着法这种以权利和权力为核心的社会规范的内容"③。技术不仅对金融业举足轻重,还对法制构建影响深远。金融科技监管之法制路径,应遵循"技术—制度"的分析框架,以技术为手段,以法制为根基,以风险防范为目的,注重技术、产业与法律制度之间的良性互动④,构建技术化、智能化的金融监管框架,提升金融监管的时效性。

一、明确金融科技监管的一般规则

(一)监管政策的多样化

对于金融创新,特别是突破性金融创新,监管机构应该谨慎行事,避免采用粗暴或强硬的"一刀切"的监管方式。对于新兴金融科技企业而言,对其施加严格的事无巨细的监管无助于其集中精力开拓创新,对其适用包容性的监管原则有利于其发展壮大,这也是"原则监管"之精神内核。监管机构对于金融科技创新,可依据不同情况分类施策。第一,去监管。监管主体依据具体情

---

① 冯珏:《自动驾驶汽车致损的民事侵权责任》,《法学研究》2018年第6期。
② 黄少华:《论网络空间的社会特性》,《兰州大学学报》(社会科学版)2003年第5期。
③ 罗莉:《作为社会规范的技术与法律的协调——中国反技术规避规则检讨》,《中国社会科学》2006年第1期。
④ 张守文:《人工智能产业发展的经济法规制》,《政治与法律》2019年第1期。

况,对一定条件下的金融创新行为实施不干预的监管政策,任其自由发展。第二,宽容性监管。在既定的监管法规之下,监管主体针对具体个案,允许创新主体实施超越现行监管法规的监管政策。监管主体更多地借助非正式的、有弹性的监管方式,比如个别指导、警示告知、约谈、定期报告等形式。第三,优化监管法规。监管主体在成熟的条件下,可以针对金融创新制定新的法律规范,也可以修订现有的法律规范,或者适用原则性的监管方法。

(二)监管手段的技术化

技术在金融监管中的应用,是以技术标准和代码协议为基本框架,是一种以技术为中心的结构化规则,用以约束监管行为和规范被监管对象合规行为的技术规范,它在本质上是一种数字化的技术规制,在一定程度上具备法律规制的功能。这种技术规制与法律规制既相互关联,也有不同之处,具体表现在以下几个方面:第一,技术规制中的技术规则有相对的"技术"独立性,但也要符合监管法规的要求。譬如,算法的设计必须符合法律的旨意,法律规制中的监管法规需要通过代码的形式"翻译"为机器可读语言,才能实现监管的自动化、智能化,以及监管法律所设定的目标。第二,法律规制具有透明性,而技术规制中的技术代码或算法具有不透明性,它难以为专业人士之外的人所理解和掌握。技术规制框架所隐含的规范性要求是以计算机代码的形式呈现的,具有自然、稳定和无形的特征,可以避免法律规制、行政规制或其他社会规制手段所要求的法定程序或政治博弈,如代议制、立法程序、公开辩论、选举等等。第三,技术规制与法律规制一样,都隐含着某种价值取向,这种价值取向既可能源自政府,也可能源自社会或市场的力量。

为了更好地发挥技术规制在金融监管中的应用,防范技术风险,应注重以下几个方面。第一,增加技术代码的透明度。不仅要向公众开放技术代码,而且还应就相关技术规则或程序进行解释和说明。第二,建立技术代码的审查机制。鉴于技术规制改变了政府的实质运作方式,可能威胁宪法对公民私权的保护,应建立公共事务专家审查机制,对算法或代码应用程序进行审查,构建监督机制,防范歧视和技术暴政。

(三)监管时机的选择

从金融监管的历史来看,监管机构何时对金融创新实施监管始终是个较为棘手的难题。存在这一难题的原因是多方面的,比如监管主体存在监管惰性、金融监管相对于金融创新的非专业性、滞后性等。不仅如此,监管介入过早,很可能意味着监管资源的浪费,因为某些创新未必一定会成功并导致交易模式的转换,或至少需要经历较长时间方能走向市场。监管机构应鼓励金融科技的实验式发展,对金融科技应抱有一定的敬畏态度,重视与金融科技创新主体之间的沟通交流,不宜采取先发制人式或运动式的监管整治。

二、创设实验式监管制度

监管沙箱本身是实验性监管原则的体现。借助沙箱,监管者可以通过金融创新测试,获得第一手的监管经验和启发。因此,为了激励金融科技的创新发展,监管主体应结合我国金融科技的发展现实,遵循实验性监管原则,推行实验性监管,构建监管沙箱制度。第一,规定监管沙箱测试的条件。申请测试的创新型金融企业应有助于金融业的创新发展,有真正的技术创新,有利于保持市场的稳定和透明。申请者的创新解决方案已进入开发阶段;申请者应了解相关的法律并遵循相应的监管规范;申请者应建立与创新项目相适应的风险管控措施。第二,技术创新的评估。监管机构应评估申请者是否有必要使用沙箱进行测试,检验其相关的技术、服务或行为是否需要遵守现行的监管法律。评估的真正目的在于挖掘那些真正有技术创新的企业,以减轻额外的监管负担,最大限度地激发其金融创新。第三,监管沙箱应摒弃金融业态的限制。部门限制无助于金融创新,只会固化现有的监管边界,而金融科技则有可能彻底废除监管人为的"划地为界"。如果监管机构仅仅在一个部门内收集信息,然后将其推广应用,那么该经验的有效性、合法性与正当性存疑。第四,信息披露。监管沙箱运行的关键在于信息披露的充分、及时与完整,对于"放松监管"的所有细节和内容,都应在监管机构的网站上清楚并迅速地予以披露。信息披露将有助于实现公平竞争、保护消费者利益、防范系统性风险。第五,金融机构之间的公平竞争问题。传统金融机构须遵守现行的监管法规,而入围沙箱测试的企业无须遵守现行的监管法规,这必然引发竞争的公平性问题。在构建监管沙箱制度时,如何在受监管和不受监管的实体之间维持一个公平的竞争环境是一个核心问题。否则,银行、保险公司和资产管理公司可能会面临人力、金融资本和创新不足的问题。监管机构必须在鼓励创新和保护客户与金融体系之间取得平衡。必须支持受监管的金融机构进行创新,并继续发挥其有优势的方面,譬如大数据、专业知识和经验。现有机构也应享有相应的监管自由空间,以支持其进行金融创新产品和服务的开发。监管机构应将监管沙箱与其他监管方式相结合,并为传统金融机构提供适当的创新激励政策,使持牌机构和无牌机构在寻求开发创新产品或服务时平等受益。

为了鼓励金融科技的发展,针对金融科技的实验式监管已经在我国开始实践,目的在于通过实验,总结监管经验,构建科学的金融科技监管法律规范。譬如,为推动金融业的数字化和国际化,中国人民银行支持在北京市率先开展金融科技创新监管试点。[①] 2020 年 1 月 15 日,中国人民银行营业管理部公布了 6 项金融科技创新监管试点应用。[②]

三、创设智能化监管制度

随着人工智能技术的飞速进步,"基于人工智能的监管系统可以依据监管规则即时、自动地对被监管者进行监管,避免由激励不足导致的监管不力等情况"[③]。人工智能可以凭借规则推理(rule-based reasoning)、案例推理(case-based reasoning)和模糊推理(fuzzy reasoning),增强系统性金融风险的识别与处置能力。智能监管是金融科技背景下一种全新的监管理论,其内涵包括以下几个方面。第一,金融监管的自动化。依赖人工智能、大数据、机器学习、区块链等技术,可实现金融监管的自动化和实时化,可快速识别可疑交易行为,有效防范金融风险,大大提高监管效率,这在历史上的任何时代都是不可

[①] 人民银行:《中国人民银行启动金融科技创新监管试点工作》,http://www.gov.cn/xinwen/2019-12/06/content_5458990.htm,访问日期:2020 年 1 月 18 日。

[②] 金融科技监管创新试点的六个应用项目分别为:中国工商银行的基于物联网的物品溯源认证管理与供应链金融项目;中国农业银行的微捷贷产品项目;中信银行、中国银联、度小满等金融机构的携程中信银行智令产品项目;百信银行的 AIBank Inside 产品项目;宁波银行的快审快贷产品项目;中国银联、小米数科、京东数科的手机 POS 创新应用项目。

[③] 杨东:《监管科技:金融科技的监管挑战与维度建构》,《中国社会科学》2018 年第 5 期。

能完成的任务。第二,监管的弹力性。金融监管的弹力性要求监管主体对金融创新既不是过度放纵的"不作为",也不是严苛监管的"过度作为",而是保持监管的适当弹性,既确保金融稳定,又能推动金融创新,较好地整合金融监管目标,避免"去监管—危机—严监管"的恶性循环。第三,监管的数字化。大数据技术在金融监管中的应用将引发智能革命,催生金融监管的智能化。优良的数据质量和信息共享机制,将使监管主体能够获得关于可疑交易活动更为准确、更为详细、最新的、更具系统性的信息,有利于提升数据分析的精准度,更为稳健地监管可疑交易活动。总之,金融科技时代,"智能化"的监管方法或手段是多样的,既可能是"去监管",也可能是"谨慎地放任监管",或者"实验式监管",以及重构监管组织框架等。在技术快速变化的时代,监管机构需要秉持开放、多元的监管态度。

四、构建监管科技应用的技术规范体系

监管科技应用的技术元素主要包括大数据、区块链、人工智能、应用程序接口、加密技术、生物识别等,这些技术具有数据管理、数据分析、风险管理、识别可疑交易行为等功能。技术应用如果不加以规范就会产生各种风险,进而引发金融危机。譬如,软件漏洞或配置错误会导致操作风险、系统失灵风险、网络风险、黑客攻击风险,可能导致数据丢失、信息泄露及服务中断,严重威胁金融安全。因此,技术标准的统一和兼容是监管科技有效应用的前提。可从物理层、网络层、主机层、应用层、数据层等维度,构建技术应用的基础标准、应用标准、管理标准,确保技术的安全应用。[①] 监管规范应与技术手段相融合,监管部门与技术部门应加强协作,共同研发基于云计算、应用程序接口等技术的监管工具和平台,将监管规范转换化为数字化的系统接口,应用数字化监管协议与合规性评估手段,提高金融监管效能。[②] 此外,技术规范的构建应以人为本,以"人是目的、科技是手段"为指导思想,以人的权利能力和价值尊严的最大化为基本原则,用科技伦理指导技术的法制化应用,重视科技伦理审核制

---

① 洪崎、林云山、牛新庄:《银行信息安全技术与管理体系》,机械工业出版社,2016年,第150页。
② 李伟:《监管科技应用路径研究》,《清华金融评论》2018年第3期。

度建设,防范技术异化。[①]

五、构建监管科技应用的协调机制

监管科技的有效应用需要宏观筹划和顶层设计,需要立法机构、监管机构、金融机构、技术供应商等多方主体共同筹划,从技术标准、数据标准、平台衔接、基础设施等角度构建监管科技协同解决方案。当下,各方主体之间未能就监管科技的应用方法展开对话,缺乏权威的解决方案对话交流平台,未能建立一套统一的技术标准。监管科技发展欠缺一个能汇集监管专家、软件设计专家与金融机构的交流与合作的平台。监管专家是具有问题导向和规则意识的群体,而科技企业具有产品导向和市场导向的特色,通过对话交流,实现优势互补,才能行之有效地解决监管科技发展所面临的挑战。[②] 许多金融机构缺乏完整的数据库,数据分类存在不确定性;监管机构滞后的信息管理系统导致监管效率低下,增加了合规报告发生错误的概率;监管手段的多样性、监管规范的碎片化、监管要求的复杂性,使得技术供应商、金融机构和监管机构更加难以有效合作,无法建立一个高效、自动化的合规体系。因此,"技术提供者和监管者需要围绕共同解决方案进行对话,推行统一化、标准化的监管科技解决方案"[③],为监管科技产品在开发阶段制定明确的技术标准。此外,创建中立性的协调组织,克服不确定性的障碍,讨论科技应用方案的优劣,促进各方主体之间的有效对话,也将有利于监管科技的高效合理应用。

---

① 2019 年 7 月 24 日下午,中央全面深化改革委员会第九次会议召开,会议审议通过了《国家科技伦理委员会组建方案》。会议指出,科技伦理是科技活动必须遵守的价值准则。组建国家科技伦理委员会,目的就是加强统筹规范和指导协调,推动构建覆盖全面、导向明确、规范有序、协调一致的科技伦理治理体系。要抓紧完善制度规范,健全治理机制,强化伦理监管,细化相关法律法规和伦理审查规则,规范各类科学研究活动。

② Institute of International Finance(IIF). ReTech in Financial Services: Technology Solutions for Compliance and Reporting, March 2016, https://www.iif.com/Portals/0/Files/private/iif-regtech _in_financial_services_-_solutions_for_compliance_and_reporting.pdf,访问日期:2018 年 8 月 20 日。

③ 李有星、王琳:《金融科技监管的合作治理路径》,《浙江大学学报(人文社会科学版)》2019 年第 1 期。

第五节　结　语

金融科技作为一种突破性金融创新,不仅创新了金融服务的商业模式,提高了普惠金融的发展水平,还给现行金融监管的原则、模式和法制带来重大挑战,构建金融科技的监管法制框架刻不容缓。基于此背景,中国人民银行在2019 年 8 月 22 日发布的《金融科技(FinTech)发展规划(2019—2021 年)》中明确指出要建立金融科技监管基本规则体系,制定差异化的金融监管措施,提升监管精细度和匹配度,此举奠定了金融科技监管的"四梁八柱"。但是,构建金融科技监管的法制体系仍任重道远。因此,金融监管主体需要关注金融科技给金融业带来的"变化""风险"及其"结构性影响",扩大监管范围,更新监管原则,重构监管规则,转换监管模式,以防范金融风险。

第四章　智能汽车交通事故致损
责任分担研究

　　数字化时代,人工智能正在深刻地影响人类社会生活的各个领域。近年来,智能汽车①作为人工智能技术社会化应用的典型代表,发展迅速。智能汽车是指通过搭载先进传感器等装置,运用人工智能等新技术,使汽车具有自动驾驶功能,从而逐步成为拥有智能移动空间和应用终端的新一代汽车。智能汽车通常又称为智能网联汽车、自动驾驶汽车等,是通信技术、互联网、大数据、人工智能、道路交通等领域加速跨界融合变革的新兴产物。智能汽车能有效减少因驾驶员失误所导致的交通事故,为老年人和残疾人提供驾车出行的可能,具有降低交通堵塞和减少环境污染的潜在优势。与此同时,智能汽车也深刻反映了科技发展和技术创新的风险困局,技术安全隐患不容小觑。尤其在智能汽车发生交通事故时②,由于智能汽车驾驶的自主性和智能性,倘若适用当下机动车交通事故责任或产品责任的相关制度规范,则在交通事故责任主体认定、责任主体过错程度、智能汽车缺陷的判断标准等问题上将存在明显的不公平、不合理之处。倘若对这些法律问题置若罔闻,将会阻碍智能汽车的

---

　　① 现有研究对于具有自动驾驶功能汽车的称谓并不统一,主要有"自动驾驶汽车""无人驾驶汽车""智能网联汽车等"称谓。本书所称的"智能汽车"是指传统汽车与人工智能、信息通信、互联网、大数据等技术相结合而产生的新一代汽车,包含了初级的辅助驾驶和高级的自动驾驶。因此,为了避免歧义,本书的"智能汽车"涵盖了"自动驾驶汽车"和"无人驾驶汽车"。

　　② 2016 年 1 月 20 日,一辆启动了自动驾驶模式的特斯拉 Model S 汽车在京港澳高速邯郸段与一辆正在作业的道路清扫车发生追尾事故,司机高某当场身亡。经调查,在事故发生之前,自动驾驶系统未识别出前方的道路清扫车,驾驶人也没有及时接管车辆,因此未采取任何紧急制动或避让措施,最终酿成悲剧。2018 年 3 月 18 日,美国亚利桑那州一辆 L2 级别的自动驾驶测试车辆发生交通事故,致使一名横穿马路的行人死亡。该起案件是全球首例 Uber 自动驾驶汽车致死事故,其中未识别出行人的自动驾驶系统、未履行谨慎行驶与及时接管义务的使用者和违章行人对事故的发生都应承担相应的责任。

进一步落地应用和未来发展,无助于智能汽车的产业化进程。

第一节　智能汽车交通事故致损责任探析

智能汽车是现代人工智能与传统机动车相结合的产物,其能够根据道路环境来调整驾驶状态,实现自动驾驶。智能汽车的初始目的是满足人们的出行需求,降低出行成本,通过科技创新便捷人们的生活。然而,在具备诸多优势的同时,智能汽车也带来了不可预测的新技术风险。

一、智能汽车交通事故典型案例分析

2022 年 8 月 10 日下午,在日间光照充足的环境下,一辆小鹏 P7 汽车撞向高架维护作业人员及其停靠在高架路段最左侧的车辆,造成一人死亡和两车损毁的交通事故。据了解,事故发生前车辆已开启 LCC 车道居中辅助功能,并以 80 km/h 的速度巡航行驶。曾有过预警的系统这次未识别出前方故障车辆,而小鹏 P7 的车主又"刚好分神",最终导致悲剧发生。根据小鹏汽车的官方配置说明,小鹏 P7 具备 ACC 自适应巡航功能、LCC 车道居中辅助功能和 AEB 自动紧急制动功能。在事故发生前,汽车的 AEB 自动紧急制动功能已先行开启,即使不能完全避免事故的发生,也可以通过减缓车速降低事故损失,然而小鹏 P7 车主表示在此次事故中,汽车系统未能识别出前方障碍并予以警示。

在这起交通事故中,发生事故的小鹏 P7 车型属于 XPILOT2.5＋,即 L2.5 级自动驾驶汽车,处于辅助驾驶状态。根据小鹏 P7 的官方提示,小鹏 XPILOT 智能辅助驾驶系统无法应对所有的交通、天气和路况,需要驾驶员时刻保持警惕,在汽车无法适当保持合理车距和车速时及时干预。因此,对于本次自动驾驶辅助导致的交通事故,最关键的原因在于驾驶员本身。驾驶员过度依赖和信任辅助驾驶系统,从而分心进行其他操作,未观察路况并及时接管车辆,最终导致事故发生。

二、智能汽车的特殊之处

早在 20 世纪,全球就已开始对智能汽车进行探索。1925 年 8 月,第一辆智能汽车出现在纽约街头,美国工程师弗朗西斯·霍迪纳采用无线电操纵这辆汽车。区别于现在的"探测设备感应＋电脑自动控制决策",其模式类似于现在的遥控玩具车。1956 年,通用汽车推出了世界上第一辆具备自动导航系统的概念车——Firebird Ⅱ,它的外形类似于火箭头,因而被称为"车轮上的火箭"。应用在 Firebird Ⅱ 上的车辆与道路连接技术称为 Safety Autoway,它的动力系统是能消化弹性燃料的早期版本。[①] 20 世纪 70 年代以后,美国、日本等国家基于人工智能、高精度传感器、半导体等技术,逐渐开始移动机器人和智能驾驶原型车的研究,智能汽车的概念在此阶段被首次提出。根据中国汽车工程学会的概念界定,智能汽车是指融合人工智能与现代通信技术,搭载先进传感器装置,具有复杂环境感知、协同控制和自动决策功能的新一代汽车。20 世纪以来,经济和技术的快速进步使智能汽车迎来了发展的绝佳机会。

关于智能汽车的技术分级,日本专家稻垣敏之分别分析了人类用智能汽车筛选处理数据的习惯和模式,对两者进行比较后将智能汽车的自动化等级分为类似于人类的感知、意识、选择和执行四个阶段;我国学者翁岳暄在稻垣敏之关于智能汽车的分类标准的基础上,提出"共同控制"和"授权控制"的分类标准。[②]目前,全球公认的国际机动车工程师学会(SAE INTERNATIONAL)制定的智能驾驶系统分级标准,将智能汽车分为 L0—L5 六个等级:(1)L0 为无自动化,驾驶员需全程操控汽车;(2)L1 为辅助驾驶,系统根据驾驶环境进行单一的转向和加速/减速的辅助操作;(3)L2 为部分自动化,系统通过驾驶环境执行对方向盘和加减速中的多项操作;(4)L3 为有条件的自动化,汽车运行过程中绝大部分操作由系统进行控制,在系统遭遇突发情况请求使用者接管汽车

---

① 弹性燃料电机指能够燃烧汽油、煤油或燃料油的电机。

② 翁岳暄、多米尼克·希伦布兰德:《汽车智能化的道路:智能汽车、自动驾驶汽车安全监管研究》,《科技与法律》2014 年第 4 期。

时,汽车控制权转移;(5)L4 为高度自动化,系统代替驾驶员全程操控汽车,只有在特定的环境和条件下人类才会进行干预;(6)L5 为完全自动化,即无人驾驶,控制系统在所有环境下执行驾驶操作,不需要人类干预。

2021 年,国际机动车工程师学会更新了自动驾驶的等级定义,其中主要澄清了 L2 级和 L3 级之间的差异。具体来看,此次更新将 L0—L2 级系统命名为"驾驶员辅助系统",而 L3—L5 级则被视为"自动驾驶系统"。智能驾驶目前在世界各国仍处于 L2 和 L3 阶段,但随着技术的进步,高度自动驾驶汽车的实现已近在咫尺。

作为交通工具,智能汽车具有传统机动车的一般特性。同时,作为人工智能与传统汽车相结合的产物,其天然具备人工智能的特性。正是由于智能汽车的不同特性,使其交通事故致损责任分担异于传统机动车,受害者在寻求救济时面临多重困境。因此,研究智能汽车的特殊之处是解决其致损责任分担问题的基础和前提。

(一)技术自主性

人工智能的核心能力是自主学习,通过不断学习和筛选数据来优化其选择的能力。一般先由研发人员设计一套程序,程序本身经过不断地自主学习优化算法,逐渐形成新的算法,最终作出正确的选择。目前,人工智能仍处于弱人工智能阶段,而智能汽车就是弱人工智能阶段的典型产物。智能汽车按照研发人员设计的智能驾驶系统程序,获取海量数据,并进行筛选,利用这些数据优化自身算法,作出正确的驾驶决策。这意味着智能汽车拥有了一定程度的自主性,能够不依赖驾驶员而独立作出驾驶决策,从而有可能以人类意想不到的方式违反人类所设定的规则。[①] 这种技术上的自主性应当被客观看待,即使智能驾驶系统具有自主学习的能力,但其各种操作只能服从设计者事先输入的程序或指令,其"感知——运算——决策"的全过程都是设计者预设的,智能汽车的自主决策和行为只是在人类给予的一定范围和限度内的自主性的表现。

---

① 司晓、曹建峰:《论人工智能的民事责任:以自动驾驶汽车和智能机器人为切入点》,《法律科学(西北政法大学学报)》,2017 年第 5 期。

（二）风险的不可预测性

作为一项新兴的自主技术，智能汽车存在着可能威胁公共安全的潜在社会风险。智能驾驶系统可以帮助使用者作出驾驶选择，但其决策的逻辑仍旧是一个"黑箱"。人们无法预测它将作出什么样的决定并知道这些决定的原因，这既是一种优势，也是一种风险，因为系统可能作出不符合设计者意图和用户目标的决定。与传统机动车不同的是，智能汽车由设计者提前设定系统，运行过程中系统按照原定规则通过数据处理、算法运算形成新的规则，从而作出驾驶决策。在一个对抗性的环境中，算法不能共享，系统性错误很容易发生，造成不可预知的后果。

（三）智能汽车的特殊价值

相较于传统汽车，智能汽车的价值功能显著。一是能够有效减少交通事故的发生。根据 2015 年世界卫生组织发布的相关报告，全球每年因交通事故死亡的人数超过 125 万[1]，其中中国高达 26 万。95％的交通事故因人为失误导致，主要表现为醉酒驾驶、疲劳驾驶、超速驾驶等。可见，人类是交通安全中最不确定的因素。智能汽车可以大幅度避免因人为失误造成的交通事故，降低道路事故发生率，提高安全指数。二是缓解交通拥堵。道路交通拥堵已成为困扰各国的问题，其成因主要在于汽车的保有量每年大幅上涨，而城市道路利用率不高，智能汽车的普及可以有效解决这一问题。智能汽车按照事先设定好的程序，作出更高效和便捷的选择，即使道路容量不变，其更具安全性和精准性的驾驶决策也会缓解交通拥堵的现象，缩短汽车间距，提高道路利用率。三是增加不便人群的行动自由。现阶段汽车驾驶对驾驶员的体能、视力、操纵能力等各方面具有极高的要求，因而将老年人、残疾人等部分人群拒之门外。智能汽车降低了人们的驾驶成本，实现了不便人群的"驾驶梦"。

三、智能汽车交通事故致损责任属性的理论争议

针对智能汽车交通事故致损责任归属问题，域外部分国家先后出台或修

---

[1] Abbey Vannelli, "Road Trafic Deaths Still High, Says WHO," *CDAN News* 4, no. 2 (Oct. 1977): 331.

改相关的法律制度,以应对智能汽车交通事故引发的法律责任承担。[①] 我国有关智能汽车的发展政策和交通事故责任立法亦在积极探索中。[②] 2021 年 3 月 24 日,公安部起草了《中华人民共和国道路交通安全法》(修订建议稿)(以下简称《道路交通安全法》),其中第一百五十五条对智能汽车发生道路交通安全违法行为或者交通事故责任作了规定,这是我国法律首次对智能汽车交通事故的责任作出规定。[③] 学术界在此领域作了大量的有益探索和研究,提出了诸多理论学说,主要有机动车交通事故责任理论、产品责任理论、电梯理论、动物理论以及高度危险理论等,这些研究为智能汽车交通事故法律责任的构建提供了有益启示。

(一)机动车交通事故责任理论

该理论主张智能汽车交通事故应当适用现行的机动车交通事故责任规则,由智能汽车的使用者承担致损责任。有学者认为机动车交通事故责任立法以人类驾驶为核心,智能汽车作为机动车的一种特殊类型,其交通事故致损责任由使用者承担责任乃是自然选择。[④]

[①]　2017 年 7 月,美国众议院通过《自动驾驶法案》,首次在联邦层面对自动驾驶汽车的监管进行立法。2017 年 5 月,德国通过了《道路交通法第八修正案》,以修法方式对高度或完全自动驾驶技术进行概括性准入。2021 年 7 月,德国《自动驾驶法》正式生效,德国由此成为全球首个允许无人驾驶车辆参与日常交通并应用于全国范围的国家。

[②]　2017 年 4 月,工业和信息化部等三部门联合发布《汽车产业中长期发展规划》,将智能网联汽车(即自动驾驶汽车)列为重点任务之一。2017 年 7 月 8 日,国务院印发《新一代人工智能发展规划》(国发〔2017〕35 号),提出了面向 2030 年我国新一代人工智能发展的指导思想、战略目标、重点任务和保障措施,助推智能汽车产业发展。

[③]　2021 年 3 月 24 日,公安部发布的《道路交通安全法》第一百五十五条规定:"具有自动驾驶功能且具备人工直接操作模式的汽车开放道路测试或者上道路通行时,应当实时记录行驶数据;驾驶人应当处于车辆驾驶座位上,监控车辆运行状态及周围环境,随时准备接管车辆。发生道路交通安全违法行为或者交通事故的,应当依法确定驾驶人、自动驾驶系统开发单位的责任,并依照有关法律、法规确定损害赔偿责任。构成犯罪的,依法追究刑事责任。具有自动驾驶功能但不具备人工直接操作模式的汽车上道路通行的,由国务院有关部门另行规定。"

[④]　Carrie Shroll, "Splitting the Bill: Creating a National Car Insurance Fund to Pay for Accidents in Autonomous Vehicles," *Northwestern University Law Review* 101, no. 4(2015): 803.

在近代西方侵权法的发展中形成了危险责任和报偿责任理论①,并由此产生了"运行支配权"和"运行利益归属权"的二元理论学说②,据此来确定机动车交通事故的责任主体。有学者认为即使在高度自动驾驶的情形下,使用者仍对智能汽车享有运行利益③,将使用者的"启动行为"视为"驾驶行为",认定其对智能汽车享有"运行利益"和"运行支配权"。根据学者的观点,智能汽车应属于危险物,使用者开启了智能汽车也就开启了风险,应对自己的行为负责。④ 因此,其对所使用的汽车造成的损害难辞其咎。⑤

然而,由使用者独立承担责任并不合理。首先,智能汽车运行过程中通常由智能驾驶系统独自承担驾驶任务、筛选信息并作出驾驶决策,使用者在事故中并不存在过错,亦不存在侵权行为。其次,即使使用者开启了智能汽车并在汽车运行中获取利益,也与智能汽车交通事故致损并不存在直接的因果关系,依据"危险开启理论"和"报偿理论"让使用者承担责任并不可取。

(二)产品责任理论

该理论主张智能汽车交通事故致损由生产者和销售者承担相应的产品责任。首先,从预防损害的角度来说,生产者控制着智能汽车的软件程序和硬件设施,让其承担主要的产品责任可以督促其投入更多的精力增强汽车的安全性能,确保汽车运行安全。其次,从受害者救济的角度来说,在智能汽车运行过程中,使用者仅具有启动行为,汽车全程由智能驾驶系统操控,因此在非使用者故意引发交通事故的情况下,事故的发生大都由智能汽车自身问题导致,生产者为此承担责任具有合理性。加之生产者赔偿能力远强于消费者,令其

---

① 危险责任,又称危险控制理论,认为谁能控制和减轻危险,谁就对危险负有责任,即机动车一旦启动就会开启危险,但使用者和经营者可以通过预防和合理控制减轻危险,故危险物的使用者和经营者要对造成的损害负责。所谓报偿责任,又称报偿理论,从罗马法"获得利益的人负担危险"这一法谚发展而来,即受益者承担风险,指作为机动车经营的法律主体,因能从机动车的运行和使用中受益,故当机动车损害他人利益时,由其负担损失。

② "运行支配"和"运行利益"的二元理论指是否对车辆具有控制支配权以及是否从车辆的运行中获益。

③ 杜明强、冷传莉:《论无人驾驶汽车交通事故侵权责任》,《安徽师范大学学报(人文社会科学版)》2020年第2期。

④ 王利明:《侵权责任法》,中国人民大学出版社,2016,第13页。

⑤ 叶金强:《风险领域理论与侵权法二元归责体系》,《法学研究》,2009年第2期。

担责能够确保受害者的损害得到充分救济。① 然而,智能汽车运行过程中,使用者仍要履行特定的注意和接管义务,若单独适用产品责任,则不仅会使生产者和销售者负担过重,而且使用者也会因无需承担责任而逃避其应尽的谨慎注意义务。

（三）电梯理论

国外有学者将智能汽车交通事故致损责任与电梯致损责任进行比较。电梯是一种垂直运送人类的工具,过去大多为人工操作,如今已经完全自动化。在某种意义上,电梯可视为一种智能交通工具,即每部电梯根据乘客的按钮选择,自动到达目的地,无需电梯使用者监督电梯的"驾驶"决策和"驾驶"行为。电梯的使用者对电梯的运行不具有控制支配权,也不会因为疏忽而导致电梯故障。因此,除非使用者故意破坏电梯,一般情况下使用者对电梯故障致损不承担责任。电梯的拥有者和控制人具有检查、维护和修理电梯的义务,以确保电梯的安全运行,在电梯致损时承担侵权责任。在部分地区,电梯的拥有者作为公共承运人,具有更高的注意义务。

用电梯类比智能汽车的理论依赖于对遥远未来的智能汽车的设想。然而,与电梯不同,在可预见的未来,即使高级别的智能汽车,使用者仍具有一定的接管和注意义务。一般情况下,电梯使用者因疏忽大意致使电梯发生故障并致损的可能性几乎为零,而智能汽车的使用者是汽车"安全问题"的关键要素,适用电梯理论将会免除使用者对智能汽车的注意义务和致损责任。

（四）高度危险责任理论

国外有学者将智能汽车的驾驶行为视为侵权责任法中的"高度危险"行为,强调这种危险不仅在于潜在的加害人从事的危险行为或管理的危险物导致损害的可能性,还在于这种危险导致的损害后果的严重性和危害的广泛性,其责任基础在于无过错责任原则。② 基于高度危险行为衍生的高度危险责任是指高度危险行为人从事高度危险活动或者管理高度危险物,造成他人人身、财产受到损害的,应承担损害赔偿责任。我国《民法典》侵权责任编第一千二

---

① 克雷斯蒂安·冯·巴尔:《欧洲比较侵权行为法》下卷,张新宝、焦美华译,法律出版社,2001。
② 丹·B. 多布斯:《侵权法》上册,马静、李昊、李妍等译,中国政法大学出版社,2014。

百三十七条至一千二百四十三条规定了高度危险责任的具体适用范围。

虽然智能汽车大幅度降低了因驾驶员致使事故发生的概率,但并不能排除智能汽车交通事故致损适用高度危险责任的可能。在侵权规范的视域下,相较于行为引发危险的可能性,高度危险责任更多地考虑危险导致的后果的严重性。例如高铁比汽车更具有稳定性和安全性,但从事高铁运输被视为"高度危险作业",因为高铁一旦发生事故将导致非常严重的后果。[①] 智能汽车运行的核心在于其智能驾驶系统,使用者不具有汽车支配权,发生事故时使用者难以控制车辆,同时会波及众多受害者,且都处于弱势地位。汽车的软件系统具有可复制性,如果一辆智能汽车软件出现问题,则同一批次的汽车都可能存在安全隐患。因此,将智能汽车交通事故致损责任认定为高度危险责任具有合理性和正当性。

然而,法律规定承担高度危险责任的主体为从事高度危险作业的人,这意味着智能汽车交通事故致损责任承担的主体为汽车的使用者,汽车生产者将无需承担任何责任,无疑加重了使用者的负担。这在很大程度上打击了消费者购买智能汽车的积极性,不利于我国智能汽车产业的发展。

(五)动物理论

该理论主张智能汽车交通事故致损可以参照动物侵权的相关规则,由汽车的所有人承担责任。国外有学者认为,将智能汽车与马匹进行比较是一个有说服力的类比。无论马匹还是智能汽车,都能够感知周围的环境,在误解环境时可能作出错误的判断和决策,它们都具有自主思考、自主行为和引发损害的能力。虽然在一般意义上,马匹和智能汽车是风马牛不相及的事物,但在20世纪初,就有人将汽车称为"马匹一样质量的机器"或者"无马马车"[②]。从责任的角度来看,从马匹到汽车的转变意味着,从一辆有自己思想的车,到一辆很少违反驾驶员命令的车。有学者提出,随着科技的飞速发展,相较于驾驶

---

① 张力、李倩:《高度自动驾驶汽车交通侵权责任构造分析》,《浙江社会科学》2018年第8期。

② Imes Chiu, *The Evolution From Horse to Automobile: A Comparative International Study*, Cambria Press, 2018, p.13.

汽车的人类,人们更担心可能失控的汽车。[1] 动物理论虽然具有一定的合理性,但在涉及严格的产品责任时,动物理论的类比将不再合理。产品责任适用于本质上固定的产品,而动物并非以精准方式大规模生产的物品,因此不存在设计偏离的产品缺陷。

四、智能汽车交通事故致损责任的双重属性界定

上述各理论学说均从不同视角阐述了智能汽车交通事故致损责任承担问题,都极富创新性和启发性,对各国立法具有指导意义,但也都存在一定的偏颇性,难以适应现实需要。从目前来看,智能汽车交通事故致损责任分担应当平衡使用者和生产者的利益,同时兼顾激励技术创新和智能汽车产业的发展。原则上既不应让智能汽车使用者负担过重的责任,也不能抑制智能汽车的技术创新和发展。一方面,智能汽车的自主性切断了驾驶员和驾驶系统之间的联系,智能系统代替人类控制车辆运行,使用者的驾驶行为和驾驶过错之间的因果关系逐渐薄弱。若让使用者承担因系统失灵导致的事故责任,无疑在很大程度上打击消费者购买智能汽车的积极性。另一方面,算法黑箱的存在使人类难以预测智能驾驶系统自我学习将产生的具体行为,其算法风险无法控制,并难以进行有效应对。不仅如此,智能汽车还可能存在现有技术难以发现或虽然发现却无法克服的缺陷,因此让生产者承担过于绝对的严格责任虽可以迫使其增加智能汽车的安全系数,但在智能汽车初创阶段更可能使生产者面临巨大的金钱压力,影响生产者创新的积极性,严重阻碍智能汽车产业的发展。当下,许多立法案例、司法实践以及学术探讨都倾向于智能汽车交通事故致损责任适用"机动车交通事故责任＋产品责任"理论[2],其不仅可以督促使用者对汽车尽到及时维护、保养和合理使用的义务,还可以使生产者和销售者更好地尽到安全保障和瑕疵担保义务,显然更具现实性和合理性。

---

① Sophia H. Duffy & Jamie Patrick Hopkins. , *Sit，Stay，Drive：The Future of Autonomous Car Liability*（Science & Technology Law Review，2014），p. 101.

② 张力、李倩:《高度自动驾驶汽车交通侵权责任构造分析》,《浙江社会科学》2018 年第 8 期。

第二节　智能汽车交通事故致损责任
的国内外立法实践

随着技术革命和产业变革的到来,智能汽车成为汽车产业的战略方向,具有广泛的应用空间,逐渐成为解决环境污染、交通拥堵、能源消耗以及保障道路安全的重要工具。世界各国都在逐步制定智能汽车的发展战略、优化市场环境和研发技术手段,但针对智能汽车的法律和行业标准仍相对滞后,这对智能汽车的产业化有一定的消极影响。

一、国内智能汽车责任立法动态

现阶段,我国智能汽车发生交通事故仍按照传统机动车的相关法律规定加以解决。一方面,关于智能汽车使用者的责任,按照传统机动车责任立法,主要存在无过错责任和过错责任两种原则。根据《道路交通安全法》第七十六条,当智能汽车之间发生交通事故,适用过错原则;若智能汽车与非机动车或行人发生交通事故,一般采用严格责任和过错相抵责任原则。在无过错责任的情形下,一般无需考虑使用者的责任。另一方面,当智能汽车所有者与使用者相分离时,根据《民法典》第一千二百零九条的规定,机动车所有者、管理者与使用者不是同一人时,发生交通事故应归责于机动车一方的,由使用者承担责任,所有者和管理者仅在存在过错的情况下承担相应赔偿责任。但在智能驾驶条件下,若使用者不存在接管过错,甚至当智能汽车行驶过程中不存在驾驶员时,我国目前的机动车责任立法将在很大程度上不敷使用。尤其在判断事故发生结果是由使用者过错导致还是智能汽车本身的缺陷造成时,需要格外复杂和耗时的司法鉴定,汽车生产者亦有可能以各种理由推诿而拒绝提供事故当时的车辆状态信息,给受害者寻求救济带来更大的挑战。

科技的不断进步使智能汽车成为汽车行业发展的必然趋势。我国智能汽车立法进程滞后,尚没有进行统一的立法和标准的制定,但已在积极探索中。2020年,国家发改委等11部委联合印发的《智能汽车创新发展战略》,提出了智能汽车 2020—2025 的战略目标,明确智能驾驶领域的主要任务,争取在 2025 年全面建成智能汽车产业体系。北京、深圳、上海等地都出台了具有一定创新意义的法规。公安部于 2021 年 3 月 24 日发布了《道路交通安全法》的修订建议稿,首次在国家立法中提出了智能汽车的规制意见,为之后智能汽车的相关立法提供了参考样本。

我国一些头部城市亦根据自身特色相继出台了自动驾驶法规。北京在 2022 年 4 月成立了智能汽车的政策先行示范区,并于之后发布了多项相关政策。随着《北京市智能网联汽车政策先行区乘用车无人化道路测试与示范应用管理实施细则》的出台,北京成为中国第一个开展无人驾驶乘用车测试运营的城市,为智能汽车的进一步发展提供了政策支持。同年 6 月 28 日,《广州市南沙区智能网联汽车混行试点区及特殊运营场景混行试点总体方案》正式通过,南沙区成为广州首个智能汽车与传统机动车道路混行的试点区,这意味着南沙区符合运营资质条件的智能驾驶企业,其生产的智能汽车只要拥有本地的示范运营车辆标志牌就可以在规范区域内示范运营。2022 年 7 月 5 日,深圳发布《深圳经济特区智能网联汽车管理条例》,并于 8 月 1 日正式实施。这是国内第一部智能汽车专门管理条例,率先弥补了智能汽车法律规制的缺失,解决了自动驾驶企业的上路权,明确了事故责权划分,有助于推进自动驾驶相关的全国性立法工作。这些城市在各自的智能汽车运营上都取得了亮眼的成绩,对智能汽车未来的商业落地具有积极意义。

二、域外智能汽车立法实践成果

(一)美国:生产者的产品责任

美国在智能汽车领域发展迅速,各州已率先开始进行立法工作。2011 年,美国内华达州通过"511"法案,在智能汽车发展史上具有里程碑的意义,在国际上具有重要的示范作用。

截至 2020 年 4 月,美国已有 37 个州制定了智能驾驶的法律法规。其中,密歇根州对智能汽车致损责任进行了规定:一是为了分摊事故责任而将智能驾驶系统认定为驾驶员;二是定义提供智能驾驶系统的技术公司的责任;三是免除生产者的责任,除非损害是由车辆的制造缺陷或在车辆被改装为智能汽车之前已存在的缺陷所导致。该规定明确区分了生产者和设计者的责任,对于未来的智能汽车立法具有指导意义。[①]

区别于各州的积极立法,美国联邦对智能驾驶立法特别在致损责任方面并不主动。2017年9月20日,美国众议院通过了《自动驾驶法案》(Self-Driving Act),其中重点强调了联邦与各州在智能驾驶领域的立法权限划分、消费者隐私保护、激励创新以及有关技术研发等,但并未涉及智能汽车的致损责任。2017年9月12日,美国交通运输部联合美国高速公路安全管理局(NTHSA)发布了《自动驾驶系统2.0:安全愿景》,对有关智能汽车的安全标准、人机交互以及智能汽车用户的培训和管理作出了更为详细的规定。[②] 虽然该指南不具有强制性,但对自动驾驶汽车的研发具有重要意义。

(二)英国:扩大汽车保险范围

为了解决智能汽车带来的法律问题,英国于2017年2月发布了《汽车技术与航空法案》的征求意见稿,其中对智能汽车的保险问题进行了规定。一是英国行政部门需要为智能汽车引入强制性的登记制度和注册规则。二是智能汽车的所有人必须为智能汽车购买强制责任保险。当智能汽车发生交通事故时,受害者可以直接向保险人索赔从而保障自身利益。若使用者或生产者的行为导致事故发生,那么保险人享有对使用者和生产者的代位求偿权。三是智能汽车发生交通事故时,智能汽车的使用者和生产者承担未购置责任保险的损害赔偿责任。

2018年7月,英国出台了第一部专门立法,即《自动与电动汽车法案》。该法案将智能汽车纳入机动车责任保险范围,同时规定将汽车所有者或保险公司作为智能汽车交通事故致损的责任主体。该法案针对智能汽车的特殊性,特地对其交通事故责任分担问题作了相应规定。例如,明确规定机动车责任强制保险应覆盖智能汽车。车辆所有人为其智能汽车投保,发生交通事故

---

① 郑远民、贺栩溪:《智能机器人的侵权责任研究》,《甘肃政法学院学报》2020年第3期。

② 谢一驰:《我国自动驾驶汽车法律规制探析》,《北京工业大学学报(社会科学版)》2018年第6期。

后由所有人或保险公司承担保险责任。这是世界上第一部智能汽车领域的立法,具有积极的示范作用,为之后其他各国的智能汽车立法提供了经验参考。

(三)德国:强化使用者的责任

德国作为现代汽车的发源地,在自动驾驶的历程中,一直扮演着"先行者"的角色。2016 年 4 月,德国通过了《维也纳道路交通公约(修正案)》,为之后国内智能汽车领域的立法奠定了基础。2017 年 5 月,德国联邦参议院表决,并通过了《道路交通法(第八修正案)》。这是德国首部涉及智能驾驶的法律,创新性地对智能汽车类型以及应用情况进行了规定。第一,对智能汽车作出明确界定。该法案规定智能汽车必须具备"使用者可以随时接管智能汽车"等五个条件,生产者须承诺其车辆同时符合这五个条件。第二,许可智能汽车在现有规则范围内使用。一方面,符合国际条约和国内法规的智能汽车被允许上路行驶;另一方面,不禁止已经存在的智能汽车上路行驶,只要车辆符合道路交通法规即可。第三,强化了使用者的责任。要求使用者在行驶过程中应当时刻保持警惕,在系统警示时及时接管汽车,切回人工驾驶模式。①

2021 年 5 月 20 日和 28 日,德国《自动驾驶法(草案)》分别获德国联邦议院和联邦参议院表决通过,于 7 月 27 日正式颁布并于次日生效。这意味着世界上第一部规制无人驾驶车辆的法律诞生。该法通过补充现有的道路交通法和责任保险法,为 L4 级别的智能汽车建立了良好的制度环境,使其能够在德国公共道路范围内正常运行。这部法律规定了无人驾驶汽车潜在的应用场景和上路条件:一是该机动车符合《自动驾驶法》规定的要求,二是取得联邦机动车管理局(KBA)颁发的无人驾驶汽车运行许可,三是在州主管机关批准的固定运行区域内运行,四是该机动车按《道路交通法》的规定进行了车辆登记。除此之外,该法还创新性地规定了技术监督员制度——技术监督机构/人员将远程监控自动驾驶车辆,从而在紧急情况下能够向自动驾驶车辆发出操作指令、远程关闭自动驾驶系统或直接关停自动驾驶车辆,使自动驾驶系统在任何情况下都将车辆置于风险最小的状态。在保险方面,《自动驾驶法》规定自动

---

① CAITLIN B, "Where We're Going, We don't Need Drivers: The Legal Issues and Liability Implications of Automated VehicleTechnology," *UMKC Law Review* 83(2015):769.

驾驶汽车的所有人必须购买一份责任保险,将汽车的技术监督员定为保险受益人。尽管新立法的规定仍较为框架性,在很多标准方面还有待配套条例的出台,但它为智能驾驶技术真正落地应用与产业化发展奠定了坚实基础。

(四)日本:明确政府替代责任

日本作为汽车制造大国,对智能驾驶领域的立法关注已久。2015 年,关于智能汽车的道路测试以及保障筹划已广泛展开。2017 年,日本法律规定智能汽车同机动车一样为强制责任保险的投保对象,其中生产者的责任范围只限于智能汽车自身的产品缺陷。2018 年 3 月,日本政府又出台了《自动驾驶相关制度整备大纲》,明确智能汽车交通事故致损的责任主体,即原则上由汽车的使用者承担致损责任,在汽车承保的情况下由保险公司先行赔付;同时规定了因第三人原因造成的交通事故,由政府承担替代责任,作为责任主体进行赔付。[①] 2020 年 4 月实施的《道路交通法》已经允许 L3 级别的智能汽车上高速公路,包括乘用车和商用车,但必须配备安全员。同时,基于日本老龄化的情况,相关部门也在积极筹划,计划在 2022 年针对老年人密集区域试点 L4 级别的智能汽车上路,重新规范针对高龄驾驶者驾驶资格的管理制度。

三、镜鉴与启示

通过前述域外典型国家相关立法的梳理可以看出,域外典型国家在智能汽车领域涉足较早,且研究更为成熟。我国目前的智能汽车立法相对滞后,一些地方的政策、法规主要对其定义、测试主体、要求,以及监管等问题作出规定。基于此现状,汲取上述有益经验,立足本土相关制度,可以得出以下启示。

(一)明确责任主体

智能汽车研发和落地行驶的步伐日益加快,对保障道路安全、缓解交通拥堵等方面具有积极意义,但无法彻底避免事故的发生。智能汽车的技术自主性使得其在事故发生后的致损责任难以划分。因此,当智能汽车发生交通事故后,如何进行法律责任的合理划分,便成为智能汽车立法工作中关注的重

---

① Tim Friehe, "Cat Lam Pham. Products liability when consumers are salient thinkers," *Economics Letters*, no. 8(2020):186.

点。日本和英国率先通过立法明确了智能汽车交通事故致损的责任主体和责任例外,并规定了政府替代责任;美国也通过立法确立了智能汽车生产者与改造者之间的责任;德国则在保留传统责任主体的基础上,强化了使用者的责任。综上,从不同国家的立法中可以看出,明确智能汽车事故造成的损害分担责任,是智能汽车法律框架的重要组成部分。

（二）配套保险制度

英国规定每个机动车所有人都必须投保强制责任保险,其中智能汽车的所有人的投保项目中应包含生产者责任保险的内容,以便智能汽车交通事故受害者可以直接向保险公司请求赔偿而无需先去寻求生产者的损害赔偿。德国规定智能汽车的所有人应当投保一份受益人为汽车技术监督员的责任保险,以便保障技术监督员的利益。可见,构建与智能汽车特性相适应的保险体制可以有效分散生产者的责任,并使受害者能够及时得到赔偿。我国在未来的智能汽车立法中可以积极借鉴优秀的立法经验,建立符合我国当前智能汽车发展的责任强制保险制度。

综上,现阶段我国应当在借鉴各国立法实践的基础上,立足本土实际,设想规范智能汽车致损责任的可行制度。只有法律才能真正为智能汽领域保驾护航,实现智能汽车产业的长远发展,为新型业务创造机会。

第三节　智能汽车交通事故致损责任分担的法律适用困境

智能汽车具有传统机动车不可比拟的优势,它更加便捷、高效和安全,但并不能完全避免交通事故的发生。世界范围内已发生多起智能汽车交通事故,在解决这些事故的过程中暴露出了新兴技术与现有法律之间的矛盾,即现有的法律规范在适用智能汽车交通事故致损责任分担时面临困境,主要表现在责任承担主体缺位、责任过错认定困难以及产品缺陷标准认定困难。

一、责任承担主体缺位

关于智能汽车交通事故致人损害的责任承担主体问题,按照《民法典》和《产品质量法》的相关规则,由智能汽车使用者承担使用不当导致的侵权责任,由生产者和销售者承担因产品缺陷导致的产品责任。智能汽车依托于算法、现代传感、数据处理、信息融合等技术,由智能驾驶系统自主收集、筛选浩如烟海的数据,并及时与人、车、路、基础设施等多方面的信息进行交换,随时感知路面情况,通过算法作出进一步的选择、决策和指令,最终使车辆按照使用者的意愿到达指定目的地。[①] 高级别智能汽车的驾驶系统具有强大的人工智能能力,可以根据用户的使用习惯来进行自我学习和不断优化,像人脑一样进行"深度学习"并实现"自我成长"。从这一角度来看,智能汽车的行为也可以理解为由智能驾驶系统独立实施,由此产生了学界关于可否赋予智能汽车独立法律人格的探讨。

(一)智能系统人格否认说

否定说认为智能系统不具有法律人格,其仍然属于劳动工具,只不过较其他工具更为先进。[②] 即使智能性在不断增强,也不能推论出智能系统具有与人类对等的人格结构。一些学者称智能产品的自主性不过是不值一提的幻想,其行为和产生的结果仍要由生产者、研发者和使用者负责。例如,弗勒与罗迪克认为,操作者实际上有责任对智能汽车的运行进行监视。[③] 这一观点将智能汽车带来的后果全部归咎于生产者、研发者和使用者。然而,由于智能驾驶系统深度学习作出的决策缺乏可解释性,因此生产者和研发者难以完全控制或预测智能汽车可能导致的所有风险。

(二)智能系统人格肯定说

肯定说认为智能系统应当具有独立的法律人格。一些学者认为,当智能

---

① 胡凌:《人工智能的法律想象》,《文化纵横》2017 年第 2 期。

② 郝铁川:《不可幻想和高估人工智能对法治的影响》,《法治日报》2018 年 1 月 3 日。

③ Bart W. Schermer, "The Limits of Privacy in Automated Profiling and Data Mining," *Computer Law & Security Review* 27(2011):45-52.

系统达到一定程度的自主性时,将其作为和人类一样的法律主体具有合理性。民法最初只有自然人具有法律人格。法人不具有精神意志,但其作为自然人的集合,是有组织的社会群体,可以基于自然人的共同意志实施法律行为,并将法律行为的效果归咎于自身。因此,民法赋予法人以法律人格,使其可以独立享受民事权利、承担民事义务。[①] 可见,民法上的人格遵循逐渐扩展的规律,因而可以扩展到智能产品。[②] 随着科学技术的快速发展,未来智能产品将拥有更高级别的智能,可能媲美人类。有学者认为,可以通过法律人格拟制的方式,赋予其法律地位,使其享有权利并独立承担责任。

（三）智能系统人格折中说

人格折中说既不完全肯定也不完全否定智能系统的法律人格,而是将其视为"电子奴隶"[③]或主张赋予其"电子人格",即电子合成的带有电子特色的人格,而非自然人的人格,使其在一定范围内拥有自主权。域外已对该说有所响应,例如 2016 年 2 月 4 日,美国国家公路交通安全管理局表示,谷歌的智能驾驶系统可被视为"驾驶员";2017 年 2 月 16 日,欧洲议会通过"电子人"决议,该决议建议至少赋予最精密的智能机器人以"电子人"地位;2017 年 10 月25 日,沙特政府授予"女性"机器人索菲亚公民身份。这些探索为确证"电子人格"提供了实践基础。

上述对于智能系统法律人格的不同观点,无论肯定说还是否定说,都未能跳出民事法律关系中主体和客体的基本理念;折中说则创造出了独立于现有主体和客体的第三种存在形式。智能汽车可否作为交通事故致损责任的承担主体?若智能汽车不具有法律主体资格,如何解决高级别智能汽车发生交通事故时的责任主体缺位问题?目前,学术界并未就这些问题达成一致观点。

---

① 张童:《人工智能产品致人损害民事责任研究》,《社会科学》2018 年第 4 期。

② 杨立新:《用现行民法规则解决人工智能法律调整问题的尝试》,《中州学刊》2018 年第 7 期。

③ 在古罗马法中,人分为具有人格的自由民和不具有人格的奴隶,奴隶是物品,不享有做人的权利。此处的智能驾驶系统相当于"电子奴隶",实质是人,却不具有人格,其实施行为的后果由主人承受。

二、责任过错认定困难

传统机动车交通事故划分责任时,无论情况多么复杂,都有一个共同的特性,即汽车的设计、生产、销售、使用,运行的功能和决策都可以追溯到具体的人类行为者。要么因使用者未尽到注意义务而承担过错责任,要么因产品存在缺陷使生产者和销售者承担产品责任,这些主体在交通事故中各自对自己的行为负责。然而,智能汽车不再是被动的客体。它虽然由人类设计和创造,但在运行过程中却不再完全受人类指令约束,人类也无法完全预料和事先控制其在不同情形下的运行决策,由此对智能汽车交通事故致损责任过错认定造成障碍。

(一)过错责任适用问题

智能汽车具有深度学习和自主决策的能力,在一定程度上摆脱了人类的控制,"智能化"的属性显著,导致现行法体系秉持的驾驶人过错责任原则难以适用。按照传统侵权理论,侵权人承担过错责任需要其主观上"明知"或"应知"行为可能造成损害。然而,智能汽车在高度自动驾驶情况下,人类的身份由驾驶员转变为乘客,驾驶行为造成的侵害由智能驾驶系统独立决策而非源于人类的意志,将"明知"或"应知"的注意义务直接归于"乘客"显然并不妥当。机动车运行过程中造成损害的责任要素是驾驶行为、主观过错、损害后果和因果关系。高级别的智能汽车在行驶过程中并没有使用者的驾驶行为,只有智能驾驶系统的"自驾行为",致人损害时使用者既无过错,也与系统的驾驶行为引发的损害事故不存在因果关系。因此,在智能汽车发生交通事故致人损害时,原则上难以适用侵权人过错责任原则。

(二)严格责任适用障碍

对于可否将智能汽车视为"产品",就汽车因产品缺陷发生交通事故致人损害时使生产者承担严格责任这一问题,我国《民法典》第一千二百零二条至一千二百零七条确立了生产者因产品存在缺陷承担严格责任的赔偿规则,《产品质量法》第四十一条和第四十六条规定了生产者的免责事由以及产品缺陷的认定标准。但是,智能驾驶系统具有高度的自主性和独立性,流转环节众多,技术要素复杂,再加上"算法黑箱",导致侵害事实难以归咎于产品本身的缺陷,产品缺陷与侵害事实之间的因果关系证明极其不易。因此,即使将智能汽车背后的算法原理向社会公开,也因其缺乏可解释性,使得法院和当事双方在证明侵害原因和因果关系等方面面临障碍。①

三、产品缺陷认定困难

关于《产品责任法》意义上的"产品",各个国家的定义有所不同。在欧盟,"产品"涵盖了除初级农产品以外的各种动产。在美国,"产品"包括所有货物、商品、消费品及其部件和组件。我国《消费者权益保护法》将"产品"定义为"被使用和消费,并能够满足人们特定需要的商品"。《产品质量法》规定经过加工、制作并用于销售的是产品。产品一般是指有形物品,传统汽车毋庸置疑属于有形物质商品,属于《产品责任法》中的"产品"。智能汽车融合了多种复杂技术,通过模型构建和自我学习,可以根据道路环境的变化调整驾驶行为。随着智能汽车自动化程度的不断提升,汽车软件或技术缺陷逐渐取代驾驶员的人为错误,成为交通事故致损责任的主要来源。因此,生产者和研发者应当承担因汽车产品缺陷所导致的产品责任。然而,智能汽车区别于传统机动车,很难具体适用现行的《产品责任法》。

(一)智能软件的产品归属问题

智能汽车以软件程序为载体,对于智能软件是否属于"产品"范畴,我国现行立法并未作出明确规定。消费者在购买车辆时可选择是否加装智能驾驶系统;即使购买了具备自动驾驶功能的汽车,使用者也可自由选择开启或关闭自动驾驶模式。如果智能驾驶系统独立于汽车被售卖,该系统软件是否属于"产品"?针对这一问题各国普遍缺少明确的裁判依据,我国学术界的观点也并不统一。

(二)产品缺陷的标准冲突问题

现有产品缺陷判断标准在适用智能汽车时具有明显的不确定性和逻辑上

---

① 司晓、曹建峰:《论人工智能的民事责任:以自动驾驶汽车和智能机器人为切入点》,《法律科学(西北政法大学学报)》2017年第5期。

的矛盾性。首先,我国《产品质量法》第四十六条规定以"不合理危险"和"国家、行业标准"来判断产品是否存在缺陷,但并未对"不合理危险"这一标准作具体解释。在认定传统机动车产品缺陷时,主要依赖大众对产品的基本认知和了解来进行判断,例如汽车部件安排、材质选择、制造工艺、汽车标志、汽车使用年限事故发生的可能性等。然而,由于算法黑箱和技术屏障,使得大众对智能汽车的认知有限,即使相关领域的专家也很难完全解释其系统背后的运行逻辑,因此该判断标准在智能汽车实践中具有较大难度。其次,现行法律规定的这两个判断标准在逻辑上存在矛盾。我国《产品质量法》虽然规定了两个产品缺陷判断标准结合使用,但在司法实践中,不同的法官对类似的案件会作出不同的判决。此外,由于"不合理危险"标准较为抽象,没有具体的适用规则,因此法官在判断争议产品缺陷时一般会优先适用法定标准。然而,受制于技术发展水平、技术认知的边界性,即使符合法定标准的产品也可能存在不合理的危险,特别是当它们不符合公众的普遍安全认知时。① 简单地适用"国家标准、行业标准"容易使生产者以产品符合法定标准而免责,不利于消费者的权益保护。因此,现有的产品缺陷判断标准无法解决智能汽车缺陷的司法认定问题。

四、保险责任范围不当

正如蕾切尔·布伦南所说:"随着智能驾驶技术的不断进步,汽车公司和保险公司将需要解决一系列挑战,从帮助人们在路上感到安全,到应对新的风险影响。"智能汽车上路已成为不可逆转的趋势,它使道路风险更加具有不确定性。尤其在智能汽车发展不成熟的阶段,仅依靠现行的责任保险难以完全保障受害者的利益。北京、成都等地出台的自动驾驶汽车道路测试的指导意见规定,测试单位必须购买 500 万元以上的机动车责任保险或提供不少于 500 万元的自动驾驶道路测试事故赔偿保函,给智能汽车测试单位施加了过重的保险责任负担,无益于智能驾驶技术的创新和新兴科技产品的研发生产。

---

① 王乐兵:《自动驾驶汽车的缺陷及其产品责任》,《清华法学》2020 年第 2 期。

（一）投保主体单一

智能驾驶技术的发展给现行的责任保险体制带来了全新的问题。智能汽车事故风险负担主体的转变和风险的不可预测性，使得既有的责任保险无法涵盖智能汽车的所有主体。因此，我国现有的机动车交通事故责任强制保险制度（以下简称交强险）应当应时而变。目前，我国交强险的投保义务人为机动车的所有人或管理人，投保时以机动车数量为单位，一车一险。此外，现有保险保障的范围并不包括汽车驾驶者和乘车人。若智能汽车车内人员不包括在交强险的保障范围内，其要么求助无门，要么根据《产品质量法》的规定向生产者求偿。但是由于智能汽车存在"算法黑箱"，使得车内人员求偿存在极大障碍。智能汽车蕴含的风险较大、投保主体单一，无法确保对受害者的基本保障。

（二）赔偿限额受限

根据《道路交通安全法》第七十六条和《机动车交通事故责任强制保险条例》（以下简称《交强险条例》）第三条、第二十一条的规定，交强险的赔偿范围为受害者（不包括车内人员）在交通事故中的人身伤亡和财产损失。在智能汽车视域下，车外人员因智能汽车交通事故致损，可以依旧适用现行交强险的规定。但若将车内人员纳入被保险范围，其损失范围如何界定是一个值得思考的问题。根据《交强险条例》第二十三条，交强险实行统一的责任限额，即"事故分项限额制"，并规定了四项赔偿限额分类。[1] 在智能驾驶时代，责任主体的扩大势必应将"车内人员"纳入交强险的保险范围，如果仍坚持"事故分项限额制"，则容易造成"僧多粥少"的局面。因此，如何使交强险的损失范围和赔偿限额与智能汽车交通事故受害者范围相协调，从而充分实现救济，是目前必须思考和解决的问题之一。

---

[1]　韩长印：《我国交强险立法定位问题研究》，《中国法学》2012 年第 5 期。

第四节　智能汽车交通事故致损责任分担的法律应对

智能汽车产业蓬勃发展,意味着在未来智能汽车交通事故致损将不再是个例,其损害责任承担法律问题也将成为侵权法律研究的新课题。法律一方面要为科技创新"松绑",另一方面也要为科技创新扫除障碍,解决创新带来的新问题。因此,在人工智能迅猛发展的洪流中,应对智能汽车交通事故致损责任分担问题,应当在责任主体的责任配置、责任承担以及产品缺陷方面积极寻求法律治理路径。

一、确立各责任主体"共同但有区别的责任"

新一代人工智能的特点之一是深度学习。智能驾驶系统具备一定的自我学习能力,可以利用各种感应器和信息通信技术接收海量数据,进行选择和判断,优化算法程序,作出合理的驾驶决策,因此智能驾驶系统具备了自主性特征。尽管人工智能在不断强化其自主性,但并不能认为人工智能已经具有独立的法律主体资格。人工智能由人类创造并作为工具服务于人类。在当下以及可预测的未来的一段时间内,人工智能产品不可能拥有与人类平等的法律地位。作为人工智能产品的智能汽车,按照人类设计的各种程序运行,其行为背后体现的是各类主体的利益。

"共同但有区别的责任"作为一项《国际环境法》原则,是指由于全球生态环境的整体性以及各个国家在全球生态破坏和环境污染过程中的作用不同,各国在保护生态系统和应对环境挑战方面有着共同但有区别的责任。这一责任包括共同责任和区别责任两个内容,两者既有区别又有机统一。共同责任指世界各国无论其规模和经济发展水平如何,都要积极承担起保护和改善环境的责任,以造福全人类。区别责任指考虑到各国政治、经济等方面的差异,在责任范围、责任大小以及责任承担的先后顺序上应当有所差异。具体而言,在环境保护方面,发达国家较发展中国家应承担更多的责任。智能汽车的产生源于经济和科学技术的快速发展以及人类对更高质量生活的追求。虽然智能汽车具有诸多优点,但也催生出新的安全问题。因此,可以将"共同但有区别的责任"适用于智能汽车各类主体的责任承担之上。

(一)共同责任

智能化已经成为全球汽车行业发展的趋势,我国也在加速推进智能汽车产业的发展的进程。国家多次出台配套政策标准推进智能汽车行业的发展,提升智能化道路基础设施水平,推动试点城市先行发挥领头作用。智能汽车的发展和逐渐普及推动了国家智能产业和经济的迅速发展,相关企业因这一新兴产品得以壮大,消费者的日常出行也得到了极大的方便。因此,因智能汽车交通事故致损而承担责任的主体应当是享受智能汽车发展福利的所有人。在智能汽车视域下,涉及的主体主要有生产者、销售者、研发者、使用者和第三人,各类主体对智能汽车具有不同的控制力,对智能汽车的安全运行皆具有举足轻重的作用,他们均应对智能汽车的稳定性以及道路交通的安全性担负共同责任,在智能汽车的设计、生产、销售和运行环节形成一个责任闭环。

(二)区别责任

探究智能汽车交通事故致损的责任主体,需要分析事故的发生原因。智能汽车交通事故的发生原因通常有人为因素和汽车的自身故障两个方面。智能汽车虽然解决了驾驶员失误、醉酒、疲劳、危险驾驶等造成的事故问题,但是还有一些人为原因同样会导致交通事故的发生,例如使用者未及时对汽车进行维修和保养、强制使用出现问题的汽车、第三人恶意侵入汽车系统或故意干扰正在运行的智能汽车等。对于智能汽车的自身故障而言,若汽车固有硬件存在缺陷,可以直接适用《产品责任法》追究生产者的责任。智能汽车依靠各种传感器和感应器收集数据,再通过算法筛选数据从而作出合理的决策判断。若智能汽车发生事故的原因并非人为因素和汽车零部件故障,而是算法程序错误导致,最终的责任主体为研发者。较之于消费者,生产者在信息收集和技术研发等方面处于强势地位,因此生产者应承担更多的严格责任。

1. 生产者和销售者

智能汽车生产者和销售者有义务确保智能汽车投入市场前为合格的汽车产品,为此两者应做到以下几个方面。首先是最低限度的安全保障义务。生产者应当保障智能汽车在运行中遭遇复杂环境时,可以保证驾驶系统的警示功能和汽车的安全行驶或停止。生产者有义务预防汽车因不当使用或极端环境遭受的损害,予以人工介入的示警和介入措施,保障汽车的行驶安全和性能。其次是跟踪观察义务。生产者和销售者应当及时反馈消费者在使用智能汽车时的各种问题,对缺陷产品及时停止销售并召回维修。智能汽车的行为具有难以预测性,生产者和销售者将智能汽车投放市场流通,意味着开启了潜在的新风险。因此,应当延长智能汽车跟踪观察的期限,扩展至产品的整个使用期间。

2. 研发者

智能汽车交通事故致损责任可以追及研发者。智能汽车系统研发者应当注重汽车的安全性、稳定性和功能性之间的平衡,其算法程序可以依据欧盟的"可信赖人工智能伦理规则"设定,在智能汽车正常使用的情况下保证使用者和他人的人身和财产安全。[①] 智能驾驶系统程序具有不确定性和依赖性,可以进行深度学习和自我改进,因此在智能汽车进入市场前,研发者要不断对智能系统算法程序进行多次测试。在智能汽车进入市场流通后,研发者应当对生产者和使用者反映的问题进行及时反馈,并积极解决和改进。

3. 使用者

相较于传统机动车,智能汽车的运行更加复杂,车辆控制权由驾驶系统掌控。但人类脱离汽车控制权并不意味着人类可以彻底不受约束,使用者同样需要承担相应义务。一是及时接管义务。智能汽车达到一定级别后驾驶员可以适当甚至完全解放双手,但是当汽车遭遇极端环境发出警示时,使用者应及时接管汽车,夺回汽车的控制权。二是合理使用义务。使用者作为智能汽车运行风险的控制主体之一,首先,应及时更新智能汽车的系统程序,避免系统因未及时更新导致致损风险的发生。其次,使用者平时应对智能汽车进行维护保养和合理使用,若因不当使用造成损害,使用者应承担侵权责任。

---

① 许中缘、范沁宁:《人工智能产品缺陷司法认定标准之研究》,《重庆大学学报(社会科学版)》2022年第1期。

4. 第三人

在智能汽车交通事故责任中,若第三方例如行人因故意或过失致使事故发生遭受损害,此种情况与传统机动车交通事故责任并无不同,可以适用《道路交通安全法》第七十六条的规定。若是第三方故意攻击智能汽车的驾驶系统致使损害发生,根据《民法典》第一千二百零四条的规定,先由生产者和销售者承担赔偿责任,然后有权向第三方进行追偿。

二、明确智能增强与人工智能理论下的过错责任认定原则

理论界关于人工智能主要有智能增强和人工智能两种理论。智能增强(intelligence augmentation,IA)强调借助机器加强或拓展人类智慧,而不是取代人类的能力。人工智能的最终目标是"让机器像人一样思考和处理问题"。正是这两种理论之间的差异,使得智能汽车在开发、生产和使用中所涉及的法律问题截然不同,因此在智能增强和人工智能两种理论下探讨智能汽车的法律问题,更有利于明确智能汽车交通事故的过错责任认定原则。

根据国际机动车工程师学会制定的智能驾驶分级标准,L1—L2级别的汽车属于由人类驾驶员主导的智能增强汽车,其智能驾驶系统只具备辅助驾驶功能,并不能取代驾驶员完成驾驶任务。L3—L5级别的汽车属于以智能驾驶系统为核心的人工智能汽车,其逐渐削弱人类驾驶员的作用,在一定条件下可以由系统代替驾驶员完成所有操作。智能汽车是"传统汽车+自动驾驶系统",它最主要的特点是汽车的自主运行,随着智能汽车的高度自动化,驾驶责任也从驾驶员转移到智能汽车本身。

（一）智能增强理论下的智能汽车过错责任认定原则

根据《道路交通安全法》和《民法典》的有关规定,传统机动车交通事故责任主要围绕使用者和所有人,只有在汽车本身存在缺陷时适用《产品质量法》的相关规则,因此传统机动车交通事故主要是"人的责任"。智能增强汽车为辅助驾驶,驾驶员仍占据汽车驾驶的主导权,发生交通事故后的责任主体并没有从"人"转换为"汽车",因此智能增强汽车仍可以适用传统机动车交通事故责任的一般规则。

智能增强汽车之间发生交通事故,适用过错责任原则,依据驾驶员是否违反法律,有无故意或过失,由有过错的一方承担责任。若双方都有过错,则按双方的过错比例承担责任。智能增强汽车虽然在设计和操作上与传统机动车不尽相同,但是同属高速运输工具,具有相同的法律地位,在侵权责任问题上应按照过错的比例承担。

智能增强汽车与非机动车、行人发生交通事故,适用过错推定原则,根据机动车一方或非机动车一方的过错来承担责任或酌情减轻责任,改善非机动车一方或者行人在道路交通事故责任承担中的不利地位,使其能够在举证责任上占据优势。但如果交通事故是非机动车或行人故意而为,则智能增强汽车一方不承担责任。

智能增强汽车只具有辅助驾驶功能,不同于人工智能汽车依赖人工智能深度学习,需要使用算法和大数据进行大量的数据统计,受害者在举证方面并不会特别困难。因此,当交通事故是由于车辆本身的缺陷造成时,应适用《产品责任法》,由生产者承担责任。

(二)人工智能理论下的智能汽车过错责任认定原则

L1—L2 级别的智能汽车在行驶过程中,智能系统仅发挥辅助驾驶功能,需要驾驶员随时注意路面情况,保持高度警惕,而从 L3 级别的智能汽车开始,智能系统逐步取代人类作为驾驶的主力,驾驶员虽仍需要做好随时接管的准备,但大部分驾驶操作由系统来完成,因此 L3 级别也成为自动驾驶系统的起始级别。[1] 智能驾驶系统能够不断学习和自我完善,因此无论半自动化还是全自动化的智能汽车发生交通事故,都不再受限于驾驶人的责任,以人类驾驶员的驾驶行为为中心构建的现行机动车交通事故责任规则已难以适用。[2]

智能汽车达到 L5 级别后,车辆将由智能系统全面接管,系统控制着所有关键任务,监控道路环境,识别独特的驾驶条件,例如交通堵塞。智能汽车处于 L3—L4 阶段时,车辆本身控制着对环境的所有检测,应对各种突发状况,像人脑一样作出判断。L3—L4 级别的半自动状态与 L5 级别的全自动状态

---

① 李开复、王咏刚:《人工智能》,文化发展出版社,2017,第 178—179 页。
② 郑志峰:《自动驾驶汽车的交通事故侵权责任》,《法学》2018 年第 4 期。

有着较大的不同,因此人工智能理论下智能汽车的过错认定又分为两种情况。

1. L5 级别智能汽车的无过错责任

当汽车处于无人驾驶模式时,人类无法避免此类汽车所带来的风险,因此其可归责性微乎其微。一方面从运行支配来讲,人类对 L5 级别的智能汽车并无支配能力,行驶过程中由驾驶系统完全主导,人类由"驾驶员"的角色转变为"乘客"。另一方面从产品缺陷来讲,现行法律规定产品缺陷是指产品存在不合理危险或不符合国家、行业标准,智能汽车依赖深度学习,通过算法完成大量数据的统计后,形成技术壁垒,专业知识的缺失使得汽车的使用者不具备识别和判断智能汽车系统缺陷的能力,若对汽车的所有者和使用者苛以责任,未免不妥。[①]　因此,L5 级别的智能汽车发生交通事故由生产者、研发者和销售者承担生产责任,适用无过错原则。

2. L3—L4 级别智能汽车的分级比例责任

处于该级别的智能汽车已由智能驾驶系统控制,但在紧急情况下仍需要驾驶员接管车辆,此时就会涉及分级比例责任。智能汽车交通事故致损责任分担时一般具有机动车交通事故责任和产品责任的双重属性,再结合上述级别智能汽车的过错责任认定规则,可以确立驾驶员和汽车生产者对外(被侵权人)承担连带责任,对内(双方之间)承担比例责任。确认双方比例责任主要涉及以下三个因素。

一是智能汽车的决策合理性,即当汽车处于高度自动驾驶状态时,智能驾驶系统在发生交通事故时的决策是否具有合理性,主要有两个参考标准。其一是否符合国家和行业标准,是否存在产品设计缺陷、制造缺陷或警示说明缺陷;其二同等状态下人类驾驶员将如何决策。如果汽车决策明显不具有合理性,则应使用产品责任。二是驾驶员的安全注意义务,即汽车所有人和使用者负有保养、维护、合理并恰当使用汽车的义务。如果所有人和使用者违反安全注意义务导致智能汽车发生交通事故,将承担相应的责任。三是结果避免可能性,对驾驶员或汽车生产者苛以责任的前提是事故的发生具有避免可能性。

[①]　季若望:《智能汽车侵权的类型化研究——以分级比例责任为路径》,《南京大学学报(哲学·人文科学·社会科学)》2020 年第 2 期。

然而智能汽车交通事故存在不可预料的风险,汽车投入流通时可能存在现有科学技术上不能发现的缺陷,有学者认为在此种情况下生产者可以适用发展风险规则免去严格责任。[①] 此外,有案例表明有些智能汽车交通事故可能是无法避免事故,因此人们在享受智能汽车安全性和便捷性的同时,不应将罕见风险转嫁给生产者和研发者,法律应当容许这种罕见风险的发生,生产者同样可以适用可容许风险原则免去严格责任。[②]

智能汽车发生交通事故,应当充分考虑事故发生时的道路条件、驾驶员的驾驶状态以及汽车驾驶情况等因素,在此基础上尽可能公正地划分驾驶员过错责任和生产者无过错责任的责任比例。

三、确立产品缺陷的类型化标准

关于以软件为载体的智能汽车是否属于产品的问题,各国普遍缺少明确的裁判依据。我国学术界一般认为,以标准件在市场上流通的软件应当被认为产品。[③] 智能汽车兼具有形的物质产品和无形的智力产品两种属性,且目前的智能汽车仍处于弱人工智能阶段,因此在实践中应当将智能汽车视为《产品责任法》意义上的"产品",但仍需要法律来加以明确。

对于产品缺陷的判断标准,各国有不同的立法规定。欧洲 1985 年的《缺陷产品指令》、美国的《美国侵权法重述(第二版)》等规定以"消费者合理期待"或"不合理危险"作为判断产品缺陷的标准,我国《产品质量法》奉行"不合理危险"和"国家、行业标准",将产品缺陷分为制造缺陷、设计缺陷、警示缺陷和跟踪观察缺陷。然而,我国目前适用的二元缺陷判断模式争议颇多,容易产生僵化滞后等问题。因此,在人工智能背景下,结合智能汽车的特性,对智能汽车产品缺陷进行具体的类型化分析实为必要。

(一)设计缺陷

设计缺陷是指设计研发者对产品导致损害的可预见风险本可以采取可替

---

① Susanne Beck, "The Problem of Ascribing Legal Responsibility in the Case of Robotics," *AI & Society*, 31(2016): 473-481.

② 张明楷:《论被允许的危险的法理》,《中国社会科学》2012 年第 11 期。

③ 温世扬、吴昊:《论产品责任中的"产品"》,《法学论坛》2018 年第 3 期。

代设计来减少或避免,却因疏忽没有采纳替代设计而使产品在设计上存在不安全、不合理的因素。美国法院最早以"消费者合理期待"作为设计缺陷的判断标准,但随着科技的发展,智能汽车算法结构日益复杂,消费者所期待的"安全性"难以定义,法官对该标准的适用陷入困境。消费者有权利合理期待更高水平的安全,但没有一种确切的标准来确定期待的合理性,为了弥补消费者预期的不足,美国开始适用"成本效益"标准判断产品缺陷。[①]"成本效益"标准是一种对改变或改进产品的成本和能够产生的效益进行量化比较,以确定是否可以为该产品提供一个更合理替代方案的经济分析方法,该标准虽然存在操作繁琐等弊端,但相对于传统汽车来讲,这一原则更加符合智能汽车"风险"和"效用"集合的特性。

在美国的司法实践中,通常要求原告提供合理的替代设计来证明产品存在设计缺陷,再运用"成本效益"原则加以分析和判断。借鉴上述司法实践经验,在我国智能汽车设计缺陷的判断中,由于智能汽车的复杂性,可以借鉴"成本效益"标准,并参考现有的人工智能产品的设计缺陷,要求原告提出初步的产品设计不合理的证据,再由研发者对其设计的合理性加以证明。

(二)制造缺陷

1973 年,詹姆斯·亨德森首次将产品制造缺陷定义为"生产者对产品预期设计的偏离"[②],即在产品的制造和销售过程中,即使生产者和销售者已经采取了合理的谨慎措施,但还是出现了偏离预期设计的情况,致使产品达不到事先规定的规格或标准。目前,"偏离预期设计"标准在域外部分国家已经被广泛适用于产品制造缺陷的判断,通过对产品规格、技术标准等进行检验或通过与正常产品进行比较确定产品是否存在制造缺陷。典型的制造缺陷有原材料、零部件方面的缺陷、装配方面的缺陷、产品被损害等。尽管"偏离预期设计"标准为认定产品制造缺陷提供了一个严谨客观又具可操作性的判断标准,但在一些特殊情况下,仍然存在制造缺陷认定的问题。例如有时一辆汽车可能在交通事故中严重损坏或灭失,以致没有留下任何痕迹来确定故障原因;有

---

①　冉克平:《论产品设计缺陷及其判定》,《东方法学》2016 年第 2 期。

②　梁亚:《论产品制造缺陷的认定和证明》,《法律适用》2007 年第 7 期。

时汽车虽未严重受损或灭失,但的确发生了故障且故障原因不明,这时便很难运用"设计偏差"标准来确定产品缺陷,因此需要借助另一个标准——"故障理论"来进行产品缺陷的认定。法院不再要求原告证明究竟是什么特定的缺陷导致产品故障,而是允许原告以间接证据证明产品缺陷。①

结合智能汽车的特性,在判断智能汽车的制造缺陷时,首先应将事故汽车与设计方案进行比较,查明智能汽车的物理条件和系统条件是否偏离了预期设计,若存在偏离设计的情况,则属于制造缺陷;若汽车符合设计方案,则需考虑是否存在其他缺陷。在智能汽车严重损毁或灭失的情形下,原告须证明以下三点:(1)智能汽车发生故障;(2)故障发生在智能汽车正常使用中;(3)故障的发生原因并非汽车改造或不正当使用引起。若以上三点都符合,则认定智能汽车存在制造缺陷,但这种情况需要进一步对比排除设计缺陷、警示缺陷和跟踪观察缺陷的可能。

(三)警示缺陷

产品的警示缺陷是指产品所导致的损害本可以通过合理的指导教育或警示予以减轻或避免,但因为生产者、销售者未全面妥当地说明或警示致使产品产生危及人身、财产安全的不合理安全。美国和欧盟在判断产品警示缺陷时以"消费者预期"为标准,然而智能汽车结构复杂,消费者对其设计和功能了解不足,且不同消费者对智能汽车安全的期待有所不同,因此"消费者合理期待"标准难以适用于智能汽车的警示缺陷判断。在英美产品责任法的判例中,生产者和销售者的警示缺陷责任仅针对可以知悉或理应预见到的危险,这与发展风险理论类似。智能汽车的自主性和算法程序的复杂性,使人类难以预测和控制其行为,科学技术有时尚不能及时发现汽车缺陷或已知缺陷但现有技术无法克服。在这种情况下,不能要求生产者和销售者对无法预知的缺陷进行警示和说明,但对于已知缺陷,生产者若未进行合理说明或警示导致智能汽车致人损害时,仍应承担严格责任。此外,销售者若在销售时对智能汽车的功能进行虚假陈述或夸大宣传,应当承担产品警示缺陷造成的损害责任。

---

① 美国法律研究院:《侵权法重述第三版:产品责任》,肖永平译,法律出版社,2006。

在判断智能汽车警示缺陷时,要明确警示的时间、内容、对象以及警示语。从智能汽车投入市场的节点起始,针对智能汽车的消费者以及可预见的合理使用者,生产者和销售者对于汽车投入市场流通前的可预见风险应当予以说明和警示;投入市场后,随着技术的进步,在可以预见其他潜在的或解决之前无法克服的风险时,应当及时进行更新警示语。如此便尽到了警示义务,反之则没有尽到充分合理的警示义务。若因此导致交通事故致人损害,生产者或销售者应当承担严格责任。然而还存在一种例外情况,即法律要求生产者对于智能汽车可预见的风险进行警示以避免损害的发生,但并不应当要求其对每一项损害承担责任。根据"明显危险物警告义务法则",生产者没有义务对产品的明显性危险或一般性但众所周知的危险进行警示,例如严重超出智能汽车行驶中的最多承载人数、汽车运行中不系安全带等。

(四)跟踪观察缺陷

在德国法中,跟踪观察义务是指生产者有义务在产品投入市场流通后对其进行长期并详细的跟踪观察,如果在法定时限内没有发现产品缺陷并因此造成损害,则应当承担侵权责任。我国《民法典》规定了产品召回制度,根据该制度,如果产品投入流通后被发现存在缺陷,生产者和销售者必须及时采取纠正措施;如果因未及时采取纠正措施而导致损失升级,还须承担扩大损失的责任。产品召回制度在充分救济产品使用者的同时,也充分体现了现代侵权法律制度对损害的预防功能。一般侵权法都规定了发展风险作为生产者的免责事由,以激发生产者和研发者的创造性,鼓励科技创新。德国立法确立生产者的跟踪观察义务,是消费者对"产品投入流通时在科学和技术上无法发现的缺陷"免责事由的抗辩,在消费者处于地位弱势的情况下更好地保护了消费者的利益。我国虽然规定了产品召回制度,制定了《缺陷汽车产品召回管理条例》,但智能汽车相较于传统汽车具有不同的特性,在产品召回制度全面完善之前,可以借鉴德国跟踪观察义务的规定,予以生产者、研发者和销售者跟踪观察义务。

在实践中,判断智能汽车的跟踪观察缺陷应当结合案件情况,按照严格程序,综合考量。生产者和销售者应完善信息反馈通道,及时接受消费者的反馈,继而将问题反馈给研发者。对智能汽车按照不同级别设置不同的合理观察期限,若在此期限内因未发现产品缺陷导致损害发生,则为跟踪观察缺陷。研发者若无法解决用户反映的问题,应当及时增加新的警示内容。智能汽车有别于普通产品,可以设置固定的检测时间点,生产者、研发者和消费者形成一个完整的观察程序,以达到保存证据和转移责任的目的。

四、建立智能汽车责任保险制度

2018 年 7 月,英国通过的《自动与电动汽车法案》对自动驾驶汽车的保险和责任问题进行了专门的规定;德国在 2021 年 7 月 27 日颁布的《道路交通法》规定自动驾驶汽车的所有人必须购买一份责任险,受益人为技术监督人员。根据该法,如果自动驾驶车辆在运行期间出现了紧急状况,技术监督人员可以要求驾驶员对车辆进行接管,为应对技术监督人员不履行或不能履行职责的情况而造成事故损害面临索赔的情形,要求自动驾驶汽车的所有人购买责任保险,为技术监督人可能就上述情况而面临的请求或索赔承担责任。在国内,北京、成都等地出台的有关自动驾驶汽车道路测试的指导意见,要求测试单位必须购买不低于 500 万元的交通事故责任保险或不少于 500 万元/车的自动驾驶道路测试事故赔偿保函。可见,建立智能汽车专门责任保险制度已成为各国的立法共识。

(一)构建"三位一体"的责任保险制度

如果智能汽车在交通事故中致损,受害者首先通过第三方责任保险获得赔偿,只有在保险无法弥补损失的情况下,才考虑从生产者或使用者那里获赔。然而在智能驾驶领域,智能驾驶系统在行驶过程中占主导地位,除使用者故意致使损害的情况以外,智能汽车交通事故致损责任大多归属于生产者,生产者取代使用者成为主要的责任主体。因此,可以将"生产者责任保险"纳入智能汽车责任保险的范畴,建立"三位一体"的责任保险制度。

所谓"三位一体"的责任保险制度是指,智能汽车的所有人和生产者分别为汽车投保,在责任保险无法全面覆盖受害者损失的情形下,由专项赔偿基金进行填补。确立这种责任保险制度主要有以下几个原因:一是生产者在汽车出厂时统一为其投保,可以保证每一台智能汽车在被使用前都得以承保,在交通事故发生后,受害者可以及时获取损害赔偿;二是智能汽车较传统机动车具有更复杂的程序和精密的软件,其保费成本和保险金额相对更加高昂,因此生产者更有能力承担高额的保费;三是虽然智能汽车的所有人在汽车运行过程中失去了车辆控制权,转而由智能驾驶系统掌握,但是其仍旧是汽车运行中的受益者,享有"汽车支配权"和"运行利益",因此根据"谁受益,谁担责"的原则,智能汽车的所有人应当承担一定的责任保险承保义务。

在具体投保事项上,生产者和所有人分别为智能汽车投保。生产者为汽车内部设备、程序等有关事项投保;汽车所有者因为未尽到定期检查、维护、接管或合理使用汽车致使交通事故发生造成的损害投保。关于建立生产者责任保险可能会超出生产者承受范围的担忧,可以通过为生产者设置赔偿限额,超过限额的部分通过专项赔偿基金进行赔付来解决。智能汽车专项赔偿基金的具体设定可以参考"安德森法案"中对核工业运营商的规定,考虑智能汽车生产者每年缴纳一定比例的基金备用金,至于备用金的缴纳标准需要责任保险立法来具体确定。

(二)提高保险责任限额

许多欧洲国家的机动车第三方责任保险有很高的限额,足以对道路事故的受害者进行赔偿,因此不需要提起产品责任诉讼来寻求救济,汽车生产者的产品责任在欧洲就没有那么重要。[①] 在美国,相较于欧洲,其立法规定的机动车第三方责任保险限额较低,受害者通常对汽车生产者提起产品责任诉讼寻求救济。在我国,《交强险条例》第二十一条规定,如果被保险车辆因道路交通事故而造成人身伤害、死亡或财产损失,保险公司将依法在责任保险限额内予以赔偿。此外,《民法典》规定机动车发生交通事故按照本法和《道路交通安全法》的相关规定处理。但是,两者之间往往存在差异,而且保险赔偿限额较低。因此,汽车所有人一般会购买商业三责险来解决交通事故责任纠纷。有学者

[①]　Mathias N. Schubert, *Autonomous cars—Initial Thoughts about Reforming the Liability Regime*(Cologne:Gen Re, Co-logne, 2015), p. 96.

提出,或将我国的交强险赔偿限额提高到 50 万元人民币左右。[①] 提高赔偿限额不仅可以在一定程度上保障受害者的利益,而且可以分散生产者的压力,具有诸多优势。

---

① 张新宝、陈飞:《机动车第三者责任强制保险制度研究报告》,法律出版社,2005,第 132 页。

第五章 人工智能在人脸识别应用中的法律规制研究

第一节 人脸识别技术应用概述

一、人工智能与人脸识别技术

人工智能是以计算机科学为基础,交叉融合计算机学、心理学、哲学等多学科,研究并开发用于模拟、延伸和扩展人的智能的理论、方法、技术以及应用系统的一门新的技术科学。人工智能企图了解智能的实质,并生产出一种新的能以与人类智能相似的方式作出反应的智能机器。人工智能的研究包括机器人、语言识别、图像识别、自然语言处理和专家系统等。

简言之,人工智能研究的目标就是让机器智能化,从而代替人类做一些原本只能由人类才能做的事情。人工智能可以分成两部分来理解,即"人工"和"智能"。"人工"指的是"人造的""人为的","智能"是人工智能的核心,依托于计算机算法,涉及意识和思维。人工智能就是由人创造的,依照人的思维方式和认知模式来思考和行为的计算机程序。相较于人类,人工智能的效率更高。

人脸识别技术作为人工智能的研究内容之一,从技术层面来看,其是将采集的人脸信息进行面部特征提取,与数据库中的信息进行分析比对,从而确定个人身份的生物特征识别方法。该过程包含了图像采集、人脸检测、人脸图像预处理、提取特征数列、匹配识别的一系列复杂步骤。根据《人脸识别司法解释》的规定,人脸识别可以进一步划分为人脸验证与人脸辨识两种类型。简单来讲,人脸验证用于验证"你是你",即通过 1∶1 比较生成的人脸图像数字特征序列和已经存储的具体数字序列来判断两者是否一致,如小区门禁采用人脸验证的方式区分是否为本小区业主;而人脸辨识用于验证"你是谁",即通过 1∶N 比较生成的人脸图像数字特征序列和存储在规定范围内的具体数字序列,确定其对应的具体身份,如公安部门采用人脸辨识的方式抓捕犯罪嫌疑人。

按照国家标准化管理委员会颁布的《信息技术安全保护要求》中的相关标准,生物特征识别包括指纹识别、静脉/掌静脉识别、掌纹识别、手型识别、DNA 识别、声纹识别、视网膜识别、虹膜识别和人脸识别 9 类。其中,人脸识别技术在经历了纯人工处理、人与机器间交互以及计算机自动人脸识别三个阶段后,已较其他生物特征识别技术更具实用性与优势。与其他生物识别技术相比,人脸识别技术具有以下特点。

(1)非接触性。识别主体无需直接与识别设备接触即可获得人脸图像信息,在信息主体脸部进入摄像设备能够拍摄的区域内就能够自动识别,而大多数其他生物特征识别技术要求被识别主体必须接触识别设备才能完成相关的运算,如指纹识别和掌纹识别均对客观条件要求苛刻。

(2)隐蔽性。人脸识别所使用的装置以各种摄像头为主,部分高科技摄像头不仅能够清晰地拍摄人像的信息,而且还可以达到小巧精致、不容易察觉的效果。因此在某些情况下,只需信息主体存在于摄像头拍摄范围之内即可完成人脸数据采集。在不受个体觉察的情况下能够主动获得人脸信息,人脸识别技术自然具有了一定的隐蔽性。

(3)便捷高效性。这一技术与个体之间的合作程度相对较低,每一个个体都是在未感知到的情况下获得人脸信息的,而几乎所有其他生物识别技术都要求个体之间进行合作来完成自身生物特征提取工作。与此同时,人脸识别技术能够实现同时间段内多个人脸图像的采集比对,效率较高,为服务双方提供了便利。而横向对比其他生物识别技术,在设备成本,采集效率及循环使用次数等方面,人脸识别技术性价比极高,适于大面积推广应用。

二、人脸识别技术的应用场景

随着科技和网络的飞速发展,人脸识别技术的准确率也不断提升,其具备的非接触性、隐蔽性、便捷高效性使得人脸识别技术应用的场景越来越广泛,从国家层面到个人层面都可以见到它的身影。依据使用人脸识别技术的主体不同和适用范围的区别,可将人脸识别技术应用的场景分为公权力主体应用场景和私权力主体应用场景两类。

（一）公权力主体对人脸识别技术应用的场景

公权力主体对人脸识别技术应用的场景主要集中在刑事侦查方面。公权力主体最初将人脸识别技术用于刑事侦查。一经使用,大幅度提高了公安机关的办案效率,对打击违法犯罪行为、维护社会和谐稳定起到了至关重要的作用。利用在公共场所安装的隐蔽的人脸识别设备对场所内的人脸信息进行采集,通过人脸识别技术进行分析识别或者辨识,并与公安机关的身份信息数据库进行比对,可以识别出在逃的犯罪分子。[1] 例如,2015 年,天津市秦某报案称有两名嫌疑人在工地上盗窃电缆,公安机关通过人脸识别系统进行检索和分析比对,成功逮捕犯罪嫌疑人陈某和韩某。[2] 2018 年,在江苏、江西和浙江等地举行的张学友演唱会上,公安机关利用人脸识别系统成功逮捕在逃的 60 多名犯罪嫌疑人。2019 年,公安机关在机场通过人脸识别系统成功逮捕北大弑母案罪犯吴某。同年,厦门公安机关也同样利用人脸识别系统逮捕了在逃多年的犯罪分子劳荣枝。人脸识别技术在追回被拐儿童过程中同样起到了关键作用。2021 年,公安机关通过人脸识别系统成功帮助孙海洋找到了被拐走14 年的孩子孙卓。虽然他的外貌在 14 年后已经发生了巨大的变化,但人脸识别技术仍然可以将他识别出来。

2020 年,国内暴发了新冠疫情,为避免疫情蔓延,广州市率先采用人脸识

---

[1]　张涛:《人脸识别技术在政府治理中的应用风险及其法律控制》,《河南社会科学》2021 年第10 期。

[2]　骆宏、陈德俊、孙晓等:《人脸识别技术在公安工作中的应用与推广——充分发挥人脸识别技术在侦查办案及民生服务中作用》,《中国公共安全》2016 年第 11 期。

别测温仪进行检测,可实现一秒测温并可进行语音播报,将采集到的旅客体温信息保存至防疫后台用于信息跟踪跟进。在火车站和高铁站这类人员流动较大的场所应用人脸识别技术对旅客的身份进行检验来代替工作人员的验证,极大地提高了工作效率。此外,在公共交通管理方面,人脸识别技术也发挥着不可或缺的作用。闯红灯的现象一直为人们所诟病,除安全意识、法律意识薄弱外,还缺少相应的监督手段。机动车违法可以采取扣分、罚款等强制性措施,而对于行人和非机动车闯红灯,往往难以处置。通过利用人脸识别技术,在路口设置拍照设备,对闯红灯的行人和非机动车进行人脸采集并分析比对,将识别结果投放在路口的显示屏上进行警示,可以有效减少闯红灯的现象。①

(二)私权利主体对人脸识别技术应用的场景

在刚过去不久的疫情中,病人住院须出示健康码,这对使用非智能机的老人而言,就成了难题。应用人脸识别技术就能实现自助机"刷脸代替健康码"。在传统就医模式中,无论挂号、就诊或支付,均须排队等候,耗时耗力且延误治疗时间。在人脸识别技术应用的背景下,患者可以在自助机上通过人脸识别进行挂号或者付款、取药等,不仅为患者提供了便利,缩短了排队时间,还为医护人员减少了相当大的工作量,提高了就医效率。② 例如 2019 年 5 月,湖南省推出了利用人脸识别技术进行卫生服务的新项目,患者只需将面部对准自助机进行人脸识别,即可挂号、取药等。③

在商业应用方面,人脸识别技术在"人脸支付"方面的应用最为广泛。随着人脸识别技术的日臻完善,支付宝、微信等都开始推出刷脸支付服务,给人们带来便捷的移动支付体验。阿里巴巴于 2017 年在杭州推出首个商用人脸支付试点,数秒即可完成支付,极大提升支付效率。人脸支付已是一种趋势,未来将越来越普及。商业银行采用人脸识别技术,可以对业务处理进行简化,为银行客户提供更加高效的体验。人脸识别技术的发展为个性化广告的投放也提供了可能。个性化广告是指利用现代科学技术精准地对每个消费者投放

---

① 魏景伙:《人脸识别技术在道路交通管理中的应用探究》,《道路交通管理》2019 年第 5 期。

② 夏彩凤、董慧星、吴元晖:《人脸识别技术打造刷脸就医新模式》,《中国新通信》2021 年第 13 期。

③ 许红亮:《"人脸识别"技术开启公卫服务新时代》,《中国农村卫生》2019 年第 11 期。

不同的广告,以达到营销的目的。当前,虽然合法性尚有争议,但部分商家已经安装了人脸识别系统,对顾客购物轨迹和在货物中逗留的时间进行统计,对他们的消费心理进行分析,为商家提供个性化服务提供了条件。此外,许多学校也开始使用人脸识别技术,取代传统的刷卡方式,因为只识别校园卡而无法识别个人,很难避免有人以别人的身份进入校园。采用人脸识别技术管理校园的进出,可以很好地提高校园环境的安全性。

三、人脸识别技术应用的风险

当今社会正处于一个迅速发展的时代,新兴思维、科技迅速更新换代,值得我们认真思考:面对科技的发展,我们该持何种态度? 如果科技没有风险,可以造福人类,应该大力推广;如果存在潜在的未知风险或难以预测的风险,那么人们对此技术的应用应当持谨慎态度,而不应过分推广或者滥用。唯一性和稳定性、私密性和敏感性、独特性和不可改变性这些特征决定了个人生物信息的敏感程度和使用价值远远超过一般个人信息,使其成为重要的数据资源。因此,人脸识别技术在实践中的应用,引发了诸多担忧,存在滥用之虞,需要通过法律手段来对相关风险进行有效管控。

(一)人脸识别技术应用的技术风险

一是人脸识别系统可以被破译。人脸识别作为一种新兴技术存在着被破解的可能性。以活体识别为基础的人脸识别技术有可能通过制作精良且细节真实的面具进行破解,而以实时重建为基础的人脸识别则有可能通过 3D 建模所制作的仿真人像来进行破解。如浙江嘉兴小学生以打印照片代替真人刷脸骗得小区内丰巢智能快递柜取走别人货件[1],某团伙违规收集公民的身份信息、使用软件综合 547 张 3D 头像,对支付宝账号进行人脸识别认证,并从中获利上万元,一系列案例引起了学术界的关注。[2] 人脸信息充分曝光于外部,从多个角度拍摄就可以获取,它不像存储于人脑中的数字密码一样,非用特殊手段很难获取,也不像指纹信息一样难以在不知情的情况下被获取。在

---

[1] 董振班:《赵春秀"刷脸支付"该规范了!》,《人民政协报》2019 年 12 月 31 日第 12 版。
[2] 浙江省衢州市中级人民法院(2019)浙 08 刑终 333 号刑事裁定书。

人脸信息如此容易被获取的情况下,仍有人脸识别系统采用的是静态识别而非动态的热感识别,有着不可低估的风险。

二是人脸特征具有不稳定性。与指纹、虹膜这些生物特征相比较,人类脸部特征并不是固定不变的。久而久之,人们的面部外观也将逐渐发生变化,青少年时期的变化尤为快速,意外事故、整容、过敏及大幅度体重增加或者减轻等,均可导致人的容貌发生变化,使系统难以识别。此外,在妆容浓厚或佩戴口罩、眼镜与装饰品等情况下,存在一定的概率使系统很难比较出关键点。在人脸识别系统摄像头前,俯仰或者左右两侧暴露于摄像头比较多,表情与之前采集时变化较大均会影响人脸识别技术识别的准确率。总而言之,人脸识别技术精确识别的概率并不稳定,存在受外界影响的可能。

三是人脸识别技术作为一项高科技技术,受自身算法影响。算法是人工智能技术的中心,数据信息又是算法的中心,在数据采集、整理、计算等过程中可能存在偏差与泄露,这对于该技术本身来说无法避免,同时也是技术本身发展存在的局限性。人脸虽然有独特性、唯一性,但这种独特性、唯一性也存在差异。如果个体面部独特性较强,即与他人面部存在很大区别,那么人脸识别技术识别错误的概率就会较低。如果一个人面部独特性不强,即与他人面部区别不大,例如双胞胎或者面部特征相似的亲属,使用人脸识别技术进行识别错误的概率就会显著增加。因此,如果没有其他辅助验证方式,该技术本身的技术风险将会造成难以估量的实际影响。

(二)人脸识别技术应用的侵权风险

一是侵犯隐私权。人脸虽然不是隐私直接承载者,但是它是一种重要的个人信息和自然人所表现出的最为直观的信息,并且与个人隐私密切相关。人脸信息不仅可以用来识别自然人的基本身份,而且还可以据此推断出更多相关信息,如年龄、性别、种族、健康状况和情绪变化等。[①] 此外,由于人脸随时处于公开状态,而且无需接触就可以获取人脸识别信息,因此可以使用隐蔽的摄像设备自动采集人脸识别信息,而被采集者无法知晓哪些数据被收集,以及它们将被用于何种场景。劳东燕指出,当个人信息暴露时,每个人都可能变

---

① 郭春镇:《数字人权时代人脸识别技术应用的治理》,《现代法学》2020年第4期。

成"透明人"。如果将这些人脸信息与个人信息及其他日常生活信息结合起来,就可以更好地分析一个人的价值取向和行为选择,并以此创作出一幅性格肖像。[①] 此外,技术本身容易被破解,这也会增加隐私泄露的可能性。清华大学的人工智能团队仅用 15 分钟,就破解了国内 19 款主流手机的人脸识别系统,引发了社会对该技术安全性的极大质疑。[②]

二是侵犯财产权。在信息社会中,人脸作为密码的属性发挥着重要作用。当今社会,人脸信息与个人的资金财产信息有着密不可分的关系,人脸识别技术在给信息战主体带来便捷的同时,也给违法分子带来了犯罪的机会。实践中,这类电信诈骗案件的出现数量日益增多。据相关报道,一位家庭保姆利用手机在残疾老人面前进行欺诈行为,让老人以为对方在为其拍照,成功利用人脸识别验证功能把残疾老人 22 万元财产骗走。央视财经《经济信息联播》节目曾报道,2020 年在广西南宁出现了一起通过人脸识别进行诈骗的案件。诈骗分子在与售房者签订《房地产买卖代办合约》后,以房屋查档为由,要求与售房者见面并使用手机刷脸,完成认证后,房子便立刻被过户出去,且被买家抵押给第三人。十几位房主被这种方式蒙骗而失去了价值超过 1000 万元的财产。利用人脸识别技术进行诈骗行为的案例屡见不鲜,严重侵害了信息主体的财产权益。司法实践显示,公众保护人脸信息的意识不强,特别是农村地区的村民。同时,人脸信息极易被伪造,在现实生活中,已有不法分子以 3D 面具、三维影像以及视频合成技术伪造人脸通过人脸识别验证系统,对信息主体甚至国家造成了巨大的财产损失。

三是侵犯人格尊严。《宪法》规定,所有公民都享有平等的权利和义务。由身体状况、性别或者其他生理条件所引起的合理差别是可以被接受的,但是由于种族、肤色和社会地位等因素所带来的不平等却是无法被容忍的。[③] 人工智能领域普遍存在歧视风险,其成因既有因技术偏差而产生的,又有因人为算法而产生的。一方面,由于人脸识别技术的技术难度较高,除了对设备、芯

---

① 劳东燕:《"人脸识别第一案"判决的法理分析》,《环球法律评论》2022 年第 1 期。

② 苗杰:《人脸识别"易破解"面临的风险挑战及监管研究》,《信息安全研究》2021 年第 10 期。

③ 孙笑侠:《身体权的法理——从〈民法典〉"身体权"到新技术进逼下的人权》,《中国法律评论》2020 年第 6 期。

片等硬件设备有一定的要求外,对核心算法、体系结构、驱动程序等软件设备也有较高的要求。① 由于人脸识别服务提供商之间的设备不同,经常出现因技术自身缺陷导致歧视的情况。例如,黑色人种误识率一般比白色人种高。另一方面,人为算法歧视是指算法设计者在设计识别算法时,有意提高或降低某一类人的识别概率。比如最近几年一些网络购物平台出现的"大数据杀熟"现象,平台工程师用数据来区分时间敏感群体和价格敏感群体,分别制订了不同的定价。在这种情况下,利用科技手段将收集的人脸信息转换为一系列数据,实际上也给信息主体的人格尊严带来了一定程度的侵害。可以说,人脸识别获取的是数据,但这种行为侵犯了人的尊严。

(三)人脸识别技术应用的社会风险

一是信息泄露风险。首先,人脸识别技术的应用需要独立的安全单元和安全的信执行环境为其提供技术支持。被采集的信息需要进行标记、隐私计算分析、加密存储等技术措施,以确保人脸数据的安全可控,提高风险防控能力。然而,很多信息处理者由于风险预防能力不足或没有安全防控意识,致使人脸识别信息泄露现象不断发生。其次,因为人脸识别技术自身的局限,只有经过多个数据分析模块才能进行辨识或验证,其间可能会存在大规模数据泄露的风险。并且在实际应用中,每次人脸识别核验时,会有多方主体参与这个识别过程,每一个信息处理者介入,信息数据均会被缓存。在人脸验证的过程中,凡是参与人脸识别过程的主体都拥有相同的人脸识别信息数据库,这样一来,就会增加人脸信息泄露的风险。最后,信息处理者为了降低自己的时间和经济成本,往往会采用具有格式条款的隐私协议来告知信息主体采集的目的、使用范围等,让处于弱势的信息主体被迫同意人脸信息的采集,并且这些隐私协议中通常暗含免责条款。信息处理者应当从一开始就加强数据的安全保护,而不是等到数据存储的最后时刻才采取措施,否则毫无意义。只有建立起有效的安全保护机制,才能有效地保护人脸识别信息。人脸识别信息的泄露具有不可逆转的特性,即使采用补救措施,也很难抹去对信息主体造成的损

---

① 潘林青:《面部特征信息法律保护的技术诱因、理论基础及其规范构造》,《西北民族大学学报(哲学社会科学版)》2020年第6期。

害。因此，为了避免信息泄露而对信息主体造成不良影响，应当加强技术的完善和制度的建立，尽可能预防数据泄露的可能性。

二是信息滥用。信息滥用指的是信息处理者违反与信息主体签订的隐私协议，将采集到的信息用于隐私协议约定的目的之外的用途，其中所涉及的风险具有隐蔽性。当前，人脸信息的高价值催生出一种黑色产业，即只需付出少量的费用就能获取大量的人脸图像，严重威胁到信息主体的人身和财产安全。在这个科技繁荣的时代，高科技渗透了生活中的每一个角落，人们往往因为技术的便捷性而忽视了其中可能潜在的风险。此外，信息滥用还有一种表现即技术场景的滥用，在一些完全不需要人脸识别场景的地方依然使用人脸识别技术。在当前人脸识别技术的法律规制尚不完善的阶段，很多小区、商场随便以加强安保为由强制安装人脸识别技术设备，没有经过信息主体的授权同意便采集人脸信息。人脸识别技术的非接触性、隐蔽性决定了信息主体在被采集时并不知晓这一行为的存在，这就导致了在没有征得信息主体同意的情况下通过拍摄面部图像来收集人脸信息现象的大量存在。[①] 2021 年 3 月 15 日，央视曝光了许多非法商家安装人脸识别技术设备，并将识别出的数据进行精准营销。除此之外，各种应用程序都将人脸识别验证作为注册应用程序的必经验证程序，其合法性有待考证。如若信息主体拒绝应用程序采集人脸信息则会被强制退出该应用程序，从而让用户陷入被迫同意的尴尬境地。这类行为正是利用信息主体对于人脸识别信息暴露潜在的风险缺乏认识或者无力反抗的弱势地位，从而将人脸识别技术的适用场景随意扩大，严重损害信息主体的隐私、财产及人格尊严。

三是催生非法产业。随着人脸识别技术的发展，不法分子利用互联网的隐蔽性和人脸识别信息的高价值性进行许多非法交易、贩卖和流通人脸数据。据报道，某应用程序公开出售人脸信息，卖家甚至可以提供一个人在不同表情、不同角度下的多张照片。调查结果显示，未经肖像的所有人授权出售这些

---

① DEBRA R. BERNARD, SUASAN FAHRINGER, NICOLA MENALDO, "New Biometrics Lawsuits Signal Potential Legal Risks in AI, Robotics," *Artificial Intelligence & Law*, no. 1(2020): 353-356.

数据,属于违法行为。这些数据若被用于申请信用贷款等行为,将严重危害信息主体的利益,给他们带来极大的损失。[①] 此外,信息处理者为了满足自身利益的需求,纷纷在账号登录时实行强制实名认证,并将人脸识别功能作为软件的一部分。强制实名认证在一定程度上给因某种原因无法认证或者需要大量ID的黑色产业者带来了阻碍,但也因此导致人脸信息"过脸"产业应运而生。"过脸"产业指的是非法机构为那些未能完成账号实名认证的人提供不正当认证服务,以获取不正当利益。在网络上,有大量关于各种应用程序人脸识别技术系统的验证解答,该过程被称为"过脸"服务。过脸产业目前活跃度较高,给信息主体的合法权益和法律监管机构的监管都带来了巨大的风险和挑战。

四、人脸识别技术应用的法律规制现状

(一)国内法律规制现状及分析

自 2015 年以来,国务院陆续颁布多项政策文件旨在促进科技行业发展的同时保护好公民的个人信息安全,以探寻信息保护和信息流通之间的平衡。

在民商法方面,2014 年《消费者保护法》对消费者个人信息进行采集需要承担的义务进行明确规定。2017 年,《网络安全法》把个人信息纳入保护对象,明确了个人信息采集应当坚持的原则,对个人信息采集、保管与利用方式作了原则性规定,强调了用户享有个人信息自决权与处分权。2020 年 5 月 28 日修订的《民法典》,其中的人格权编增加个人信息保护内容,明确规定个人信息处理应当遵循"合法,必要和正当"、知情同意等原则,构建起了个人信息保护新机制。2021 年,《数据安全法》明确数据安全监管机构监管职权,加强数据安全协同治理体系的建立和完善。《人脸识别技术司法解释》于 2021 年 7 月 8 日由最高法公布,为各级人民法院办案提供了明确的指引,意义十分重大。《个人信息保护法》于 2021 年 8 月 20 日正式颁布,其以保护个人信息权益与促进个人信息合理利用为平衡点,为进一步加强个人信息保护法治保障,维护网络空间良好生态环境,促进数字经济发展奠定了坚实基础。由此,形成

---

① 周光权:《涉人脸识别犯罪的关键问题》,《比较法研究》2021 年第 6 期。

了以《网络安全法》《数据安全法》与《个人信息保护法》三大法律规范为主线的网络信息法律规范,从而为数字时代网络安全、数据安全和个人信息权益保护等方面提供基础制度保障。

在刑法方面,1997 年修订的《中华人民共和国刑法》规定以破坏计算机系统罪对入侵他人计算机对数据信息进行删改和添加应受到刑事处罚。[①] 我国《刑法修正案(七)》于 2009 年 2 月开始施行,针对社会大众对于个人信息领域犯罪问题的担忧,新增了公民个人信息出售罪、违法提供罪以及计算机信息系统数据违法取得罪等。自此之后,《刑法修正案(九)》为了更好地解决日益增加的盗用和买卖个人信息问题,降低了犯罪主体限制,加重了刑罚力度。最高法与最高检于 2017 年 6 月共同出台的《侵犯公民个人信息刑事案件的司法解释》较为详细地规定了侵犯公民个人信息的违法犯罪行为。

在行政法方面,目前国务院及其相关部门并没有颁布在全国范围内适用的行政法规和部门规章,只有深圳、天津、杭州等地发布了地方性法规。2020年,天津市人大常委会颁布了《天津市社会信用条例》,规定市场信息提供单位采集自然人个人信息应当经过自然人同意并约定用途,并特别规定了不得采集自然人的生物特征信息。2021 年,深圳市人大常委会颁布的《深圳经济特区公共安全视频图像信息系统管理条例》规定,在涉及公共安全的公共区域,重点单位和重要设施应当安装人脸识别技术设备,在可能暴露信息主体隐私的地点,如旅馆客房、医院病房、医院检查室、宿舍、公共澡堂、卫生间、试衣间和哺乳室等,禁止安装人脸识别系统。2022 年,杭州市人大常委会修订的《杭州市物业管理条例》规定,物业服务人不得强制业主或者非业主通过生物识别的方式进入物业管理区域。该规定为不愿意提供人脸等生物信息的业主维护自己的权益提供了法律依据。

在国家标准方面,国家相关部门向来重视智能领域的标准化工作。2013年颁布的《信息安全技术公共及商用服务信息系统个人信息保护指南》(以下简称《指南》)是国内第一部个人信息保护国家标准。2020 年的《信息安全技术个人信息安全规范》(以下简称《规范》)将信息主体的个人信息划分为一般

---

① 王洪亮:《〈民法典〉与信息社会——以个人信息为例》,《政法论丛》2020 年第 4 期。

个人信息和敏感个人信息,对个人信息的判断方法与种类进行界定,并将含有面部识别特征的生物识别信息作为敏感信息分类类别,同时对个人敏感信息采集、保管与利用中应当遵守的知情同意原则,最小必要原则以及再次转让的明确授权等原则进行了规定。但这一《规范》在本质上是国家标准的推荐标准而无法律强制力。《数据安全管理办法》于 2019 年 5 月发布,要求网络运营者出于运营目的采集重要数据或者个人私密信息,除数据内容自身外,应当向当地网信部门申报采集和利用规则、采集目的、采集方式、采集途径、采集种类,采集范围和采集时限。[①]

由于我国人脸识别技术的法律规制尚在起步阶段,其存在诸多困境,如知情同意规则适用困境、行政监管不足、侵权救济的可操作性不强等,具体分析由下文进行。

(二)域外法律规制现状及分析

1. 美国

美国对于个人信息的保护采取了"统一与分散相结合"的立法模式,以隐私权和个人信息权为出发点,采取联邦立法与州(城市)立法相结合的方式来进行法律规制。1974 年,联邦层面出台了《隐私法案》,为政府采集公民个人信息提出了纲领性要求,同时赋予公民查询政府使用其个人信息情况的权利。联邦政府为深化隐私权要求,陆续出台了《家庭教育隐私法》《电子通信隐私法》以及《录像隐私保护法》等法律规范。为了规范商业用途中个人信息的使用,2010 年美国联邦政府颁布了《消费者隐私权法》,规定了关于消费者个人信息一系列的事前监管体系以及事后问责体系,以便为消费者的权益提供更加全面的保护。

关于人脸识别的法律,各州首先采取试点行动,联邦也随之跟进,这是美国立法的一大特色。美国地方政府把生物识别技术作为一项重点关注的技术,特别是针对非政府组织对这种技术的应用而制定了一整套监管与信息保护制度。2008 年,美国伊利诺伊州出台了《生物识别信息隐私法案》,具有里

---

① 洪延青:《人脸识别技术的法律规制研究初探》,《中国信息安全》2019 年第 8 期。

程碑式的意义。该法案具有以下三大核心价值。首先是初次使用授权原则。有关机构需要提供所收集和使用的相关信息，并在得到授权后方可使用。其次，对存储时间实施了一定的限制。要求企业达成收集目标后不得再存储有关信息。最后是有关转售和披露有明确的规定。之后，多个地方政府，包括加州、佛罗里达州、华盛顿州等，针对人脸识别技术出台了当地的管理法规。[①]例如，加州颁布的《身体摄像头责任法案》对人脸识别信息的采集、处理、储存等提出了更加严格的要求，禁止执法部门使用人脸识别技术收集公民的人脸特征信息。旧金山颁布的《停止秘密监视条例》明确规定在未经许可的情况下禁止采集人脸信息，并且严格限制许可的情形。萨默维尔市明令禁止任何形式的人脸识别行为，不接受任何形式的豁免。奥克兰市修订的《奥克兰市政法典》规定任何政府机构禁止采集、处理、储存人脸识别信息。2019 年，在各州试点和探索的基础上，美国参议院将各州的立法进行总结，归纳完善，在联邦层面颁布了《商业面部识别隐私法案》，对私权力主体使用人脸识别技术的情况进行了限制。[②] 总的来说，美国的立法对人脸识别技术的应用，不管在公权力主体还是私权利主体的使用上，均采取了谨慎的态度，而且根据应用主体的不同而采取不同的监管措施。

2. 欧盟

欧盟早前出台的《欧盟数据保护指令》是个人数据保护的主要法律依据。但由于互联网科技的发展，该指令已经不能满足公民对数据保护的需求。因此，欧盟在 2018 年颁布了《通用数据保护条例》，直接适用于所有成员国，是欧盟有史以来最为严格的数据安全法规。

《通用数据条例》以统一立法的形式对公民的数据安全进行了全面详细的规范。[③] 该条例对于人脸识别信息等生物识别信息并未作出太多的明确规

[①] 　EVA-ARIA GHELARDI, "Closing the Data Gap: Protecting Biometric Information under the Biometric Information Privacy Act and the California Consumer Protection Act," *St. John's Law Review*, no. 3(2020): 869-894.

[②] 　CARRERO ANGELICA, "Biometrics and Federal Databases: Could You Be in It," *John Marshall Law Review*, no. 1(2018):589-612.

[③] 　ROBERG-PEREZ, SHARON, "The Future Is Now: Biometric Information and Data Privacy," *Antitrust*, no. 3(2017):60-65.

定,但明确对于个人信息的规制同样适用于人脸识别信息;《通用数据条例》共有十章,对人脸信息等敏感个人信息给予了更苛刻的保护条件。其中第四条规定了人脸识别信息属于生物识别信息。第七条规定信息处理者需要对信息主体的同意授权进行证明,并且信息主体对同意授权享有撤回同意的权利。第九条规定禁止处理生物识别信息等敏感个人信息,除非信息主体同意授权以及其他法律规定;信息主体有权知晓数据的去向,而处理者有义务对数据进行高度加密处理;同时,如果信息主体不同意,也有权利拒绝处理者采集个人生物数据。第十条规定在维护公共利益、打击犯罪等公共目的的使用场景中使用个人生物数据,需要得到特定机构的授权并采取了安全保障措施。第十五条、十六条、十七条等规定了信息主体的数据访问权、更正权、删除权、限制处理权、数据携带权等一系列的权利。

除了《通用数据条例》就人脸识别技术应用进行了相关规范外,还有一些其他规范。例如,政府在应用人脸识别技术维护公共利益时,要遵守《人脸识别技术:执法中的基本权利考虑》的相关规定,以预防侵权风险。《关于通过视频设备处理个人信息的指南》中指出,在以公共利益为基础的情况下设置人脸识别技术设备,需要证明其安装的必要性,以授权同意为基础的情况下安装人脸技术设备,需要满足信息主体充分具体的知情要求。《关于个人数据自动处理过程中的个人保护公约》指出,在使用生物信息等敏感信息时,应当采取安全保护措施来预防在信息处理过程中对信息主体的权利及自由产生的风险。

3. 域外法律规制现状分析

不管美国的统一立法模式还是欧盟的统一立法模式,纵观其主要法律规范,对人脸识别技术的应用均采取了审慎的态度。究其原因,欧美国家的公民对于政府缺乏信任,他们认为在人脸识别技术设备的监控下会影响自由行动和言论表达,不放心政府机构对其人脸信息的采集。美国是一个多元文化的国家,但人脸识别技术自身的技术缺陷,使得对于有色人种和女性的身份识别出现了较高的偏差,这就使得其社会中本就存在的性别和种族歧视更加严重。加上屡次被报道的美国警察暴力执法问题,公民更加不放心公权力主体使用人脸识别技术,因此欧美国家的立法在信息流通与信息保护的价值取向上更偏重信息保护。虽然我国人脸识别技术的应用起步较晚,但可以借鉴欧美国家的立法经验,提出适合我国国情的法律规制对策。

首先,在完善知情同意规则方面,欧盟的《通用数据条例》规定信息处理者处理信息应当建立在信息主体同意的基础上,信息处理者的告知应当以一种容易理解的形式,使用清晰和平白的语言,否则将不具有约束力。信息主体有撤回同意的权利,撤回同意与表达同意的形式同样容易等。其次,在监管方面,美国设置了国家安全局、国家保密通信和信息系统安全委员会等独立监管机构,欧盟设置了数据安全委员会等独立监管机构并赋予其相应的监管职权,以解决监管混乱的问题。最后,在侵权救济方面,美国在个人信息侵权领域设置了最低额赔偿制度,以解决信息主体的合法权益被侵害时的损害赔偿不足的情况,欧盟则在《通用数据保护条例》中设置了高额的行政罚款来遏制信息处理者的侵权行为。

第二节 规则失灵:"知情同意"规则在人脸识别技术应用中的适用困境

《民法典》第一千零三十五条规定处理自然人的信息应当征得其同意,这体现了信息自决权,也是个人信息保护的基础。[①]《个人信息保护法》第十七条对于告知法定义务的履行形式、告知的具体内容等作出了更加详细的明确规定。知情同意规则是信息采集过程中的一项基本规则,即信息处理者在收集个人信息时,必须向信息主体充分告知关于个人信息采集、处理和使用情况,并且必须获得信息主体明确的同意。信息处理者未能履行告知法定义务或者披露告知的具体内容、方式存在瑕疵的,应当承担侵权责任。信息主体在完全知情的情况下自愿表示同意,是知情同意基本规则的应有之义。可以说,知情同意规则是充分的告知和实质性同意的双重有机结合模式。随着信息处理的数字化发展,个人信息处理的数量也在不断增加,矛盾也越来越明显。

---

① 张新宝:《个人信息收集:告知同意原则适用的限制》,《比较法研究》2019 年第 6 期。

"知情同意"规制的初衷在于希望信息主体能够充分了解信息处理的情况,并有机会参与其中。信息处理者可以获得相应的授权,使其信息处理行为符合正当理由。但是,这一基本规则在实际应用中却处于尴尬的境况,其在个人信息保护中的先决性作用往往被信息处理者以各种形式规避,未能发挥应有的效果。

一、告知形式化导致知情制度缺乏实质意义

目前,根据《民法典》《个人信息保护法》的相关规定,信息处理者在采集个人信息前,必须对信息主体履行相应的告知义务,以确保信息主体知晓自己的信息被使用和处理。[①] 随着社会发展,法律规定告知的内容也在不断地丰富。在《个人信息保护法》第十七条中,信息处理者的告知义务被描述为"应当以显著方式、清晰易懂的语言,真实、准确、完整的方式告知"。但在实际操作过程中,还存在以下问题。

第一,隐私协议形式化,缺乏实质意义。实践中,信息处理者的常用方法是将告知的内容以隐私协议的形式作出,信息主体在阅读隐私协议后,进行授权同意,知情同意规则完成。只有在信息主体完全了解信息处理事项的情况下,信息主体的授权同意才具有实质意义,这就要求信息处理者必须做好告知工作,因此信息业者的告知环节有着至关重要的意义。然而,实际上,信息处理者往往出于某种利益,把隐私协议编纂得晦涩难懂,从而降低信息主体知情的充分性。信息处理者有意将一些涉及信息主体重要权益的关键条款隐藏在专业术语中,使信息主体在没有充分知情的情况下,同意授权采集自身的人脸信息。此外,还有一些信息处理者未经信息主体的授权同意,擅自获取信息主体的个人信息。[②] 根据网信办的报道,有四成的信息处理者没有尽到法律规定的合理告知义务就采集了信息主体的个人信息。基于以上问题,需要对隐私协议的形式与内容进行进一步的规制,从而避免随着互联网大数据的发展,知情同意制度规定的知情权缺乏实质意义,严重影响信息主体的合法权益。

---

① 《民法典》第一千零三十五条,《个人信息保护法》第十七条。
② 吕炳斌:《个人信息保护的"同意"困境及其出路》,《法商研究》2021年第2期。

　　第二，"包含不限于条款"冲击知情权。《人脸识别技术司法解释》第二条第二款规定没有公开处理人脸信息的规则或没有明确告知处理的目的、方式、范围,人民法院应当认定为侵害个人人格权益的行为。[①] 人脸识别技术信息处理者和信息主体达成的协议中内含的"知情同意"条款,使信息处理者可以将识别出的用户的人脸信息转换成数字安全码后再与其他关联实体或者数据库交叉比较。人脸识别技术企业在收集、使用等活动中应当遵守目的限制原则,不得利用人脸识别信息违反法律规定以及未超出与用户商定的范围和用途。但随着大数据互联网时代的到来,信息处理者对人脸信息的价值需求并不只局限于人脸信息本身的识别或者辨识功能,而是分析决策出个人信息背后所蕴含的个体和社会价值需求,以此来创造更大的商业价值。人脸识别信息处理者在实践中通过"包括但不限于"条款,无限制地拓宽了用户人脸识别信息的使用范围,使人脸识别信息的使用超出了"特定目的"和"最小必要"的范围,引发公众对个人信息安全的担忧。有些学者认为信息处理者在进行再识别再处理人脸识别信息时,即二次利用时应当重新与信息主体达成约定。然而在实际操作过程中,这不但增加了信息处理者和信息主体在时间、精力、经费等方面的开销,而且使信息主体不胜烦恼。[②] 因此,信息处理者利用"包含但不限于"条款或直接不告知信息主体便自由支配或进行深度处理人脸信息的行为就变得较为普遍。即便信息主体知道信息处理者采集到了人脸识别信息并对其进行了解析,但是对解析的程度,是否关系到个人隐私和敏感信息等一无所知,严重损害了信息主体的知情权。

二、权利虚化导致同意制度流于形式

　　同意授权与拒绝授权是知情同意制度为信息主体规定的两种行使同意权利的表现形式,然而两条路径在实际操作过程中均有操作困境。

　　第一,在同意授权方面,大数据时代信息主体的同意往往缺乏"理性"。知

---

　　① 《人脸识别技术司法解释》第二条。

　　② Federico Ferretti, "Data Protection and the Legitimate Interest of Data Controllers: Much ado about Nothing or the Winter of Rights?" *Common Market Law Review* 51(2014): 1-26.

情同意制度的设计是基于理性人的假设,即任何人作出的选择都是为了自身利益的最大化。但是,理性人假设在大数据时代个人信息保护领域却是失效的。实践中,通常由于多种客观因素,信息主体对其个人信息自决权的行使很有可能并不是建立在真正意义的理解与自愿的基础上,其所作出的授权也不合乎理性。点击鼠标就可以订立合同,使得信息主体在没有充分理解隐私协议内容的情况下就进行了授权。在互联网信息时代,信息主体对于采集信息时所提供的协议文本没有足够的理性思维,常常不会认真、仔细、耐心地阅读,从而使得知情同意的规则变得毫无意义。[①] 信息主体在没有充分了解授权信息处理者采集人脸识别信息的潜在风险及其人脸识别信息的价值时,为了便利,很容易就对信息处理者提供的隐私协议点击"同意"按钮。仔细分析理性变化的原因,可以归纳如下。首先,信息处理的能力有限。[②] 对于那些没有专业知识的人来说,格式条款本身没有任何意义。即使具有专业知识的理性人,由于信息处理的精力有限,他们在作出决定时也无法将所有涉及的信息以及所有交易条款都纳入考虑范围。其次,在当前的互联网环境下,隐私协议的电子化与纸质版的合同相比缺少一定的严肃性和庄严性,受到"点击—同意"的数字化操作的影响,人们理性思维的程度有所减弱。最后,出于对政府监管部门的信任,单方面地认为所有线上应用程序的隐私协议均是经过政府部门的专业性审核,而没有太多关注文本的内容。

第二,在拒绝授权方面,"拒绝权"有名无实。2021 年的《个人信息保护法》规定,不允许因为信息主体拒绝接受人脸识别信息的授权而拒绝提供服务,处理个人信息属于提供产品或者服务所必需的除外。[③] 然而,法律并没有对"所必须"的内涵进行解释或者列举。目前,网络上的 App 在大多数情况下,会以弹窗的形式弹出隐私协议,让信息主体自主选择是否同意被采集人脸信息,如果用户不接受授权使用人脸信息的协议则无法使用 App 的网络服

---

① 丁晓强:《个人数据保护中同意规则的"扬"与"抑"——卡—梅框架视域下的规则配置研究》,《法学评论》2020 年第 4 期。

② AXELROD J, "San Francisco becomes the first city to bao municipal use of facial recognition technology," *The American city & amp*, 2019:27-31.

③ 《个人信息保护法》第十六条。

务,即使只是隐私协议的部分条款有异议。毫无疑问,在这种"不同意授权即不能使用服务"的模式下,信息主体处于不利的被动地位,而信息处理者占据主导地位。这表明,这种告知同意模式并不公平,也没有给信息主体真正的"选择"权。但这种模式在 App 应用市场中得到了广泛的应用。一些学者认为,为了避免法律风险,信息处理者机械地向信息主体提交一份所谓的"告知"文件,但其实这并不是真正的告知,设定隐私权条款只是为了让信息处理者更好地不承担责任而已。隐私协议没有起到应有的保护个人信息的作用,反而成为信息处理者规避法律责任的一种手段。人脸信息在被采集的过程中,由于失去了拒绝的权利,他们的同意无法真实反映个人的意愿,从而严重削弱了个人信息自决权。

三、同意撤回制度有名无实

目前,知情同意规则的设计主要集中在信息采集的规范上。但信息采集仅仅只是人脸识别技术应用的最初始阶段,后续还要经过多个模块进行分析比对,才能进行识别或者辨识功能。况且,人脸信息的高价值性并不是其人脸信息本身,而是在后续的深入分析和流通中所总结、归纳、分析出来的趋势信息或者人物画像信息。因此,后续的深入分析和流通使得现有的知情同意制度的知情权、同意权、撤回同意权均陷入人脸识别技术本身算法的囹圄中,即经过多次信息的算法运算,即使最初的信息采集者也不知道运算到了什么阶段。也就是说,怎样对已经授权并进入算法分析的人脸识别信息进行撤回是当前最大的制度困境。

从表面上看,人脸识别技术采集的只是人脸识别信息,并对个人进行识别或辨识,但信息处理者目前更需要的是将人脸识别信息通过设计的算法进行深度分析。需要注意的是,算法分析决策必须依赖数据输入,再一次又一次地数据输入输出后,人脸识别信息附加了各种算法决策信息,并且由于算法黑箱的存在,信息主体甚至是信息处理者根本不知道算法将信息运算到何种程度。这也引发了一个问题,即信息主体即使行使撤回同意权能否达到立即停止人脸识别信息深度分析的效果。在人脸识别技术应用的知情制度和同意制度缺乏实质意义的同时,人脸信息被授权分析后信息主体撤回同意权同样缺乏实质意义。造成现有的知情同意规则适用困境的根本原因在于传统的信息保护理论已经难以适应互联网时代科学技术的发展,怎样对生活当中已经授权并且深度分析流通的人脸识别信息的同意进行撤回在技术上和法律规范上都面临巨大的挑战。

<h2 style="text-align:center">第三节　监管不足:现有监管难以
对人脸识别技术形成有效监管</h2>

如何应对科技风险,既是政府履行安全保障义务的内在要求,也是加快推进国家治理体系和治理能力现代化的应有之义。随着人脸识别技术应用越来越普及,人脸识别信息的潜在风险也日益突出。因此,政府可以考虑从监管的主体、内容和措施三个角度来审视以人脸信息为代表的个人生物信息的行政监管困境,以此维护信息主体的合法权益,平稳推进个人信息法律保护工作。

一、监管机构分散化与专业能力不足

目前尚无专门机构对个人生物识别信息进行监管,由网信、工信、市场监管局、邮政、中国人民银行、银监会和商务部等多个机构共同进行监管,但这种多个部门监管的格局也存在明显的局限性。[1]

一是没有专门监管机构造成某些方面监管主体的缺位。例如,《旅游法》第五十二条规定了旅游者个人信息受到法律保护,但对具体的监管主体、监管措施、监管程序和法律责任都未作出明确的规定,这就等同于没有行政监管。[2] 同时,即便有的法律有规定,但因规定得太笼统且包含不明确的法律概念,依然难以确定监管主体。[3] 例如《消费者权益保护法》第三十二条虽规定

---

① 于洋:《论个人生物识别信息应用风险的监管构造》,《行政法学研究》2021年第6期。

② 《旅游法》第五十二条规定:"旅游经营者对其在经营活动中知悉的旅游者个人信息,应当予以保密。"

③ 邓辉:《我国个人信息保护行政监管的立法选择》,《交大法学》2020年第2期。

了由工商行政管理部门和其他部门进行监督,然而法律规定的"其他部门"的认定较为困难,易造成部门之间推诿责任的现象。二是各部门之间职责划分不清,造成各自为政、多头执法,难以形成合力。个人生物识别信息在应用过程中涉及采集、存储和处理等诸多环节,虽然我国采取部门化监管方法,但并未对部门间的监管职责进行规定,也未建立有效机构协调机制,极易造成多头监管困境,如电信主管部门和公安部门均有权对以电信手段贩卖个人信息出境进行管理。更严重的是易造成承担监管职责部门之间互相推诿和逃避责任的现象,继而诱发监管失效后无人问津的局面。三是监管机构缺乏监管个人生物信息的专业能力。面对人脸识别技术应用带来的潜在风险,监管机构必须掌握专业知识才能够对其实施有效的监督。但是,在高速发展的现代社会,各类知识的分化程度越来越高,专业化知识数量以爆炸式增长,使得政府在拥有专业化知识方面处于劣势地位。仅凭政府的力量,很难实现有效监管的目标,这种情况加剧了监管的难度。

二、监管规范笼统或缺乏强制执行力

从整体上看,目前国内对人脸识别信息应用的监管规范还比较少,且存在以下困境。

第一,现阶段规制人脸识别技术应用的监管法律文件过于笼统模糊。随着人脸识别技术在日常生活中越来越普及,其潜在风险也越来越明显,对应的立法也需要进行相应的修改和完善,以满足当前行政监管的需求,不能停留在既往的法律规范上。现行法律各部分之间缺乏联系,以碎片化的形式出现在各种法律之中,并且现阶段的监管规定都是原则性的描述,对监管主体具体的监管程序、方式、措施都未作规定,缺乏可操作性。法律条文规定了行政相对人即信息处理者应当怎样,或者禁止怎样,违反相关规定给予特定的行政处罚。然而行政机关面临的问题是,具体怎样执行法律并没有给出详细的规定。法律的这种概括性规定,在执行上有一定的困境,只有深圳、天津、上海等地出台了相应的地方性法规,然而这些地方性法规具有明显的地域性特征,不能在全国范围内广泛适用。基于以上原因,导致了行政机关在对人脸识别技术应用进行监管时没有可执行的统一的监管标准,即便行政机关想要从严执法保障信息主体的合法权益,也无法可依,最终难以对信息处理者的违法行为进行有效监管。

第二,其他规范性文件没有强制执行力。目前,对人脸识别技术应用规定相对完备的是行业标准、国家标准,但其效力位阶较低的局限性十分明显。全国信息安全标准化组织与行业协会都在积极推进以人脸识别为代表的生物识别安全技术与信息保护标准化工作。例如 2020 年修订的《信息安全规范》较为详细地对个人信息在各个阶段的处理义务进行了规定,但是该规范缺乏强制执行力,需要将其执行较好的合理规定上升到法律或者行政法规层面的高度才具有实践意义。

三、监管措施滞后

通过对我国现有法律条文的研读,可以发现我国目前的监管规制侧重于以行政罚款为主的事后规制,存在着事前和事中监管规制不足的问题。罚款作为一种事后追责的行政处罚行为,在人脸识别信息滥用的问题上的确发挥了一定程度的威慑作用,但作为一种事后规制措施,要等到侵权行为发生再进行规制,有一定的局限性。

从事前预防的角度来看,事后监管措施监管效果滞后,不能很好地应对人脸识别信息应用中的"危险"。与传统"危险"不同,个人生物识别信息使用带来的"危险",是现代科技发展到一定阶段的产物,它具有不可预测性和不确定性,因果关系的复杂性和损害结果的不可逆性。因此,监管方式还应该从事后消极防御转向事前积极防范,尤其在私权利主体应用人脸识别技术的预防上。例如,在现实生活中,不论学校小区门禁设施、企业员工打卡、健身房等娱乐场所还是金融机构的身份识别、零售商店的刷脸支付或者个性化商业广告,均可以随意安装人脸识别技术设备,要求信息主体进行授权身份后才可以进入场所或者为其提供服务。当前,我国还没有人脸识别技术事前许可认证制度,而是通常在发生大规模人脸识别信息泄露后再采取监管措施,导致不可逆转的损失。比如,经媒体披露 ZAO 换脸应用程序有疑似隐私协议失范,存在非法采集泄露人脸识别信息的行为,工信部网安局这才出面查处,并向陌陌科技公司有关领导进行行政约谈,责令其改正。人脸识别技术被滥用的原因之一就是没建立相应的行政许可制度。

从事中监管的角度来看,我国对人脸识别技术应用的监管缺乏必要的审查评估制度和常态化的风险考查制度。风险评估制度是信息安全的基础,是科学地对人脸识别技术应用系统的保密性、安全性所面临的风险进行分析理解,并对风险进行规避,在预防的基础上作出决策的过程。在事前预防方面,授予行政许可后,有必要建立常态化风险防范机制对人脸识别技术进行事中审查以预防相应的风险发生。

第四节 救济困难:现有诉讼机制 难以保障人脸信息主体权利

人脸识别技术凭借其高效、便捷的特点已被广泛应用于各个领域,但由于其基于大数据、人工智能和计算机技术构建的身份识别程序存在技术固有缺陷,可能会导致侵权事件的发生。此外,人脸信息的泄露和滥用也会侵犯个人的隐私权、财产权以及人格尊严。随着人脸识别技术的应用,由于其损害结果的特性,现有的因果关系和主观过错归责原则对信息主体不利,且传统的损害赔偿规则的适用不利于保护人脸信息主体的合法权利,从而使信息主体难以获得应有的救济。

一、人脸识别技术应用侵权的无形损害结果难以认定

在诉讼中,原告要求赔偿的依据就是受到损害。受害人主张侵权人的侵权责任以损害结果为基础。损害结果是认定侵权行为是否存在,以及受害人能否获得损害赔偿的重要依据。《民法典》与《个人信息保护法》均规定了损害结果为认定侵权行为构成要件之一,并要求由受害人对损害结果承担证明责任。按照损害填平理论,信息主体应当就其受到的实际性损害进行举证并达到确定性的证明标准,该损害结果不能是主观推测的尚未发生的损害,否则信

息主体将承担败诉的不利后果。

但由于人脸识别技术的特性,其应用的损害结果呈现出以下特征。首先,损害结果具有隐蔽性。在信息违法采集的情况下,信息处理者通过安装隐蔽的摄像设备,以远程识别的方式采集信息主体的人脸信息,而此时信息主体无法知晓自身的人脸信息被采集。信息处理者采集到人脸信息后需要将其存在特定的网络空间上,从而使不法分子可以利用算法攻击快速实现大范围侵权,而这个过程信息主体并不知晓。此外,例如在大数据杀熟等因为信息滥用而实施算法歧视的情况下,受害人在通常情况下并不知情。其次,损害结果具有无形性。非法采集、处理、存储人脸信息或者对人脸信息进行泄露,滥用的行为实质上是对信息主体隐私权、人格尊严等权利的侵犯,这种权利较实质性的财产损害而言具有无形性。最后,损害结果具有滞后性。当信息主体的信息遭到泄露时,信息主体的损失往往具有不确定性,很难判定受害人仅仅因为信息泄露而遭受损失。但此时,信息泄露这种违法行为确实已经发生,只是对信息主体的实质损害结果需要在其他违法行为发生后才会显露出来。

人脸识别技术侵权给权利人带来的损害,通常并不会立即造成信息主体的精神、财产或人身损害,并且信息主体通常情况下并不知晓自身的人脸信息被违法采集或者泄露,他们的各种权益是否受到侵犯将处于一种不确定的状态,并且这种风险的发生并不具有紧迫性。因此,在诉讼实践中,信息主体很难证明损害结果的发生,其权益受到侵犯的诉讼请求也因此很难得到法官的认可。

二、人脸识别技术应用侵权的因果关系证明困难与主观过错举证责任有待完善

前文提到,整个人脸识别技术应用供应链涉及众多复杂的法律主体。在线上应用场景,人脸识别技术应用的算法设计者(开发商)、人脸识别系统实际管理者(运营商)和实际进行算法分析的信息处理者(实际使用者)往往不是同一主体,例如会出现人脸识别系统设计者(开发商)、互联网应用程序供应商、网络服务提供者、信息主体、手机厂商、信息主体、监管主体等众多主体。而在

线下应用场景,涉及人脸识别系统设计者(开发商)、人脸识别技术系统管理者(运营商)、实际进行算法分析的信息处理者(实际使用者)、信息主体和人脸识别技术应用监管机构等众多主体。[①] 不论线上线下,信息主体的人脸信息在人脸识别信息图像采集、储存、传输、处理的任一环节都有被泄露的可能。在这种侵权情况下,侵权主体既包括人脸识别技术的设计者、人脸识别系统实际管理者、实际进行算法分析的信息处理者,还包括存储人脸信息的平台以及实际进行侵权的行为人。因此,由于信息主体的多元化、复杂的人脸识别技术运作过程,以及算法黑箱的存在,一般的信息主体难以对侵权行为与损害结果之间的因果关系进行举证。

在司法实践中,不论在专业知识能力还是诉讼中的举证能力上,信息处理者占据绝对性的主导地位,信息主体在信息泄露的后续违法行为中即便知晓自身的人脸信息被泄露,也很难对信息泄露的源头进行举证,并且在互联网大数据时代,人脸信息的泄露大部分是在线上进行的,网络的虚拟性使得信息主体维权的过程更加困难。在诉讼中,信息主体在维权时困难重重,既无法证明信息处理者的侵权行为与损害结果之间的因果关系,也无法证明信息处理者的主观过错。[②] 因此,我国立法者对信息主体进行了倾斜保护,在《个人信息保护法》与《人脸识别技术司法解释》中都规定了信息处理者侵权行为的过错推定责任。但该规定并未区分公权力主体和私权利主体。与一些私主体滥用人脸识别相比,公权力主体对人脸识别技术应用进行滥用的后果更为严重。因此,有必要进一步调整主观过错的证明责任以避免政府部门滥用人脸识别技术而对信息主体造成侵害。

三、人脸识别技术应用侵权的损害赔偿救济不足

当信息主体的权利遭到侵犯时,根据现有的法律规范,受害人可以主张人格权请求权或者损害赔偿请求权。在司法实践中,人格权请求权容易得到支

---

① 张华韬:《我国人脸识别侵权责任制度的解释论》,《社会科学家》2021 年第 7 期。

② 谢鸿飞:《个人信息泄露侵权责任构成中的"损害"——兼论风险社会中损害的观念化》,《国家检察官学院学报》2021 年第 5 期。

持,本书不作过多论述。本书主要对被侵权人的损害赔偿请求权进行论述。根据《民法典》《个人信息保护法》《人脸识别技术司法解释》的立法精神,我国立法目前在个人信息保护领域更加注重的是人格权利益的保护,如停止侵害、恢复名誉、赔礼道歉等,而对人脸信息的财产价值保护并没有太多关注。因此,在信息处理者对人脸识别技术的应用侵犯信息主体的合法权益的诉讼案件中,即使信息主体胜诉,也不能获得足够的赔偿来弥补人脸信息泄露的不可逆性。

首先,财产损失的价值无法准确估量。《民法典》中关于侵权损害赔偿的现有规定主要是根据传统的"损害填平理论"设置的,其法律条文的目的是填补被侵权人财产损失,即一般会向受害者支付实际损失数额以弥补其受到的损害。前文提到人脸识别技术应用侵权造成的损害结果具有隐蔽性、无形性、滞后性,很难用具体的财产价值来衡量其受到的财产损失。因此,在诉讼实践中,具体的损害结果尚不明晰,法官往往会因信息主体不能证明实质性的财产损失而判决其承担不利的诉讼后果。

其次,精神损害的确定有其困难性。在司法实践中,一般以其严重性作为衡量标准对精神损害进行认定。但现有法律规范对"严重"一词并未作出明确的规定,在司法实践中,都是由法官自由裁量。由于人脸识别技术应用侵权过程隐蔽、复杂,损害结果无形、滞后,难以达到传统精神损害案件中的严重程度,因此信息主体以精神损害提起的赔偿请求均未被法官认可。

然而,人脸识别技术应用侵权的损害后果是不可逆的,对于隐蔽的、无形的、滞后的损害结果,传统"损害填补"理论无法有效地震慑侵权人,以致信息主体的合法权益频频遭受侵害。这对于信息主体的维权积极性来说可谓是一个巨大的打击,也加大了侵权行为出现的频率。因此,应当脱离"损害填补"理论的局限,借鉴域外法治经验,尝试多元化的补偿方式,迫使信息处理者考虑侵权成本,以此预防人脸识别技术应用侵权风险的发生。

第五节　未来变革：人脸识别技术应用的法律规制创新

一、重塑知情同意规则

知情同意规则要求个人信息的采集和利用必须在充分知情的前提下征得信息主体同意。对于个人信息的保护，知情同意规则正如民法上的意思自治原则一样具有霸王条款的意义。随着人类社会进入大数据时代，告知形式化、同意权利虚化、同意撤回权难以实现，使得知情同意规则陷入重重困境。为了解决上述难题，我国立法机关应该重新审视知情同意规则的内容，构建实用性更强的规则设计，以此推动我国公民的个人信息保护工作。

（一）保障信息主体知情权

第一，优化隐私协议的形式与内容。大数据时代，知情同意规则"知情"环节的重要承载者是隐私协议。隐私协议最基本的要求首先应该是被信息主体注意到，然而传统的隐私协议往往以页面底部折叠的形式出现，不易引起信息主体的注意。现实中，大多数情况下信息主体并不会在隐私协议上花费太多时间，而是直接点击"同意"按钮。因此，笔者认为隐私协议的完善可以考虑从以下三个维度着手。首先，创新隐私协议的表现形式。在当今新媒体时代，图片和短视频已成为引起信息主体注意的主流形式。为了使隐私协议更容易被信息主体理解，可以将传统的折叠文字形式变换为图片或短视频的形式呈现给信息主体。其次，精简隐私协议中的关键内容。如果观看时间过长，无异于传统的隐私协议，因此短视频的播放时间或者图片画面长度不宜过长。这就要求通过短视频或图片披露的隐私协议内容只能是关键信息，使信息主体尽可能直接被告知隐私协议的关键内容。最后，在 App 中设置一个专门用来显示隐私协议全文的固定位置。为了使信息主体能够清楚地了解到隐私协议的全文，在图片或短视频只能重点关注关键信息的情况下，需要配置后续的隐私协议，以便信息主体在后续的使用过程中可以重新仔细阅读相关信息采集的情况。此外，为了方便信息主体，行业内应当形成统一的规范，规定隐私协议的位置和名称,使得信息主体不管拥有多少 App 也能迅速定位隐私协议的位置。通过对隐私协议形式的创新和内容的精简优化,有助于解决现存隐私协议仅仅停留在文本表面的问题,促使信息主体更加清晰地理解隐私协议,从而使隐私协议真正起到告知的作用。

第二,对目的限制原则进行扩充解释适用于"包含不限于"条款。根据学者的一些主张,"包含不限于"条款的使用应被完全禁止。但这种主张有待商榷,因为信息自身的流通价值决定了信息本身在采集后不可能只经过一次处理。如果每次再处理都要经过信息主体的授权同意,这种做法不仅会增加信息处理者处理信息的经济成本,阻碍数据流动,削弱信息二次流通的价值,影响数字经济的发展,信息主体也会被信息处理者经常索要授权同意而降低其使用服务的体验感并在一定程度上干扰其正常生活。因此,在保护信息主体的知情同意权的同时,也不能阻碍信息的自由流动,我们仍需要肯定"包含不限于"的规定的适用,但应坚持初次订立隐私协议中约定的目的范围,并更加灵活地适用目的限制原则。目的限制原则作为个人信息处理活动的基础性原则,其要求信息处理者处理信息时不得超出信息采集时的初始目的,如果超出初始采集的目的,应当重新征得信息主体的授权同意。以此保障信息主体的知情同意权,这点在我国的《个人信息保护法》第六条中已有体现。在实际使用中,可以借鉴欧盟《通用数据条例》的立法经验,在判断后续处理信息的目的是否符合目的限制原则时,增加"兼容性"因素。除了考虑后续使用信息的目的与采集信息时的目的之间的"关联性"外,还要考虑采集信息时的场景与后续使用的场景的关联,信息主体授权人脸信息时的合理预期,后续处理对信息主体可能产生的影响,以及信息处理者是否采取了合理的安全保护措施以维护信息的安全等。只要符合以上因素,信息处理者就可以采取主动告知,信息主体默示同意的方式进行授权。若信息主体在得知处理事项后,在一定时限内并未作出明确反对,则信息处理者可以继续其后续的二次处理信息行为;如若不符合上述因素,则判定为超出目的限制原则,需要信息处理者告知后,信息主体进行明示同意授权,否则信息处理者不能再次处理信息。

(二)提高信息主体同意有效性

第一,精简内容,使用电子签名等方式提高信息主体同意授权的有效性。

知情同意规则是否能够起到预期效果,不仅取决于信息处理者是否依法履行通知义务,还在很大程度上取决于作出同意授权的信息主体实际接收和理解了多少前者所传达的信息。尽管法律规定了详尽的告知义务,但如果信息主体缺乏理性,这些要求仍可能只停留在形式上。有学者提出,由于个人的理性和认知的局限以及隐私协议的冗长晦涩①,很少有人有耐心和专业能力认真阅读隐私协议,更别说根据其内容作出真实有效的授权同意。过于繁琐的同意文本可能会使信息主体束手无策,同时给信息主体带来额外的负担和成本,从而导致同意条款不再具有保护信息主体合法权益的功能,而变成信息处理者推卸收集与处理数据责任的工具。基于此,完善知情同意规则的关键应落在告知程序的完善上。为了让信息主体作出的授权同意更具有理性,应当规范信息处理者采集信息主体个人信息的告知义务,确保告知的内容简明扼要、精准清晰,便于查询阅读。针对信息主体在阅读隐私协议时注意力不足,专业知识不够的情况,可以将复杂的告知事项简化为“目的与范围”“采集处理和方式的规则”“同意或拒绝的可能后果”三项。此外,目前网站或手机 App 征求用户同意的常见做法是在页面上显示“我同意”“我接受”等类似复选框,用户可以通过双击鼠标左键或手指轻按的方式点击同意按钮,表达同意的意思。在高速互联网时代,点击的形式虽然更加便捷,可以作为用户授权同意的外在表达形式,但显然不够审慎,至少不应该作为信息采集主体人脸信息明示同意的表达形式。在信息采集时,设置信息主体明确同意的形式应将重点放在确保作出授权同意的意思表示能真实有效的代表内心真意,而不是着眼于效率。电子签名相比于过于简单和随意的点击方式似乎是一种更加明确表明信息主体同意的外在表现。信息主体通过电子签名的形式作出同意表示,比起机械性地点击页面或弹窗中的选项,更能让信息主体意识到自身与此决定的联系,从而更加真实地表达自己是否授权同意的意愿。

　　第二,根据“最小必要”原则,设置替代方案。信息处理者收集面部信息的目的多种多样,使用范围无法得到良好的控制,对人脸识别信息采取的保护措

---

① 孙清白:《敏感个人信息保护的特殊制度逻辑及其规制策略》,《行政法学研究》2022 年第 1 期。

施也有较大差异。① 因此,应当对信息处理者使用人脸识别技术进行严格限制。《个人信息保护法》规定,信息处理者采集信息是在订立或履行合同所必需的情况下才可以适用。② 因此,在对人脸信息等生物信息进行采集时,应遵守必要性原则,若有其他替代方式可行,则信息主体不可以滥用人脸识别技术采集人脸信息作为提供服务的前置程序。当然,信息主体也可以为了便利而放弃自身的面部信息权益,在被信息处理者告知其面部信息采集的目的和使用范围后,信息主体明确作出授权同意,信息处理者便可以采集人脸信息。在采集人脸信息之前,应该确保信息主体在完全知情的情况下,真实而自愿地表示同意,绝不能以强制或者变相强制等方式对信息主体的个人信息进行采集。

(三)建立持续的信息告知和动态同意相结合的机制

毋庸置疑,在大数据互联网环境的时代背景下,《民法典》《个人信息保护法》《人脸识别技术司法解释》等对于保护公民个人信息具有重要意义,其以知情同意为基础构建的个人信息保护框架,规定信息处理者采集信息主体个人信息的上合法性标准是获得信息主体的授权同意。③ 传统的知情同意仅为一次性的,其同意授权不仅是信息主体权利的起点,也是终点,然而这与大数据时代下信息处理者需要频繁处理与多次利用其采集到的人脸信息相互矛盾。在未来的创新理念中,应将传统的一次性同意授权改变为持续有效的长久性机制。一方面,信息处理者在每次处理和利用初次采集到的人脸信息都要进行一次信息告知;另一方面,信息主体可以对每次处理和利用行使同意权,即建立一种持续的信息告知和动态同意相结合的机制。④

持续信息告知是指信息处理者在收集信息主体的信息后,在信息处理过程中,持续向信息主体告知信息处理过程与处理结果的行为。此种机制的合理之处在于,它可以弥补信息主体在信息被采集前因未能充分考虑潜在风险而进行人脸信息的授权。这种以一次性同意形式让信息主体将其同意权用尽的做法不太现实,因为要求信息主体预测将来可能发生的信息处理行为并承

① 王俊秀:《数字社会中的隐私重塑——以"人脸识别"为例》,《探索与争鸣》2020年第2期。
② 参见《个人信息保护法》第十三条。
③ 劳东燕:《个人信息法律保护体系的基本目标与归责机制》,《政法论坛》2021年第6期。
④ 姜野:《由静态到动态:人脸识别信息保护中的"同意"重构》,《河北法学》2020年第8期。

担其不利后果是不切实际的。动态同意指的是,当信息主体收到信息处理者新的信息处理报告时,可以选择是否继续同意授权,或者撤回之前的同意授权、变更同意授权信息的使用范围等。① 与传统的一次性授权同意机制相比,这种新的同意形式能够使得知情同意规则更加有效地落到实处,使信息主体能够通过新处理信息的告知而及时作出同意授权的调整,从而可以持续发挥知情同意规则的实质作用。需要注意的是,这里的动态同意规则设计即前文所述的同意规则设计,信息处理者需要采取主动告知,信息主体默示同意的方式进行授权。若信息主体在得知处理事项后,在一定时限内并未作出明确反对,则信息处理者可以继续其后续的二次处理信息行为;如若超出目的限制原则,需要信息处理者告知后,信息主体进行明示同意授权,否则信息处理者不能再次处理信息。

大数据时代的同意困境在一定程度上等同于知情困境。在一次性知情同意模式下,只有在信息采集时才会进行告知,但是对个人信息的后续使用情况,信息主体并不知晓,更无法对此作出新的同意。一旦信息主体同意授权,就意味着将失去对未来利用该信息的控制权。为了破解当前的困境,需要增强信息主体的知情权和同意权,这就需要持续的信息披露,以便信息主体能够全程跟踪信息的使用情况,并随着风险的变化作出新的决策。在这一新模式下,信息处理者的通知义务并不是履行一次,而是应该持续不断地进行。信息主体的同意也不是只能行使一次,而是可以随时调整,包括调整个人信息的使用范围、取消同意等。

二、推进人脸识别技术应用的监管制度改革

随着以人脸识别信息为代表的个人生物识别信息的应用场景越来越普及,潜在的侵权风险、社会风险发生的概率越来越大,政府有必要加强行政监管以应对现有的监管困境。目前的行政监管存在诸多挑战,其表现为监管机构分散化与专业能力不足、监管依据模糊或缺乏强制执行力、监管措施滞后等

---

① 赵祖斌:《从静态到动态:场景理论下的个人信息保护》,《科学与社会》2021 年第 4 期。

问题。为了有效预防人脸识别技术应用的风险,可以探索建立独立的信息监管机构,并鼓励信息处理者建立内部治理结构进行协助,以构建双层治理结构;以行为规范为重点,建立相应的监管规定;秉持风险防范理念,采用事前审查机制以及事中常态化风险评估相结合监管措施,防止人脸识别技术的滥用。

（一）监管主体:政府推进形成双层治理结构

就监管而言,如果在外部进行强制的行政监管的同时,能促进内部行业自律,无疑将会更有力地促进人脸识别技术应用的监管。[1]

第一,成立独立的信息监管机构作为监管主体。建立独立的政府监管机构,是健全人脸识别技术应用风险监管体系的主要要求。一方面监管机构作为国家机关,有一定的权威性和强制性,另一方面我国的国家机关始终代表着最广大人民的根本利益,有一定的民主性和科学性。[2] 况且,从人脸识别信息监管机构组织方式来看,大多数国家都建立了一个独立的行政监管机构。[3] 例如,美国的国家安全局、国家保密通信和信息系统安全委员会,欧盟的数据安全委员会等都是独立的监管机构,并拥有相应的监管职权,以解决监管混乱的问题。鉴于目前国内人脸识别信息监管机构存在分散化、部门化和多头监管的现状,可从建立专门的信息监管机构和明确监管权限两方面来解决。对此,应当通过立法建立国家层面的"信息监管机构",省级和市级建立下级机构以及在信息监管机构内建立"生物识别信息监管机构",实现中央对地方的垂直领导。根据域外的立法经验,应当赋予我国独立的信息监管机构如下职权。[4] 首先是行政许可权。授权和认证人脸识别信息应用公司是否具备相关的技术管理能力,人脸识别技术产品是否达标。我国目前还没有人脸识别技术的准入门槛,对人脸识别技术的应用大有滥用趋势,因此可以授予监管机构行政许可权,以减少人脸识别技术的滥用。其次是检查权,主要包含对信息处

---

① 周汉华:《探索激励相容的个人数据治理之道——中国个人信息保护法的立法方向》,《法学研究》2018年第2期。
② 李洪雷:《论互联网的规制体制——在政府规制与自我规制之间》,《环球法律评论》2014年第1期。
③ 王锡锌:《个人信息国家保护义务及展开》,《中国法学》2021年第1期。
④ 高秦伟:《论个人信息保护的专责机关》,《法学评论》2021年第6期。

理者使用人脸识别技术设备的合法性检查,搜查扣押违法信息处理者的设备,接受处理公众的投诉意见和反馈信息。再次是行政处罚权,包括根据信息处理者的违法行为,实施警告、责令改正、罚款的处罚。最后是制定部门规章的权力,颁布相关的法律规范对信息处理者的义务要求进行进一步的详细规定,提高信息处理者的安全保障义务。

第二,促进信息处理者进行行业自律。信息治理作为一种多种职能互相配合、互相协作的新治理领域,在信息处理者的协助下进行共同治理已成为一种趋势。人脸识别技术作为一种尖端技术,相对于信息处理者而言,政府具有的不是信息优势,而是信息劣势,信息处理者自身具有丰富的专业知识技能,也更清楚自身科技可能存在的漏洞,如果促进其进行行业自律,能提高政府的监管效率,减少监管成本,解决信息不对称的问题,因此欧盟和美国都在积极探索信息处理者的行业自律结构。2020 年,中国支付清算协会颁布了《人脸识别技术公约》,为人脸识别技术应用在支付清算领域的使用提供了行业自律监管的依据。该规定内容详尽,但该依据仅在支付领域适用,行业协会可以积极探索人脸识别技术在其他领域的适用公约,政府部门也要加强指引。为了促进上述信息处理者的行业自律,政府除了采取强制命令的措施,还可以采用激励诱导的措施,可探索如下途径。一是诱导模式。对于内部治理结构完善和声誉良好的信息企业,可采取减少常态化检查频率并提供政策和声誉支持来进行激励。二是任务委托模式。通过行政委托、特许经营和行政辅助,把人脸识别技术应用的风险评估交给内部治理较好的信息处理者企业。三是以参与机制强化合作型治理。政府可以邀请信息处理者参与有关国家规范的制定工作,把已经成熟的行业标准、国家标准上升到国家立法层面。

(二)监管内容:以行为规范为重点制定监管规则

目前我国《民法典》《个人信息保护法》都以行为为主要内容对信息处理者采集个人信息的义务进行了概括性的规定,但行政机关难以根据如此粗略笼统的法律规范进行有效的行政监管。因此,可以吸收《信息安全规范》中的相关规定,以行为为重点制定相关的监管规范。

一是在信息采集阶段,信息处理者需要符合"合法""最小必要""多项业务功能自主选择""知情同意"等原则或规则。不能以欺诈、隐瞒、误导等方式收集个人信息;收集信息主体的个人信息与实现产品服务的功能需要有直接的关联,采集的数量、频率为实现功能最小数量、频率;不得通过捆绑产品的业务功能要求信息主体进行一次性授权,不得仅以提高服务质量、增强安全性等为由,强制要求信息主体同意收集个人信息。人脸识别信息采集要保证"知情—同意"得到全面履行:从告知内容来看,应单独向个人信息主体告知收集、使用个人生物识别信息的目的、方式和范围,以及存储时间等规则,并征得个人信息主体的明示同意;对公民权利可能产生重大影响时,要取得信息主体的书面同意。同时,需要为信息主体提供"有效"的撤回同意机制和替代方案。当信息主体拒绝被采集人脸信息时,采用替代方案来保证信息主体的权利。

二是在信息储存阶段要对人脸识别信息的安全性进行了全面的保障,并限制人脸识别信息的储存期限。个人信息存储期限应为实现产品服务所必需的最短时间,超出上述个人信息存储期限后,应对个人信息进行删除或匿名化处理。收集个人信息后,个人信息控制者应立即进行去标识化处理,将可用于恢复识别个人的信息和去标识化后的信息分开存储,一般个人信息与生物识别信息分开储存,并且原则上不能对原始的生物识别信息进行储存。当信息处理者停止产品服务时,应立即删除采集的信息并通知信息主体。

三是在信息处理阶段,信息处理者应当对信息处理的目的、方式、范围以及可能涉及的第三方等方面进行充分的披露,确保信息处理的透明度和公开性。采取必要的技术和组织措施,保障信息处理的安全性和保密性,防止信息被非法获取、使用、修改或泄露。应当确保所处理的信息准确、完整、及时,不得故意或者过失地篡改、删除、误传、漏传信息。

(三)监管措施:事前审查机制与常态化风险评估相结合的监管措施

第一,运用事前审查机制确立监管底线。与传统"危险"不同,人脸识别技术应用的风险具有隐蔽性、滞后性。政府监管理念应从负面"危险消除"转向正面"风险预防"。目前,国内人脸识别信息应用场景越来越泛化,其中一个很重要的原因就是国内还没有针对人脸识别信息采集、处理和利用活动设立准入门槛,这使得企业、App只需发布隐私公告即可采集和利用人脸识别信息,无论其有无采集和利用的需求以及有无相关采取信息保护的措施能力。在目前国内个人脸识别技术的使用日渐广泛，一些违法违规行为频繁发生的情况下，政府可以设置行政许可制度，从而有效减少因人脸识别技术的滥用而引发的一系列个人信息侵权风险。欧盟的《通用数据条例》和美国的相关立法都确定了生物识别技术使用前的事前审查制度。需要注意的是，事前审查的目的不是禁止人脸识别技术的使用，而是在保障人脸识别信息安全的同时，使其得到更加高效的使用。为了不妨碍商业创新和技术创新，我国政府应采取底线原则最低限度审查并制定国家和行业标准，对人脸识别技术应用产品使用前应开展企业人脸识别技术使用资质的审查。[①] 从评审内容上看，除审查人脸识别信息使用的"特定目的"和"最小必要"外，更重要的是对信息处理者的安全保障能力进行审查，审查有无采取必要的措施减少风险的举措，有无为减少风险而建立内部指南或者操作流程，只有达标了才可以使用，并且要定期检查。

第二，构建常态化风险评估制度。《个人信息保护法》规定，信息处理者在处理敏感信息前应当进行个人信息保护影响评估。[②] 但是风险评估不是一劳永逸的，为了切实预防人脸识别技术风险的发生，必须切实推进人脸识别技术应用风险评估的常态化。常态化风险评估不仅要求监管者把握信息处理者使用人脸识别技术的总体状况，以确保授予其行政许可的科学性和准确性，还要求全面考察该信息处理者使用人脸识别技术带来的社会效益，信息主体可能承担的风险成本，避免决策的随意性。常态化风险评估是个复杂的系统，构建人脸识别技术应用风险评估体系，首先要确定使用人脸识别技术的具体场景和应用目的，确定衡量人脸识别技术风险的指标，如误识别率、隐私泄露风险，并使用各种方法识别潜在风险，如专家讨论、场景模拟等方法，风险包括隐私泄露、误识别、伦理道德等问题。其次，对已经识别的风险进行评估。评估应该考虑概率和影响两个因素，并将其转换为定量或定性的结果。最后，根据评估结果制定并实施针对每种风险的应对计划，并监控其执行情况，及时更新应

---

① 邢会强：《人脸识别的法律规制》，《比较法研究》2020年第5期。

② 《个人信息保护法》第五十五条。

对计划。需要注意的是，人脸识别技术的应用场景复杂多样，每种场景的风险评估可能存在差异。因此，在实施常态化风险评估时，需要根据具体场景和应用目的制定相应的评估方案，确保评估的全面性和准确性。

三、健全人脸识别技术应用的侵权救济制度

在人脸识别技术侵权案件中，在认定无形损害结果、证明过错、因果关系以及损害赔偿等方面，都存在一定的难点。鉴于国内外立法经验和典型案例，必须重新审视损害概念，以减轻信息主体维权的困难。因果关系实行举证责任倒置，降低信息主体的证明负担，并对轻微的人脸识别技术应用程序性侵权行为实行最低赔付额制度，对恶意侵权行为实施惩罚性赔偿制度，以此来加强对侵权人的制裁，提高侵权救济制度的可操作性。

（一）承认人脸识别技术应用侵权的新型损害结果形式

在人脸识别技术应用背景下，其侵权行为的损害结果呈现出的隐蔽性、无形性、滞后性使得传统侵权责任中构成要件之一的损害结果概念出现偏差，如若仍坚持只有在出现实质性的损害结果才支持被侵权人侵权赔偿的诉讼请求，为时已晚。为了有效遏制信息处理者的违法行为，保护信息主体的合法权益，避免因人脸信息泄露造成不可逆的损害结果，承认程序性损害和风险性损害是必然趋势。[①]

本书所指的程序性损害是指信息处理者在采集、处理、存储人脸信息过程中，虽然没有酿成实质性损害但违反法律法规程序性规定的行为。[②] 例如，没有保障信息主体的知情权、没有使信息主体真实有效的行使同意权、没有为撤回同意权设置合理的行使途径等程序性权利，或者没有履行安全保护义务、保密义务等程序性义务等。风险性损害指的是，由于人脸信息的泄露，可能导致信息主体的权利受到侵害。虽然具体的损害后果尚未发生，但存在财产及人身权益受到损害的可能性。对程序性损害和风险性损害的承认实际上扩大了传统侵权责任法中损害结果的内涵，是对大数据互联网时代背景下无形性损

---

① 付微明：《个人生物识别信息民事权利诉讼救济问题研究》，《法学杂志》2020 年第 3 期。
② 田野：《风险作为损害：大数据时代侵权"损害"概念的革新》，《政治与法律》2021 年第 10 期。

害的认可,这不仅可以减轻被侵权人的举证负担从而使其更容易获得侵权救济,还能有效遏制信息处理者的违法行为,维护好信息主体的合法权益。当前,风险性损害与程序性损害已在国内外的司法实践中得到了认可。如美国法官认定脸书公司没有经过信息主体同意,采集信息主体人脸信息的行为,侵犯了信息主体权利,虽然没有造成后续信息泄露,但违反了相关法律规定,脸书公司仍然需要向信息主体进行赔偿。又如我国云南绿孔雀案,法院判决水电站的建设可能会导致生物多样性的减少应该立即停止。此外,在我国的立法实践中,风险性损害的立法精神在《人脸识别司法解释》中也有体现,其第二条规定的信息处理者侵犯信息主体人格权的八种情形就内含了程序性损害的情形。[①] 未来人脸识别技术的不断发展,其应用越来越普遍,而相应的隐蔽风险也会越来越凸显,承认程序性损害与风险性损害是未来立法发展的必然趋势

（二）重构人脸识别技术应用侵权的举证责任证明规则

前文所述,按照传统的侵权责任构成要件证明规则,受害人不仅要证明损害结果的存在,还要证明信息处理者的侵权行为与损害结果之间的因果关系,以及信息处理者的主观过错。但由于信息处理者的多元化、人脸识别技术自身的复杂性,以及人脸识别技术算法分析黑箱的存在,受害人除了难以对前文所述的损害结果进行证明外,对侵权人的损害行为与损害结果之间的因果关系同样也难以证明。此外,对信息处理者违法行为的主观过错的证明也存在困难。因此,《个人信息保护法》规定了个人信息处理者对侵权行为的过错具有过错推定责任,一定程度上减轻了信息主体的举证责任,但该规定并未区分公权力主体和私权利主体。[②] 与一些私主体滥用人脸识别相比,公权力主体对人脸识别技术应用进行滥用的后果更为严重。因此,有必要进一步调整主观过错的证明责任以避免政府部门滥用人脸识别技术而引发潜在的风险。

在因果关系的证明上,由于信息主体与信息处理者之间不对等的市场地位和议价能力,实行因果关系过错推定的举证证明规则,由具有强大技术和资

---

① 《人脸识别技术司法解释》第二条。
② 《个人信息保护法》第六十九条。

本能力的信息处理者对侵权行为和自身不存在因果关系承担证明责任,否则信息处理者将在诉讼中承担不利的后果。若存在多方主体,在此种因果关系推定的情况下,信息处理者如果不能证明自身与侵权行为不具有因果关系,则须与其他信息处理者一起承担连带责任,信息主体可以要求任一信息处理者承担全部责任,这对我国个人信息安全保护工作的推进具有一定的现实意义。实施因果关系推定能够有效迫使信息处理者采取严格的安全保障措施来采集、处理。储存人脸信息,以此维护信息主体的合法权益。同时,也能有效降低侵权风险。

在主观过错的举证上,《个人信息保护法》与《人脸识别司法解释》都规定了信息处理者对侵权行为的过错具有过错推定责任①,对信息主体实施了倾斜保护,但都未区分公权力主体和私权利主体。对于公权力主体,法律应当规定更为严格的归责责任。因为公权力主体的信息处理者为了公共利益而收集公民的个人信息,并且法律也同样为其设置了免于授权同意的法律规定。此时,在一定程度上,该种规定是对公民的个人信息自决权的剥夺。因此,为了平衡信息主体信息自决权和社会公共利益两者的关系,具有公权力性质的信息处理者应当承担更严格的举证责任。例如在德国的《联邦数据法》中,公权力机关对该类型的侵权行为采取的是无过错责任原则。在该种归责原则下,可以督促公权力主体在使用人脸识别技术应用维护公共安全利益时需要尽到更高的安全保障义务以维护公民的个人信息安全,并更加谨慎全面地履行各种法律规定的程序性义务,以免公权力主体滥用人脸识别技术造成侵权行为的发生。

（三）完善人脸识别技术应用侵权的损害赔偿制度

针对前文所述的损害赔偿的问题,我国可以借鉴域外法治经验,对轻微的人脸识别技术应用程序性侵权行为实行最低额赔偿制度,对恶意侵权行为实施惩罚性赔偿制度,以此加强对侵权人的制裁,提高侵权救济制度的可操作性。

第一,实施最低额赔偿制度。结合前文,由于人脸识别技术应用侵权损害

---

① 《个人信息保护法》第六十九条,《人脸识别技术司法解释》第六条。

结果的隐蔽性、无形性、滞后性,信息主体很难证明信息处理者因为违反法律的程序性规定而为其带来的实质性损害结果。因此在诉讼中,信息主体的损害赔偿诉讼请求在通常情况下会被法官驳回,或者即使胜诉也不能获得足够的赔偿。因此我们可以借鉴美国伊利诺伊州《生物识别信息隐私法案》的法律规制经验,对个人生物信息侵权行为设置最低额赔偿制度,《生物识别信息隐私法案》规定了信息处理者最低 1000 美金的损害赔偿。[①] 我国 2021 年的《人脸识别技术司法解释》规定了自然人制止侵权行为的"合理开支"计算在赔偿范围之内,这一规定在一定程度上给予了弱势的信息主体保护,但并未考虑对信息处理者程序性违法并未导致实质财产损失的情况,法律规定的"合理开支"并不能有效遏制信息处理者的违法行为。有学者提出,应当实行最低限额的赔偿制度,以弥补个人信息受到侵犯造成的损害。[②] 最低额赔偿制度在我国的消费者保护与食品安全保护领域均有体现,因此根据人脸识别技术应用侵权的特性也可以在个人信息保护领域尝试适用最低额赔偿制度。如果没有实质性的损害结果,则信息主体在维权时可以获得最低额赔偿;如果有实质性的损害结果,则信息主体可以根据传统的侵权责任理论来获得相应的赔偿。

　　第二,实施惩罚性赔偿制度。2021 年国务院颁布的《法治政府建设实施纲要》要求加大对关系群众切身利益的领域的执法力度,完善惩罚性赔偿制度的适用领域。惩罚性赔偿具有加重处罚并有效遏制侵权人违法行为的功效,具有惩罚的性质,不可以随意适用,但个人信息显然属于群众的切身利益,因此在个人信息保护领域适用惩罚性赔偿制度确实有学理上探讨的必要性。一方面,人脸信息不同于其他一般个人信息,具有不可更改性,一旦泄露,将会对信息主体造成不可逆的伤害,更何况人脸信息可以与其他个人信息相结合并通过算法决策描绘出人物画像,给信息主体的隐私、财产、人格尊严等带来巨大的潜在风险。另一方面,出于人脸信息的高价值性,很多信息处理者,为了自身的利益,明知违反法律规定仍然故意或者放任侵权结果的发生,具有相当

---

　　① 《人脸识别技术司法解释》第八条。

　　② 杨立新:《侵害个人信息权益损害赔偿的规则与适用——〈个人信息保护法〉第 69 条的关键词释评》,《上海政法学院学报(法治论丛)》2022 年第 1 期。

的主观恶性,法律需要对这种信息处理者进行严厉的打击。为此,需要立法规定,对于利用人脸识别技术侵犯信息主体权益的案件实施惩罚性赔偿,并明确规定具体的适用条件和赔偿金额。首先,为了防止信息主体随意进行诉讼,应将恶意侵权的范围确定为直接故意和间接故意,而不包括过失。其次,应设置相应的前置程序。可以由前文所述的专门机构负责对信息处理者的违规行为发出责令整改通知并警告,若仍不作为,则适用惩罚性赔偿。最后,在具体的赔偿金额的确定方面,确定相应的基数和倍数范围,并由法官在倍数范围内行使自由裁量权。此外,从公安部门发布的典型案例中可知单条个人信息的售价一般在 0.5 元到 2.0 元之间,若以此为基数,确定的赔偿倍数为 100 倍,也只有 200 元,因此可以另外确定设置最低额赔偿金额。

第六节　结　语

科技进步在给人们的生活创造便利的同时,也引发了一系列的风险和不利影响。人脸识别技术作为一种高效识别或辨识方式被广泛应用,其具有非接触性、隐蔽性、高效便捷性等特征,从国家层面到个人层面都可以见到它的身影。各领域的使用见证了它的高效性和实用性,提高了人们的工作效率。然而作为一种前沿科技,其充满了科技的不确定性和潜在的风险,例如技术风险、侵权风险、社会风险等。就其风险的成因而言,由于人脸识别技术近几年才兴起,相关的法律规范仍有缺失,使得知情同意规制在实际应用过程中存在诸多困境,从而导致信息主体的知情权、同意权、同意撤回权流于形式。行政监管乏力不足,政府难以对人脸识别技术应用形成有效监管;侵权救济制度的可操作性不强,难以对侵权行为人形成足够的威慑,信息主体的维权途径困难。我们绝不能因为忧虑风险的发生就放弃人脸识别技术的发展,而是应该加大研发力度,勇敢面对挑战,采取有效的法律规制措施,对风险进行防范,以推进个人信息保护工作。第一,要完善知情同意规则,保障信息主体的知情权,提高信息主体的有效性,建立持续有效的信息告知与动态同意相结合的机制;第二,要推进人脸识别技术应用监管制度的改革,推进形成双层治理结构,以行为规范为重点制定监管规则,运用事前审查机制确定监管底线并采取常态化风险评估措施;第三,要健全侵权救济制度,承认新型损害形式,完善举证证明规则和侵权损害赔偿制度。

2023 年国务院政府工作报告指出,要深入实施创新驱动发展战略,推进科技自立自强,增强科技创新引领作用。[①] 在不久的将来,一定可以在信息流通和信息保护之间取得平衡,实现信息安全与技术应用的共存。

[①]　中国政府网:《2023 年政府工作报告》,https://www.gov.cn/zhuanti/2023lhzfgzbg/index. htm,访问日期:2023 年 5 月 8 日。

第六章　人工智能生成物著作权保护法律问题研究

伴随着云计算、物联网以及大数据的发展浪潮，人工智能在写作、绘画、作曲、摄影等文学艺术领域快速发展，具备了自主生成内容的能力。随之，人工智能生成物给著作权法律体系以及司法实践带来了冲击与挑战。通过类型化分析，"工具辅助模式"和"人机协作模式"下的人工智能生成物仍可遵循著作权保护的传统逻辑，而"算法自主模式"下的人工智能生成物须满足"一定限度的客观独创性"标准，才可成为《著作权法》意义上的"作品"。根据人类的独创性贡献度，可将著作权归属分为"人工智能使用者独有模式""所有者和使用者共有模式"以及"人工智能所有者独有模式"等三种模式。为了实现人工智能生成物著作权的有效保护，还可以通过增设邻接权保护以及建立著作权登记制度等方法来探索可行路径。

第一节　缘起：为何保护人工智能生成物？

一、人工智能生成物著作权保护的背景

"人工智能"这一概念最早出现在 20 世纪 50 年代。伴随着云计算、物联网和大数据半个多世纪的发展，人工智能基于神经网络算法研究取得了重大进展，在诸多应用领域已经超越了一定阈值，表现出了性能和效率的最优化，进入了蓬勃发展的第三个黄金期。

如今，人工智能市场化应用广泛，在写作、绘画、音乐等领域参与创作已成

为普遍现象。从美联社联合开发的人工智能新闻撰写平台"Wordsmith"，到谷歌发布的人工智能绘画新系统"Deep Dream"以及智能作曲工具"Magenta"，我们见证了一项重大技术的进步与发展。随着人工智能技术的不断演进，里约奥运会上写稿机器人"张小明"大显身手，北京冬奥会"AI手语主播"首次亮相，两会虚拟主播度晓晓"上岗"，"AIGC（Artificial Intelligence generated content）"[①]一跃成为2022年百度沸点年度科技热词。人工智能作为新一轮工业革命的标志性成果，已逐渐被人们所熟知。2023年3月，OpenAI发布的GPT-4模型，全面超过了4个月前发布的ChatGPT，掀起了人工智能新浪潮。质言之，生成式人工智能逐渐赋能千行百业，无论在创作领域、表达方式、技术变革、市场价值还是法律规制等方面都值得引起人们的关注和重视。

人工智能作为一项具有前瞻性的科技，对各国的发展具有至关重要的战略性意义。在此背景下，人工智能相关政策纷纷出台，人们对人工智能的知识产权保护也愈发关注。2017年，国务院印发《新一代人工智能发展规划》，强调要建立人工智能技术标准与知识产权体系，加强人工智能领域知识产权保护。2019年，科技部印发《国家新一代人工智能开放创新平台建设工作指引》。2021年，国务院印发《"十四五"数字经济发展规划》，规划人工智能三大布局。2022年，中国信息通信研究院正式发布《人工智能白皮书》，积极推进人工智能所带来的红利。这些都表明我国正在加快构建以人工智能为基础的国家创新体系。

在法律法规方面，相比于旧法，2021年6月1日新生效的《著作权法》对作品定义等内容进行了修改，既有"列举式"，也有"概括式"，使得作品的定义更为完善，提高了著作权客体的法定地位。[②] 当前，我国对于人工智能的立法呈现出分散的特点，无论《电子商务法》还是《数据安全管理办法》，都只有部分

---

① AIGC，又称生成式AI，意为人工智能生成内容。例如AI文本续写，文字转图像的AI图、AI主持人等，都属于AIGC的应用。

② 刘睿、欧剑：《〈著作权法〉关于作品定义的修改对编辑工作的影响》，《科技与出版》2022年第1期。

条款涉及人工智能的规制。[①]

　　长期以来,保护人工智能生成物的著作权一直是一个备受关注的议题。20 世纪 70 年代,日本学者就对自助式照相机所拍摄照片的版权问题进行了深入探讨。美国也把人工智能生成物列入著作权的范畴,对其著作权的保护主要采取两种方式:一种是回避对"人"的著作权归属问题,而是从创造客体角度来确定著作权归属;二是通过对人工智能进行法律拟制,将其视为作者或合作作者,从而解决独创性来源和权利归属的问题。[②] 20 世纪 90 年代,部分英联邦国家已经在立法上对人工智能生成物作为新型作品给予了著作权保障。英国《版权、设计和专利法》于 1988 年正式通过,其中有一条将人工智能列为著作权客体的条款:"对于计算机文学、戏剧、音乐或艺术作品,凡已采取必要措施创作此作品者,均可被认定为是作者。"英国的《著作权法》虽然在世界范围内是一种特例,但对其他国家的立法也有一定的参考价值。如今,人工智能生成物的数量以几何倍数增长,基于人工智能的作品是否有版权以及如何确定版权归属的问题,再次成为讨论的热点。2019 年末,在伦敦召开的世界知识产权会议上,通过了《人工智能生成物的版权问题》的决议,其目的在于解决其能否获得著作权或相关权利,并在哪些情形下获得保护的问题。随后,欧盟委员会于 2020 年提交了关于制定人工智能法案的建议。[③] 从中可以看出,当今世界有不少国家非常重视人工智能生成物的著作权保护问题,并且认可了人工智能生成物的可版权性。

二、《著作权法》视角下人工智能生成物的概念

　　"人工智能创造"这一概念诞生于 20 世纪 50 年代。1956 年,美国作曲家莱加伦·希勒和数学家伦纳德·艾萨克森共同创作了第一部电脑乐曲《伊里

---

　　① 汪庆华:《人工智能的法律规制路径:一个框架性讨论》,《现代法学》2019 年第 2 期。

　　② 李艾真:《美国人工智能生成物著作权保护的探索及启示》,《电子知识产权》2020 年第 11 期。

　　③ Ebers Martin, Hoch Veronica R. S., Rosenkranz Frank, Ruschemeier Hannah and Steinrötter Björn, "The European Commission's Proposal for an Artificial Intelligence Act—A Critical Assessment by Members of the Robotics and AI Law Society (RAILS)," *The Impact of Artificial Intelligence on Law*, no. 4(2021): 589-603.

阿克组曲》，标志着第一部人工智能创作作品的诞生。在《著作权法》视角下，当前学术界还未对人工智能产物形成统一、规范的法律表述。易继明等将其称为"人工智能创作物"，孙正樑等将其称为"人工智能生成内容"。本文采取"人工智能生成物"的表述，一是在对其是否应当受到著作权保护进行论证之前，将其输出的过程称之为"生成"而非"创作"，更为贴切、严谨；二是本书秉持"人工智能主体否定说"的观点，因此选择"人工智能生成物"的表述，在逻辑上更具有连贯性。

　　需要注意的是，并非所有的人工智能生成物都在本书的讨论范围内。本书所探讨的"人工智能生成物"必须满足三个前提条件。首先，它是由弱人工智能生成。换言之，这将非人工智能的生成物排除在外。所谓非人工智能，是指在日常生活中因缺乏某种智能而不能自主完成某项任务或者无法实现既定目的的人或事物，例如用户利用相机等设备完成的摄影作品、电影等。根据《著作权法实施条例》第三条，"在创作过程中，只提供一些辅助工作，并提供一些资料、意见等方面的协助，都不属于创作"。其次，它属于智力成果。例如，用于对交通违法行为进行拍照的智能探头，由于识别过程中不产生"智力成果"，因而不受《著作权法》的保护。就目前而言，在计算机科学上，人工智能能够取得一些"智力成果"，已经成为一种必然趋势。最后，具有最低限度的独创性。人工智能技术应用于多个领域，其成果有可能作为不同法律规制的对象。对于那些经过深度学习后呈现出创新性、独创性和实用性的技术资料，它们可以被纳入《专利法》的范畴。若所得成果具备一定的商业价值，且属于未公开的经营或技术信息，则有可能被纳入商业机密的保护范围。如果某种人类创作物在形式上都不符合作品的构成要件，那么无论该主体是人类或人工智能，都不产生《著作权法》保护的法律效力。①

　　综上，本书讨论的"人工智能生成物"的概念是指人工智能利用算法设计和模板选择，在充分捕捉样本数据后生成的在客观形式上符合作品外观的智力成果。目前，人工智能生成物主要有以下四方面的显著特征。

---

① 秦涛、张旭东：《论人工智能创作物著作权法保护的逻辑与路径》，《华东理工大学学报（社会科学版）》2018 年第 6 期。

第一，高效性。得益于算法模型的不断优化、信息技术的快速发展以及数据库的不断丰富，人工智能能够精准捕捉相关数据并迅速激活生成机制，创作周期大幅缩短，在处理视频、图像、文字等方面的效率和准确性大大提高。

第二，程序性。虽然人工智能已经具备一定程度的"创作力"，但这种"创作力"实际上是通过特定的程序和算法，从大量数据中学习知识并进行加工处理。这些知识被储存在一个称为训练集的文件中，然后根据需要对其进行修改以满足不同应用场景的要求。

第三，自主性。人工智能通过特定的程序和算法，在其模拟"脑"的形态下对储存的数据进行取样、加工，经过排列、组合和筛选，具备了参与人类作品创作的能力，甚至可以独立生成具有作品外观的生成物的能力。这一能力超越了既定的算法、程序作出的指令，其生成物是经过深度学习之后自主选择的成果。

第四，不可区分性。目前，一些人工智能所创作的音乐、美术以及文字等作品在外观上与人类所创的作品具有较高的相似性，比如百度人工智能能够撰稿体育新闻，通过迅速抓取信息并且按照成文逻辑进行编排，抛开创作主体，仅从作品外观上看已经难以区分到底是人类还是人工智能的创作。①

三、人工智能生成物著作权保护之必要性

随着人工智能生成物的涌现，传统的"人类中心主义"著作权保护体系面临着前所未有的冲击和挑战。因此，对于人工智能生成物是否具备可版权性以及权利归属等是当下亟待解决的现实问题。

第一，新兴技术难以普及。近年来，人工智能在各行各业大放异彩，成为互联网中至关重要的技术。同时作为一门新兴科学，不可避免地引发人工智能生成物著作权之争。若无法进行法理论证并实现司法统一，人工智能所有人、人工智能使用者以及人工智能投资人等多个主体将无法获得稳定的保障和可观的预期，这将对人工智能的投入和开发、新技术的应用和普及以及市场

---

① 易继明：《人工智能创作物是作品吗？》，《法律科学（西北政法大学学报）》2017 年第 5 期。

秩序的规范产生不利影响。①

　　第二,现有法律难以规制。在传统观念中,著作权法采用人类中心主义,通过赋予垄断性权利来对人类精神劳动所产生的智力成果进行保护,激励知识创新和促进知识交流,进而提高社会的整体效益。因为缺乏人类创作的主体元素,它的出现无疑对只有人类才能创作作品的传统法律提出了挑战,颠覆了人们对于作者与著作权这一带有人身性质的权利义务关系的传统认知。但关于如何认定人工智能生成物的可版权性、著作权归属以及侵权责任认定等问题,相关的《著作权法》《知识产权法》《著作权法实施条例》等法律尚付阙如。

　　第三,司法实践尚未统一。目前,关于人工智能自动生成的文章是否构成作品,在学术界存在诸多争议。知名的"菲林律师事务所诉百度公司"案②和"腾讯公司 Dream writer"案③,分别为我国现阶段法律实务处理人工智能生成物著作权侵权纠纷提供了两条不同的保护路径。两地法院对涉案文章的"独创性"作出了肯定性评价,但对是否属于作品这一判断却大相径庭。

　　第四,著作权侵权纠纷不断。由于缺乏统一的权威性规定,一些市场参与者为了一己之私钻制度漏洞,若不对这些内容的属性和权利归属进行清晰的划分,将会使人工智能产生新的"孤儿作品""无主作品"的现象频频出现。如此不但会导致海量的作品冲击创作市场,还可能因为误用了人工智能生成物而陷入著作权法律纠纷,占用司法资源,徒增司法机关的压力。

第二节　争鸣:人工智能生成物是否具有可版权性?

一、人工智能生成物可版权性的理论困境

　　作品是著作权法律体系中一个重要的元概念,指的是文学、艺术和科学领域内具有独创性并能以一定形式表现的智力成果。我国《著作权法》将作品归

---

① 孟宪林:《刍议人工智能创作内容的版权保护问题》,《传媒》2021 年第 2 期。
② 北京互联网法院(2018)京 0491 民初 239 号民事判决书。
③ 广东省深圳市南山区人民法院(2019)粤 0305 民初 14010 号民事判决书。

为八大类。随着科技发展和社会进步,当人类创造出一种蕴含着某种思想内容的新型表达形式,并且符合作品特征时,就可以根据该法第(九)项"符合作品特征的其他智力成果"的规定,被视为著作权法上的作品。[①] 根据法律规定,"作品"必须符合以下要件:第一,具体的表达形式属于文学、艺术或者科学领域;第二,具有独创性的表达形式;第三,思想或情感的表达;第四,具有可复制性;第五,属于《著作权法》第三条规定的作品类型且不属于《著作权法》第五条规定的例外情形。

尽管《著作权法》详细列举了作品的种类,并从经验角度限定了作品的范围,但法条并未明确规定"作品"的确切含义,因此对于"独创性"的认定存在广泛的争议。在司法实践中,人工智能本身所体现的创新性与自主性给人们带来了许多思考的空间。如果人工智能生成物具有独创性表征,那么这些生成物是否可以被归类为法律上的"作品"呢? 依据什么来判定其作为作品的属性? 如果不是作品,其性质又如何? 如果属于作品,那么著作权是归属于人工智能,还是自然人或法人组织呢? 探讨人工智能生成物可版权性的争议焦点主要集中在要件二和要件三。

关于要件二,"创作是指直接产生文学、艺术和科学作品的智力活动。"[②] 理论上认为,"独创性"包含着"独"和"创"两个层面,对其进行评判时应采用主客观统一的方法。一方面,"独"从主观标准出发,是指"独立完成",而非抄袭、剽窃而成,其目的在于确定作品的归属与侵权认定,主要判定作品与作者之间的特定关系,也即作者在创作过程中的贡献度。人工智能在早期训练中基于人类收集、录入的特定素材进行训练并形成自主选择的能力,对于生成物的遣词造句和句式编排等过程与最终表现形式,人类没有参与也无法精准预测。虽然人工智能已经具备"独立完成"的能力,但是根据《著作权法》的规定,目前作品的作者只能是人类[③],而非人工智能。因此,有观点认为,这种创造力只

---

① 《著作权法》第三条。
② 《著作权法实施条例》第三条。
③ 《著作权法》第二条。

有人类才拥有,人工智能生成物的产生过程不符合主观标准。[①] 而"创"则从客观角度来看,是指"具有最低限度的创造性",体现为最终生成物与已有作品进行比较后在表达上具有可区分的差异性。实践中,有些人工智能生成物已经很难和人类作品区分开来,并且随着科技的进一步发展,两者的相似程度会进一步提高。换言之,如果人工智能生成物与其他作品之间存在着可被客观识别的差异且达到了最低限度的独创性标准,就存在着可版权的可能性。

根据要件三,在著作权法的范畴内,作品作为一种思想或情感的表达形式,不仅仅是单纯的思想或情感,而是一种思想内容和表达方式的共生体。[②] 思想和表达二分法的主要目的是保护人类对思想或情感演绎之后形成立场、观点的表达形式。对于著作权而言,作品是人格的外在表现形式。基于神经网络的工作机理,可将人工智能的创作流程视为对人类大脑的模仿,利用特定的算法和海量的大数据,对其进行持续学习并建立起一个模块化的语言模型,然后根据特定的指令形成最优化的作品。但在人工智能脱离人类参与的"算法自主模式"下,人工智能自主生成的过程其实是受指令被动整合的过程。此种机械手段本身不具有思想,本质上是重整他人碎片化的人格,并未赋予生成物新的人格,不属于现行《著作权法》意义上的"作品"。[③]

因此,根据目前的著作权法规定,无论从作品的创作主体角度还是从人格理论角度分析,人工智能生成物都无法被纳入版权保护的范畴。[④]

二、人工智能生成物可版权性的国内学说争议

在学术界,对于人工智能生成物的法律界定问题,一直是备受争议的焦点话题。学术界主要存在三种学说,即"支持说""反对说"和"折中说"。"支持说"主张人工智能生成物可以成为著作权法上的"作品";"反对说"主张人工智

[①] 王迁:《论人工智能生成的内容在著作权法中的定性》,《法律科学(西北政法大学学报)》2017年第5期。

[②] 曹新明:《著作权法上作品定义探讨》,《中国出版》2020年第19期。

[③] 黄玉烨、司马航:《挚息视角下人工智能生成作品的权利归属》,《河南师范大学学报(哲学社会科学版)》2018年第4期。

[④] 曹新明:《著作权法上作品定义探讨》,《中国出版》2020年第19期。

能生成物不能获得著作权法的保护；"折中说"主张应当按照人工智能生成物的不同分类进行单独讨论。

（一）支持说

"支持说"主要是在对著作权基本理论进行解释或批判的基础上，从法律拟制角度、独创性标准问题、参照职务作品、雇用作品、法人作品以及知识财产孳息角度等方面作出解释。熊琦从法拟制技术出发，认为人工智能生成物类似于法人作品，作品表达的思想情感是相关利益主体的意志或思想情感的表达。[1] 但法人作品无法解释"人机协作模式"下作品的认定及著作权归属问题。袁真富反对以主观标准来评估独创性，认为独创性的评价是一种客观的、外在的过程，只需满足作品外观属性即构成作品。[2] 吴汉东认为人工智能的著作权可以参照职务作品或雇用作品的规定，由创制机器的"人"而不是机器人去享有和行使权力。[3] 黄玉烨、司马航认为可按照民法体系中的知识财产孳息界定人工智能生成物的性质，回避了传统著作权法上"人工智能的创设者、人工智能和生成物"之间的三元结构，转而采取以"人工智能和人类"的二元结构，但是孳息理论缺乏对精神权利的规制。[4]

（二）反对说

"反对说"主要从伦理角度、风险角度进行分析。王迁认为，人工智能生成物始终只是作品形式上的"影子"，终究只是计算机程序生成的结果，没有涵盖人类作者的独特风格和情感，所以不能将其列入作品行列。曹新明、杨绪东认为若仅凭人工智能生成物的类作品性就授予其著作权保护，脱离了人类劳动范畴的人工智能会对著作权的劳动理论造成冲击，"机械推理"取代"人的理性"也会对基于人格标准的人格理论发起挑战，还会使激励机制失灵，导致创作激励向投资激励转变，挫伤市场整体创作的积极性。[5] 陈虎认为，单纯以表

---

[1] 熊琦：《人工智能生成内容的著作权认定》，《知识产权》2017年第3期。

[2] 袁真富：《人工智能作品的版权归属问题研究》，《科技与出版》2018年第7期。

[3] 吴汉东：《人工智能时代的制度安排与法律规制》，《法律科学（西北政法大学学报）》2017年第5期。

[4] 曹新明：《著作权法上作品定义探讨》，《中国出版》2020年第19期。

[5] 曹新明、杨绪东：《人工智能生成物著作权伦理探究》，《知识产权》2019年第11期。

现形式赋予著作权,会导致著作权法的激励作用丧失,难以对"动物创作"问题形成体系解释,从而产生著作权客体的准入标准混乱、著作人身权落空等负面影响。①

（三）折中说

刘影认为,生成物可以基于人类的介入频次将人工智能分为源于人类的生成物和非源于人类的生成物。后者很难构成著作权法意义上的作品,但是有必要在立法论上审视第二类生成物著作权法保护的可能性。② 王新雷、秦文豪认为,人工智能生成物的著作权属性很难被明确,但可根据其财产属性暂时将人工智能生成物归入虚拟财产的保护区间。③

第三节　回应:人工智能生成物可版权性的类型与标准

一、人工智能生成物可版权性证成

我国传统观点认为,人工智能的创作主体和独创性都不符合《著作权法》和《著作权法实施条例》等法律规定。但是我们不能仅仅从著作权创作主体的角度进行简单否定,将人工智能生成物认定为作品并赋予其著作权保护,不仅符合了《著作权法》的立法宗旨,还有助于激发人们对人工智能的研究热情,推动作品的创作和传播,促进文化的多元发展。

首先,从工具论角度来看,人工智能生成物是由人类编入的算法程序产生了"自主思想",延伸了人的大脑和身体,替代了人类部分智力和体力劳动。如果说普通作品是人类直接创作的产物,直接呈现了人类的思想,那么人工智能生成物就是人类思想的间接传递。因此,将人工智能生成物视为人类的间接

---

① 陈虎:《论人工智能生成内容的不可版权性——以表现形式为中心》,《重庆大学学报(社会科学版)》2021 年第 7 期,https://kns. cnki. net/kcms/detail/50. 1023. C. 20210705. 1346. 002. html,访问日期:2023 年 5 月 4 日。

② 刘影:《人工智能生成物的著作权法保护初探》,《知识产权》2017 年第 9 期。

③ 王新雷、秦文豪:《涉人工智能案件的审判难点及应对思路——基于对 220 件司法裁判结果的实证研究》,《北京航空航天大学学报(社会科学版)》2023 年第 6 期。

智力成果,具有一定的合理性。①

其次,从利益平衡理论来看,如果人工智能生成物不受著作权法的保护,那么使用者就可以自由地使用人工智能生成物,而无需支付任何费用,亦无需承担任何侵权的责任和风险。在劣币驱逐良币的原理下,人类作品的市场竞争力将会被削弱,进而导致人的创作积极性下降,毫无疑问这是对人工智能及其创作者权益的一种极大侵害,显然违背了利益平衡原则。②

最后,从市场激励角度来看,人工智能的研发和使用凝聚了大量的资本和劳动投入。虽然目前人工智能生成物的水平参差不齐,但由于其相似性和高效率等特点,一部分人为了节省开支而选择不受《著作权法》保护的人工智能生成物,复制成本空前缩减。对投资者而言,无法有效收回投资成本并获得预期收益,这无疑没有起到市场激励作用,还可能因此导致市场创作的整体水平降低。与此同时,人工智能的自主学习依赖大量的人类作品,如果对人类作者的激励消减,人工智能也会失去学习的渠道。③

二、人工智能生成物类型化区分之必要性

虽然人工智能只是一个广义的术语,但是不同类型的人工智能的实际运行原理和功能差异较大。伴随着深度学习技术的持续发展,其学习模式已经发生根本性转变,有些人工智能生成物表现出的"类人类作品"的特征也越来越明显。然而,目前学术界对人工智能的研究大多仅限于整体方面的讨论。当我们研究数量庞大的人工智能生成物的性质时,是否可以将它们归纳为同一维度,无差别地进行探讨和研究呢?从《著作权法》的视角来看,需要对所有的人工智能生成物都采用一致的保护标准吗?海量的人工智能生成物,能否得到同样力度的著作权保护?

当前,学术界对人工智能生成物著作性质的讨论存在泛化的困境。学术界的大多数研究都是将不同类型、性质的人工智能生成物归并为一类来讨论

---

① 吴汉东:《人工智能生成作品的著作权法之问》,《中外法学》2020年第3期。
② 孙正樑:《人工智能生成内容的著作权问题探析》,《清华法学》2019年第6期。
③ 刘强:《人工智能对知识产权制度的理论挑战及回应》,《法学论坛》2019年第6期。

研究,而没有按照运行原理、技术构成、智能程度等对人工智能进行详细分类。由于各种智能产品存在各自的保护逻辑,如果将各种智能生成物混为一谈,很难建立一套通用的逻辑体系。因此,要在对人工智能生成物进行类型划分的基础上,来探讨与其相关的版权问题。

三、人工智能生成物可版权性之类型

在弱人工智能语境下,依据人工智能创作过程对人的依赖性,将人工智能生成物分为来自人类的生成物和非来自人类的生成物。在此基础上,根据人工智能的智能程度以及人类智力贡献度占比,将人工智能生成物划分为"工具辅助模式""人机协作模式"和"算法自主模式"这三种类型。

（一）工具辅助模式

在该模式下,与计算机衍生作品同理,人工智能如果只是作为人类创作的单纯的工具而被使用,编程者只是提供了固定的模板、参数等辅助性的劳动,最终的生成物还是要取决于使用者特定的劳动与独特的创作风格,那么这一类生成物属于现行著作权法的保护范围。如果使用者提供的仅仅是诸如打开开关、启动程序等辅助性的劳动,一切生成的内容皆为机械程序的结果,那么该生成物不具有最低限度的独创性表达,不能成为《著作权法》上的作品。此外,根据"思想与表达二分法"的基本原则,著作权法保护的是思想表达而非思想本身,编程者因其同质化模板,即相同的表达而排除其对生成物的独创性贡献,不应成为《著作权法》意义上的作品。

在菲林案中,使用者通过输入关键词并点击"可视化"按钮来下达"创作"指令,即自动生成法律报告。在这个过程中,用户对生成的报告内容没有实质性的贡献。[①] 这类新闻写作是人工智能根据内部预存的模板完成的,只要输入相似的信息指令,虽然生成的内容随之而变,但这一变化是由于客观数据的变动,而非人工智能抑或人类独特的选择和加工,使用者在其中亦没有独创的思维表达,其生成物不受著作权法的保护。但在 Dream writer 案中,法院认

---

① 王涛:《人工智能生成内容的著作权归属探讨——以"菲林案"为例》,《出版广角》2020 年第7 期。

为,涉案文章的独特表现形式源于创作者个性化的选择和安排,体现了团队人员的脑力劳动和智力选择,因此该文章被视为我国著作权法所保护的文字作品。尽管两份判决不同,但 Dream writer 案并非完全否定菲林案,而是根据特定情况对人工智能生成物作出的不同判断。这一区分的关键在于,人工智能在被用作"工具"以实现人类的创造性表达时,是否含有"人"的独创性贡献。①

(二)人机协作模式

在该模式下,在"自主性内容生成"的基础上,人工智能编程者通过预先设置一定的算法和程序赋予了人工智能生成物独创性阈值,从而使人工智能在整个计算过程中能够独立运行,在计算上就将人类使用过程中的部分创作空间剔除在外,但是用户可以在剩下的领域再次赋予人工智能生成物独创性的贡献度,添加自己的个性表达,与人工智能共同展开创作。此时,两者需要解决的主要是后续生成物的著作权划分问题。

以当下流行的手机 AI 摄影技术为例,传统摄影作品的独创性体现在摄影师对构图角度、光线运用等方面个性化的选择。相比之下,手机 AI 摄影的原理是使用神经元处理器,通过对海量的图片数据进行深度学习和训练,对人像与背景进行实时识别,并且根据人脸肤色等进行补光、美肤等智能处理,对图像的饱和度、对比度、锐度和清晰度进行自动调整,从而优化照片细节。尽管手机 AI 摄影完成了一些本应由人类体现独创性的内容,用户智力创造的空间在某种程度上被替代,但是编程者本身已经将独创性的表达融入了人工智能的算法中,或者用户在使用时融入了独创元素,因此该照片仍然可以被认定为作品。②

(三)算法自主模式

近年来,基于大规模神经网络技术的进步,人工智能已具备了更高水平的自主性。掌握深度学习算法的新一代人工智能,不但能够基于预先设定的算

---

① 雷丽莉、朱硕:《人工智能生成稿件权利保护问题初探——基于 Dream writer 著作权案的分析》,《传媒观察》2022 年第 5 期。

② Schafer Burkhard, "Editorial: The Future of IP Law in an Age of Artificial Intelligence," *SCRIPTed*, no. 3(2016):283-288.

法和程序来生成内容,还可以通过主动学习,在没有预定算法或规则的情况下进行创作。尽管我们能够操控人工智能的信息输入和算法设定,但我们无法完全掌控和预知人工智能的生产和输出。它可以根据场景、人物、事件等多种因素,在输入相同素材的情况下创造出多样的内容。人工智能已经跨越了机械延伸的界限,逐渐摆脱了其作为内容创作辅助工具的地位,这也是人工智能生成物独创性的根源。

在 2017 年 5 月,微软的 AI 小冰在经过了一段时间的学习和积累之后,最终完成了一篇名为《阳光失了玻璃窗》的诗歌,这是人类历史上首部完全由人工智能完成的作品。在它的作品中,超过半数的词句搭配从未出现在它学习过的资料里,说明此类人工智能可以通过运用算法来实现独立完成作品,而非依赖自然人的参与。基于此,人工智能实现了从人机协作模式到算法自主模式的转变。

四、人工智能生成物可版权性之"一定限度的客观独创性"标准

在上述分类的基础上,根据人工智能的智能程度以及人类在此创作过程中的参与度,可以将其分为工具辅助模式、人机协作模式以及算法自主模式,三者的人工智能程度依次递增,人类的创作参与度依次递减。工具辅助模式和人机协作模式仍可遵循著作权保护的一般逻辑,而在算法自主模式下,人工智能生成物的定性问题最具有争议性。人工智能的智能程度越高,在生成的过程中人类的参与就越少,它所生成的内容也就越难形成作品。但是,人工智能的智能程度越高,它所生成的内容也就越符合作品外观。因此,算法自主模式下的生成物应当采取"一定限度的客观独创性"标准予以认定。

（一）客观独创性

人工智能的生成内容是否构成作品的核心无疑是对独创性的评判,即人工智能生成物是否体现了最低限度的智力创作。该种判断事实上要确认的是人工智能生成物能否获得和作品相同的或者类似的保护。对于这一概念,现有学说并没有达成共识,其关键在于对人工智能生成物采取何种判断标准。有学者强调独创性是作者思想、情感和个性的反映,应从创作主体来理解独创

性;也有学者提出,作品的表达如有客观独创性,则关注焦点仅应集中在客观结果方面,不应集中在创作过程中主体是谁方面。换言之,当人工智能生成物和人类所创造的作品表达方式完全一致时,若该作品为人类所创造且明显能够取得著作权,则无须考虑该作品创作者是否为人工智能或自然人。因此,对于算法自主模式下的人工智能生成物宜采取客观独创性标准。[1]

一般而言,一部作品所反映的思想有多种表现形式。对于同一种思想而言,表达的方式不同能够让不同创作者分别获得独立著作权。[2] 任何著作权其实都是对某种思想进行具体表述而拥有的专有权利,该原理也可应用在人工智能生成物上。人工智能"创作"的"思想"就是编程者所建立的算法和程序所生成的"思想"[3]。在独创性的背景下,所谓"人"之作品独创性和作品是否具有充分的表达创造性并受著作权保护是两个截然不同的问题,以"人"之创作为"独创性"定义标准混淆了权利客体和权利的归属两个概念,违背了法的根本逻辑。在这一范围内,著作权法独创性的判定标准应当采用客观性评价方式,即以客观的表达形式来检验是否符合既有作品要件。

(二)一定限度的创造性

不管在工具辅助模式还是在人机协作模式下,因为存在人类的创作参与,作品的认定只需满足"最低限度的创造性"标准。但在算法自主模式下,考虑到人工智能的生产效率远高于人类,如果给予此类生成物同样的作品认定标准,将会出现公地悲剧,大量碎片化权利的存在会增加交易成本,阻碍作品的使用,违背了立法的初衷。同时,由于人工智能生成物的类似性和同质化,如果给予此类生成物同样的著作权法保护力度,也会出现过度保护问题,导致大量创造性不高的作品享有过度的权利。

因此,针对算法自主模式下的人工智能生成物,需要提高《著作权法》中有关作品创新性的标准以及将原本抽象的独创性标准具体化。对于不同种类的生成物,要根据具体的情况设置不同的独创性标准。对于摄影作品、视听作

---

[1] 李琛:《论人工智能的法学分析方法——以著作权为例》,《知识产权》2019 年第 7 期。
[2] 张春艳、任霄:《人工智能创作物的可版权性及权利归属》,《时代法学》2018 年第 4 期。
[3] 雷悦:《人工智能发展中的法律问题探析》,《北京邮电大学学报(社会科学版)》2018 年第1 期。

品、绘画作品等类型,由于其潜在的数量多,会对人类作品市场造成一定冲击,应当采取更高的独创性标准,提高市场准入的门槛,有针对性地降低质量不高的人工智能生成物在著作权市场中的比重,从而达到人工智能作品与人类作品的利益平衡。[①]

第四节　归属:人工智能生成物的著作权如何归属?

一、"人工智能"作为著作权主体之否定

作为一门新兴学科,人工智能由于缺乏权威的内涵界定,导致学者在人工智能能否成为著作权主体上存在分歧。持"人工智能主体说"的张玉洁认为,在人类社会老龄化语境下,赋予机器人法律拟制的权利主体地位符合权利发展的历史规律。[②] 王勇认为"作者"只是一个法律概念,概念指向的是在法律上对某对象的权利具有掌控地位的主体,故人工智能系统完全能够以作者论。郭少飞认为"电子人"应该写入我国的法律。而本书坚持"人工智能主体否认说"的观点。[③] 在当前语境下,人工智能不可以成为著作权的主体,概因人工智能不具备法律主体资格要件,且无法达到激励人类创作的目的,不具有实践可行性。

其一,法律主体指的是那些具备独立权利、义务履行和责任承担能力的个人、法人或其他组织。尽管人工智能在模仿人类思维方面表现出色,但在创作活动中,它只是通过内置软件对人类思维活动进行模拟,从而实现机械化和无意识的操作,本质上并未表现出主观意识。人类之所以能够进行思考,是因为人类的思维能力是在漫长的社会劳动和实践中逐渐形成的,而人类的社会属性是无法被智能机器人所模拟的。因此,人工智能只能作为人类的工具而非

---

① 吴雨辉:《人工智能创造物著作权保护:问题、争议及其未来可能》,《现代出版》2020年第6期。

② 张玉洁:《论人工智能时代的机器人权利及其风险规制》,《东方法学》2017年第6期。

③ Thorp H. , "ChatGPT is Fun, But Not an Author," *Science*, no. 6630 (Jan. 2023): 313.

主体参与社会活动。此外，机器人并不具备成为诉讼主体的资格，因为人工智能缺乏权利、义务和责任的履行能力，即使被授予著作权，一旦它们的权利受到侵害，也无法及时获得救济，同时也无法真正认识到自身行为的法律后果，更不能承担任何侵权法律后果。[①]

其二，从激励理论来看，人工智能本身没有利益需求，也不具有思想情感。人工智能对作品的生成、传播和使用在本质上都是通过算法指令实现的，而非创作作品。在《著作权法》体系下，人工智能作为一种工具，不会因为获得著作权而提高其创作的积极性，也不会因为被侵犯著作权而捍卫自身的权利。因此，赋权给人工智能达不到激励创作的立法目的，人工智能在其间只能扮演中间人的角色。

其三，从实践可行性角度分析，目前人工智能的发展还处于起步阶段，如果将其视为法律主体，所涉及的不仅仅是《著作权法》中的某一部分，还涉及其权利与义务的分配，以及各个部门法之间的修改与协调。在此背景下，人们要对法的主体进行反思与重构，更要进行一场关乎哲学、伦理、道德等层面的大讨论。[②] 对于这一现象的定性与价值评判，应该以客观事实为基础，在实践基础还未成熟的前提下，不可进行盲目的法律评价，否则就会偏离法的稳定性与严谨性。因此，结合能够预见的强人工智能时代背景与未来科学技术的发展情况，人工智能作为著作权主体不具有实践可行性。[③]

二、人工智能生成物著作权之归属模式

正如前文所述，人工智能在创作中离不开人为介入。区别于拥有思想和感情的人，人工智能只有接受人的指令才会运作。而在工具辅助模式和人机协作模式下，人类更是在创作过程中作出了独创性的贡献。鉴于此，关于人工智能生成物的著作权归属的讨论不但不能突破将人作为权利主体的规则，还

[①] 李扬、李晓宇:《康德哲学视点下人工智能生成物的著作权问题探讨》,《法学杂志》2018 年第 9 期。

[②] 王迁:《如何研究新技术对法律制度提出的问题？——以研究人工智能对知识产权制度的影响为例》,《东方法学》2019 年第 5 期。

[③] 杨利华:《人工智能生成物著作权问题探究》,《现代法学》2021 年第 4 期。

要根据人类在创作中所起的作用以及其他因素来划分生成物著作权的归属，将其分为人工智能使用者独有、所有者和使用者共有、人工智能所有者独有这三种模式。

（一）人工智能使用者独有模式

在工具辅助模式下，使用人工智能进行创作，无论在前期由使用者提供具有独创性表达的创作意图、创作方向或者创作元素等内容来源，还是在后期使用者对人工智能程序化生成物加以修改、润色，添加了使用者足以体现作者个性的表达，最终的生成物都没有编程者的创造性劳动，而只有使用者赋予人工智能生成物独创性，因此人工智能用户应当享有生成物的著作权。在"腾讯Dream writer"的著作权侵权纠纷案件中，从调查结果中可以清楚地看到原告主创团队对数据输入、触发条件设置、模板以及语言风格的选择决定了涉案文章具有一定创新性的表现形式。同时，涉案文章为原告多人分工合作而成的智力创作，总体上反映了原告对刊登股评综述类文目的需求与意向，依法属于法人作品，应当受到《著作权法》保护。[①]

（二）所有者和使用者共有模式

实践中，人机协作模式已经对既有的创作模式进行了大量的创新和变革，在创作过程中实现了思想与表达的分离。自然人提供的创作思路、素材赋予了生成物独立的逻辑和内容，而人工智能则将这些元素进行可视化呈现，打破了传统创作思想和表达的单一主体体系，从而使得人工智能算法逐渐成为独立的创作实体。[②] 因此，在人机协作模式下，由于使用者和所有者都在创造新的产物方面作出了独创的贡献，这些作品可以被视为使用者和人工智能之间协同创作的产物。

在分配人工智能作品的权益时，由于技术和事实层面难以确定和划分各自的贡献比例，因此在判断合作作品时，需要综合考虑两个因素：一是当事人之间是否达成了合作协议，二是当事人是否遵守了合作协议中规定的义务并

[①]　广东省深圳市南山区人民法院（2019）粤 0305 民初 14010 号民事判决书。

[②]　曹新明、杨绪东：《人工智能生成物著作权伦理探究》，《知识产权》2019 年第 11 期。

将其贡献融入合作作品。① 对于人工智能生成物而言,可以通过合同约定建立以"所有者和使用者"为核心的权利构造,保证权益的合理配置。实践中,常见的有使用者下载软件后,需要勾选并同意平台事先拟定的"用户使用协议",才能够使用软件后续的功能。在此过程中,平台应遵循平等原则,充分尊重各方意思自由,拟定公平、恰当的用户使用条款,明确生成物的权利归属、双方的权利义务以及维权方式等,并且须以显眼的文字、标识提醒用户该软件的著作权益分配比例等注意事项。② 通过签约获得程序使用权的用户,当然地拥有对该生成物进行使用甚至收益的权利。相反,如果人工智能应用程序在"用户使用条款"中已经对其著作权归属作出明确规定,那么如果用户利用人工智能时直接署名并发表文章,事实上就已经构成了对人工智能所有者著作权的侵犯。

(三)人工智能所有者独有模式

在算法自主模式下,可能涉及的主体有三个:一是人工智能所有权人,二是软件著作权人,三是软件使用者。软件使用者由于只是提供了启动创作等类似的指令,而无其他的独创性贡献,首先应当排除在著作权人的范围之外。生成物独创性最大限度来自人工智能,而前两个主体与人工智能的关联最为密切。在人工智能生成作品的过程中,这两个实体的存在都是不可或缺的,但它们并非共同创作的关系,生成物的著作权应当归属于人工智能所有者。

一方面,从主观目的角度来看,人工智能所有者一般是为了生产经营的需要而购买人工智能的企业或个人。就比如新闻界出版媒体购买撰稿机器人是希望可以替代更为高昂的人工费,提高写作的效率。可以认为,出版媒体在人工智能的生产过程中付出了一定的工作和经济投入。人工智能生成物与具体的企业文化、企业目标或者个人创作风格不可分离,更多地反映了所有者的主观意志和审美观念,可以被视为代表所有者的意志进行创造。因此,将人工智能所有者视为著作权人具有一定合理性。

另一方面,从社会整体效益角度来看,著作权分配时应当考虑效益最大化,对著作权人进行界定时应偏向于选择能够实现资源最优配置的主体。如

---

① 曹新明:《合作作品法律规定的完善》,《中国法学》2012 年第 3 期。

② 曹新明、杨绪东:《人工智能生成物著作权伦理探究》,《知识产权》2019 年第 11 期。

果著作权归属于唯一的软件著作权人所有,会使软件著作人对经济利益的控制权过大,从而造成在实际应用中怠于使用人工智能的现象。此外,享受权利的同时也意味着要履行更多的义务,如果集海量作品的著作权于一人,会使软件著作权人承担过重的责任,也不利于被侵权人及时、有效获得权利救济。而人工智能所有者已就软件著作权付出了以产出为目的的经济投入,如果将其视为作者,为了尽快回笼资金,会更大限度、更为积极地使用人工智能获得经济效益,发挥人工智能的效用,使得社会整体利益达到最大化。

三、人工智能生成物著作权保护之体系构建

人工智能生成物著作权保护的新体系是以自然人为中心,将人工智能生成物进行类型化划分后,再根据各自模式进行著作权归属,具体规则如下。

首先,进行作品定性。按照人工智能使用者创作的参与程度,从高到低可以分为工具辅助模式、人机协作模式、算法自主模式。根据具体情况判断该人工智能生成物的类型,不同情况不同分析,解决《著作权法》中作品的定性问题。工具辅助模式和人机协作模式可按照传统《著作权法》中关于"作品"的定性规则进行认定;而算法自主模式下,由于缺乏使用人独创性的参与,"作品"的定义标准有别于其他两种模式,要件二应采取"一定限度的客观独创性"标准,对此种人工智能生成物的独创性提出了更高层次的要求。

其次,进行类型分析。一旦符合作品条件的人工智能生成物符合作品外观,就需要对其进行类型分析:第一步判断其是否属于我国《著作权法》第三条规定的作品类型;第二步判断其是否属于合作作品、翻译作品、委托作品、职务作品等。

最后,确定权利归属。根据作品的具体模式和类型,分析哪些主体参与了人工智能的使用、投资等环节,"人工智能所有者独有"模式以及"人工智能使用者独有"模式的情况宜在法律层面予以确认,"所有者和使用者共有"模式应按照"当事人约定优先"的原则,依据合同约定确定其著作权归属。当事人之间若没有达成任何合意,或者有多个合同条款但彼此相矛盾,则应根据具体情形进行协商以确定最终解决方案。对于不能进行协商或者协商不成的,应当通过司法途径予以确认。

第五节　追寻：人工智能生成物著作权保护的未来可能

我国的著作权法律体系在人工智能生成物保护方面缺位,虽然目前在理论和技术层面还存在重重困难,比如人工智能生成物的著作权主体地位众说纷纭,人工智能生成物与人类作品在技术层面难以区分等,但是法律必须与时俱进,在立法层面和技术层面对人工智能生成物独创性的判断标准、署名权、著作权的保护期限、合同约定等问题予以回应,这对统一司法实践以及规范市场秩序等方面具有重大意义。唯有如此,才能给新生事物和先进技术提供良好的发展土壤与制度保障。

一、增设邻接权保护

目前人工智能尚处于初级阶段,技术也仅限于特定的应用范围,人工智能技术对作品进行制作并不影响作者的人格利益,却改变了传统著作权人与传播者之间的法律关系,使其具有了一定的人格化特征。法律虽然需要具有前瞻性,但是对于没有一定实践和试点基础的新兴事物,法律一般不进行先行调整,对传统法律进行修正以及从解释论角度进行探索是一条可行性路径。

"著作权"既是创作的激励因素,也是支持出版经济的需要。"出版经济"是一种反映投资者的利益,也就是作为创新活动的直接推动者而出现的一种社会现象。尽管投资者未直接参与作品的创作,然而他们对于推动人工智能创作的技术研发发挥了重要作用。人机协作模式和算法自主模式下的人工智能的所有者和投资者属于不同主体,在讨论著作权归属时也应当考虑投资者的权益。①

首先,在我国著作权保护中,作品创作者与投资者之间的联系密切。在高新技术领域,由于其开发费用持续上升,开发过程中存在的不确定因素也在日益增多,设计者个人很难承担巨大的成本和风险,而引入投资人则可以有效解

---

① 　石丹:《人工智能创作物版权归属问题及其应对策略》,《广西社会科学》2020 年第 4 期。

决开发过程中的高风险、高成本等难题。其次,在人工智能发展初期,投资者由于急需通过回笼前期的投资成本,会借助其资金实力、运营能力以及知名度来促进人工智能作品早日上市,这有助于推动人工智能的开发与利用。最后,随着人工智能的广泛应用,其使用者数量不断攀升,而投资者数量则相对稳定,这有助于他人快速确认著作权人并获得作品使用许可,从而提高工作效率。

邻接权保护方面不受限于自然人的范畴,能够根据现实需求灵活增设,有效弥补《著作权法》的不足,使作品得到更广泛和更充分的保护。我国现有的邻接权类型仅适用于特定的文化产品类型,无法将人工智能生成物包含在内,因此需要对其新增邻接权类型,兼顾主客体、权利义务、保护期限等基本要素。但是,基于人工智能投资者与使用者之间的利益冲突关系,也需要对他们的权利进行适当约束,也就是说可以通过给予人工智能投资者部分邻接权来平衡双方的利益。一方面,就著作权人格保护而言,考虑到人工智能不具有思想和情感,应该排除对其的人格权保护。但是经过训练和深度学习后,人工智能能够形成自身的创作风格,若保留人工智能的"署名权",有利于人们将不同公司、企业制造或所有的人工智能区分开来,从而建立起了特定人工智能及其生成物与特定受众之间的联系纽带,满足生成物受众的使用体验预期。另一方面,关于人工智能生成物的财产权,鉴于人工智能产品的高效性,应适度降低保护程度并缩小财产权的范围,如对复制权、发行权以及网络传播权等予以保护。[1]

二、建立著作权登记制度

虽然前文提到双方可以通过合同来约定两者的权利义务,但是由于无法可依,且所有者和投资者往往处于优势,而使用者相较于投资者处于劣势,最终受益最大的往往是主导权利义务分配的投资者,这就很有可能会造成使用者所要支付的费用过高的现象。因此,著作权登记机关需要建立一套关于人

---

[1] 秦涛、张旭东:《论人工智能创作物著作权法保护的逻辑与路径》,《华东理工大学学报(社会科学版)》2018 年第 6 期。

工智能生成物著作权的登记制度,来规范双方权益分配的问题。

首先,规定权利的边界。所有者和投资者若要将人工智能投入市场使用,则须采取强制登记主义。根据人工智能产品的智能程度和所有者对其的独创性贡献度设定一定的权利上限,在人工智能生成物多位著作权人要求登记的情况下,由著作权人提供相应的证据证明其身份的合法性以及效力,确定其各自享有的著作权比例。在标准规定的范围内,在人工智能所有者和使用者预先存在合同约定的情况下,以约定为先;如果没有事先约定,则采取强制登记主义的既定标准。关于著作权的保护期限,由于人工智能更新迭代的速度很快,因此生成物的著作权保护期限不宜过长。

其次,确定登记的门槛。由于人工智能的高效性,其能够批量生产却难以保障作品质量,当下依然存在一些毫无美感,甚至可能与主流价值观不符的生成物。除此之外,人工智能的程序化导致某些生成物出现同质化的现象,对泛化的生成物进行著作权保护不具有价值意义,反而会导致权力过剩的局面出现,造成法律资源的浪费。因此,需要设定一定的等级门槛,细化对人工智能生成物的认定机制,将一些同质化、低质量的生成物排除在外。

最后,设立登记机构。登记是一种获得排他性权利的法律途径,若自然人或法人想要获得人工智能生成物排他性的权利,可以向有关部门提出申请。但是人工智能生成物登记制度的设计与实施,对技术以及专业提出了较高的要求,因此需要设立专门的人工智能登记部门。此外,为了防止资源浪费,自然人或法人若要登记,需要事先支付一定的申请费用,还要提交相关材料交由著作权登记机构进行审核,对该生成物的独创性、技术性、市场价值等等方面承担一定的证明责任。

第七章　互联网金融平台监管法治路径构建研究

第一节　互联网金融平台及其监管概述

互联网金融平台不论在广度上还是深度上正在以方兴未艾之势深刻影响并改变着传统金融体系,成为现代金融业发展的一个趋势。更为重要的是,其通过互联网技术对金融业的运行方式和行业理念产生了重大影响。但互联网金融平台所带来的技术、数据等风险也不容忽视,因此为了促进互联网金融平台的健康发展并防范风险,应当采取有效的监管措施,以确保其规范运营和良性发展。只有平衡好创新与监管的关系,才能够更好地维护互联网金融行业的可持续发展。

一、互联网金融平台概念的厘清

（一）互联网金融平台的概念

互联网金融是指互联网信息技术与金融相融合的新金融模式。该术语是我国特有的概念,最早可以追溯到 2012 年,由谢平等人首次提出,其认为互联网金融是基于互联网技术开展金融活动的第三种金融融资模式。[①] 直到 2014 年,才吸引监管机构、行业参与者、学者等的关注。2014 年,中国人民银行在《中国金融稳定报告(2014)年》中首次明确指出,互联网金融是互联网与金融

[①]　谢平、邹传伟:《互联网金融模式研究》,《金融研究》2012 年第 12 期。

的结合。① 报告明确了互联网金融平台仍是金融的本质没有改变，指明了监管的重点应放在金融上。2015年，中国人民银行等十部委联合发布的《关于促进互联网金融健康发展的指导意见》(以下简称《指导意见》)对互联网金融作出了官方定义："互联网金融是传统金融机构与互联网企业利用互联网技术和信息通信技术实现资金融通、支付、投资和信息中介服务的新型金融业务模式。"②

由此可见，互联金融平台是指将传统金融与互联网进行有机结合的金融网站，是金融服务与互联信息技术的独特联姻。一般而言，从广义的角度来看，不论开展线上业务的传统金融机构，还是利用互联网技术提供金融服务的非金融业态，凡是与互联网相结合的金融机构都可以被称为互联网金融平台。但传统金融业态仅是简单地运用互联网技术开展线上业务，本质上并未发生实质改变，因此本书展开论述的研究对象相对而言更为狭义，即利用互联网技术开展金融服务的非金融机构平台。

(二)互联网金融平台的特点

1. 科技性与创新性

互联网金融平台是信息科技时代的产物。首先，其创造了新型的金融运行机制，降低了产业运行成本。互联网金融平台在以信息技术为基础的互联网平台上运行，不断趋向于数字化与智能化，使得产业通过数字化运行。因而摆脱了物理介质的束缚，形成"脱媒"现象，创造了新型的金融运作机制。同时，互联网金融平台一改传统模式下依赖人力、物理介质的情形，利用"长尾效应"更好地满足"长尾人群"，从而能够使数额型的规模经济转为数量型的规模经济，使得互联网金融平台运行的精准化程度更高，降低了平台的边际成本，大幅度提高了效率。其次，互联网金融平台利用信息技术进行金融产品创新。一方面创造了新的金融类别，将金融产品与互联网技术进行有机结合，从而衍

---

① 中国人民银行金融稳定局：《中国金融稳定报告（2014）》，http://www.pbc.gov.cn/jinrongwendingju/146766/146772/146776/2806414/index.html，访问日期：2022年10月21日。

② 中国人民银行：《关于促进互联网金融健康发展的指导意见（银发〔2015〕）》，http://www.pbc.gov.cn/goutongjiaoliu/113456/113469/2813898/index.html，访问日期：2022年6月12日。

生出诸如 P2P、区块链以及网络众筹等新金融产品;另一方面也创建了新的交易模式与支付方式,诸如微信、支付宝等。

2. 混业经营

与传统金融机构通常仅经营单一业务不同,互联网金融平台利用互联网科技与平台特性,运用网络效应聚集消费者,经营多种金融类别,打破金融业的边界,显著增强了金融包容性。如知名互联网金融平台蚂蚁金服,旗下理财、保险等金融产品应有尽有。

3. 风险的复杂性

互联网金融平台充分利用未被开发的数字信息,从而使产生的数据信息越来越立体,网络价值也呈指数级增长,改变了资本在市场的配置方式。正如梅特卡夫定律所指出的,一个网络的价值等于该网络内节点数的平方。囿于复杂网络框架下的关联性,互联网金融平台有更多的关联节点,表现出结构复杂性、融合性和网络进化性等“新复杂网络”特征。[①] 因此,其较传统金融也更具风险传染性,呈现出复杂融合性风险。

4. 金融的普惠性

首先,降低了金融服务门槛,扩大了金融服务边界。互联网金融平台因成本低、效率高,其金融服务门槛也相对较低。再加之移动终端广泛普及,互联网金融平台凭借大数据与云计算等一系列高科技技术,建立了一套完整的全民服务体系,将金融服务扩大至整个社会,极大地推动了金融服务的普惠化。其次,利用“长尾效应”进行普惠金融服务。诚如前述,互联网金融平台的科技性大大提升了普通消费者参与金融交易的机会,使得金融消费者可以更加平等、普世以及可持续的参与金融活动,互联网金融平台的“草根金融”之称也正缘于此。

二、互联网金融平台监管的必要性

科技带来的好处是毋庸置疑的,但随着互联网金融平台的金融技术与市

---

① 高惺惟:《传统金融风险与互联网金融风险的共振机理及应对》,《现代经济探讨》2022 年第 4 期。

场基础设施在规模、范围和影响方面的不断增长,所带来的失败的后果也同比增加,因此互联网金融平台的潜在风险也逐渐引起广泛关注。

(一)技术失灵风险

互联网金融平台的发展离不开信息技术,而信息技术风险也同样影响着互联网金融平台的发展。[①] 互联网本身存在着技术风险,即使最完善的风控系统,也无法保证毫无漏洞。一方面,安全对互联网金融平台极其重要,人工智能、区块链等新兴技术自身存在各种缺陷,还处在发展不成熟的阶段,同时在研发过程中容易产生安全风险,由此形成技术漏洞、技术黑箱与算法歧视。[②] 因此对互联网金融平台的技术能力要求很高,一旦互联网金融平台应对能力不足,就会导致技术泄密甚至系统瘫痪,从而造成巨大损失;另一方面,互联网金融平台对信息技术的应用不当,也会导致道德风险。技术自身是中立的,仅是开发者逻辑的特殊运用,但技术的设计者和使用者的价值取向会影响技术的设计和应用。[③] 因此,互联网金融平台可能无法保持技术中立,从而利用技术侵犯消费者权益,产生道德风险。

(二)数据安全风险

互联网金融平台以收集大量数据为基础,通过大数据分析,对个体进行精准画像,从而提高服务质量与效果。互联网金融平台掌握着海量的消费者数据,在提供便利的同时数据安全风险也相伴而生。首先,互联网金融平台可能发生数据泄露风险。一方面可能因为技术漏洞导致数据泄露,从而造成消费者个人信息安全隐患;另一方面,也可能由于操作失误导致数据泄露,使不法分子有可乘之机,造成难以挽回的损失。其次,存在数据滥用风险。数据作为21世纪的"石油",已经成为企业发展必不可少的要素。互联网金融平台一方面通过科学技术对数据价值进行深度挖掘,但同时极易过度收集个人数据,从而造成侵犯个人隐私的情形;另一方面,平台很可能会对数据进行垄断,将个人数据私人化,进行不正当竞争等非法牟利行为,形成恶性竞争,不利于市场

---

① 武长海:《论互联网背景下金融风险的衍变、特征与金融危机》,《中国政法大学学报》2017年第6期。

② 李展、叶蜀君:《中国金融科技发展现状及监管对策研究》,《江淮论坛》2019年第3期。

③ 袁康:《金融科技的技术风险及其法律治理》,《法学评论》2021年第1期。

的正常运营。[①]

（三）"长尾效应"风险

首先，风险传染范围广。金融业本身就具有脆弱性与风险传染性，而互联网金融平台作为金融创新颠覆了传统金融中的"二八定律"，使参与主体更加多元，服务对象更加下沉，同时"长尾人群"相对分散，因而风险传播的对象范围更为广泛。其次，"长尾人群"风险识别能力弱。互联网金融平台积聚了技术和金融的双重特性，在产品设计以及市场运营上都较传统金融产品更为复杂，同时互联网金融产品透过互联网更容易被"长尾人群"接触到。因此，"长尾人群"由于缺乏专业的金融指导，很难穿透互联网金融产品的技术包装看透产品本质，由此造成决策失误，引发投资风险。最后，"长尾人群"风险承受能力低。"长尾效应"下的"长尾人群"多为金融资产规模较小的个人客户或者小微企业客户，数量庞大但单个客户净值较低，属于非传统优质客户，因此其金融风险承受能力更低。如"e租宝"就骗取超过 90 万人，最终使其血本无归。

由此可以看出，互联网金融平台虽对数字经济发展具有巨大的促进作用，但对其所存在的风险仍不能忽视。因此，需要在保护互联网金融平台的创新发展的同时，注重对其风险的防控与监管。

（四）新型垄断风险

互联网金融平台借助新兴技术，在市场竞争中逐渐衍生出算法默示共谋与扼杀式并购等新型垄断问题，对监管提出了新挑战。首先，算法默示共谋是指经营者利用算法自动达成无主观意思联络的共谋行为。"共谋"历来被视为反垄断法上的"最大罪恶"[②]。而算法默示共谋在人工智能和大数据的加持之下，更是超越了传统的共谋行为，它突破了市场结构，拓展了市场范围，具有隐蔽性强、成本低、持续时间长的特点，导致了算法默示共谋行为识别难与算法默示共谋行为责任主体认定难的两大垄断监管困境。其次，扼杀式并购是指大型互联网金融平台以消灭潜在竞争对手为目的，对有潜力的初创企业进行

的并购行为。企业并购是市场主体获得市场竞争优势的重要手段之一，互联网金融平台也不例外。但互联网金融平台为了在市场竞争中居于主导地位，针对初创企业进行扼杀式并购以增强自身竞争力，破坏了正常的市场秩序。

三、我国互联网金融平台的监管历程

互联网金融平台通过 20 多年的发展，经历了由迅猛发展到发展失序再到逐步规范的发展过程。在这一过程之中，我国金融监管部门根据互联网金融平台所展现出来的风险特性也采取了一系列的应对措施，本书将其分为放任型监管、监管探索以及全面整顿治理三个阶段。

（一）1999—2015 年放任型监管阶段

我国的互联网金融平台业务于 20 世纪末 21 世纪初开始兴起。1999 年 3 月，"首信义支付"开启了互联网金融平台第三方支付的新业态；2003 年 6 月，我国首家互联网金融借贷 P2P 平台"拍拍贷"在上海成立；2011 年 7 月，"点名时间"成为国内最早的独立众筹平台；2013 年，支付宝正式上线，蚂蚁金服推出"余额宝"理财产品，互联网金融热潮由此拉开帷幕。因此，2013 年也被称为互联网元年，互联网金融平台进入高速发展阶段。与此同时，互联网金融领域的风险也开始逐渐显露。自 2013 年底以来，违约事件频频发生，大规模的倒闭、跑路及资金周转困难和欺诈问题也随之出现[①]。对金融安全与市场稳定产生了巨大的威胁。至此，互联网金融平台野蛮生长局面随着 2015 年"监管元年"的到来逐步得到了有效抑制。

（二）2015—2020 年监管探索阶段

自 2015 年起，在互联网金融平台迅猛发展的同时，行业积累的风险亦在不断叠加。为了稳定金融市场秩序，确保互联网金融平台的健康发展，监管者开始意识到要采取相应的措施进行监管。2015 年 7 月，中国人民银行联合工信部、财政部、证监会等十部委发布的《指导意见》中，首次正式承认了互联网金融平台的合法地位，确立了依法监管等监管原则，开始了对互联网金融平台

---

① 杨东：《互联网金融的法律规制——基于信息工具的视角》，《中国社会科学》2015 年第 4 期。

的监管。随后,我国又陆续出台监管文件对互联网金融平台进行规制,如《通过互联网开展资产管理及跨界从事金融业务风险专项整治工作实施方案》《非银行支付机构网络支付业务管理办法》等。同时,为了防止互联网金融平台积压已久的风险不断蔓延,监管机构开启了以 P2P 互联网金融平台为代表的全国专项整治行动,标志着针对互联网金融平台的运动式监管正式开始。

(三)2020 年至今全面整顿治理时期

2020 年 11 月,以中国人民银行、银保监会等监管机构对蚂蚁金服进行三次约谈为起点,新一轮的监管风暴正式开启,标志着互联网金融平台进入全面整顿治理阶段。

自 2020 年以来,网络小贷、互联网存款和贷款等业务均已纳入监管序列;2021 年,中央经济工作会议提出"加强金融法治建设",同时"十四五"规划纲要中也明确提出要"加强系统重要性金融机构和金融控股公司监管,有序处置高风险金融机构,严厉打击非法金融活动";2022 年 1 月,国家发改委、中国人民银行等九部委联合印发的《关于推动平台经济规范健康持续发展的若干意见》中再次重审,完善金融领域监管规则体系,坚持金融活动全部纳入金融监管,金融业务必须持牌经营。

监管部门在针对互联网平台的纲领性、规范性制度和文件密集颁布的同时,还对互联网金融平台生态上下游产业等细分领域进行治理规范。2021 年4 月,金融管理部门对从事互联网金融的企业进行联合约谈。一些互联网平台旗下的金融机构遭到了处罚,如阿里巴巴旗下的民营银行、网商银行,由于各种问题遭到了千万元级别的处罚。此外,对互联网平台的金融牌照进行统一监管,设立金融控股公司的要求,如 2021 年初,监管部门就要求阿里巴巴将旗下的金融公司纳入金控平台管控。整体来看,规范数字经济发展,治理互联网企业在金融、信息领域的乱象问题已成为现阶段的监管重点。

第二节　监管理念滞后:传统金融监管理念
难以适应互联网金融平台的发展

随着计算机和网络信息技术在金融业中的广泛运用,互联网金融平台应运而生,改变了传统金融业的经营理念和经营方式,成为新兴业态。在互联网背景下,传统金融监管理念受到了冲击和挑战,难以完全直接适用于互联网金融平台的有效监管。

一、静态型监管理念难以适应互联网金融平台的动态性

静态型监管理念建立在金融排斥的思想基础上,因此在静态型监管理念下,监管行为表现为监管机构首先制定规则作为市场主体的行为准则,并采用事后惩戒手段对违反规定的行为进行纠正和处罚。但面对高度灵活的互联网金融平台,在静态型监管理念的指导下,监管实践不仅很难达到这一理想状态,同时还会造成监管漏洞。

(一)灵活性不足

传统金融因具有垄断地位而缺乏有效竞争,由此保持着较为综合、统一的发展态势,导致金融产品和服务体现出高度的相似性和长周期性。[①] 因此,传统金融规则对稳定性强的监管对象的监管效果良好。但互联网金融平台利用先进的信息技术实现了金融创新与市场需求的有机结合,在组织结构、组织形态上呈现出新金融业态,更具多样性和复杂性,导致普遍性的金融规则下单一调整难以适用。同时,现有的监管措施多为临时性补救措施,缺乏前瞻性与适应性。因而在监管规则执行上,灵活性不足表现得尤为明显。

首先,监管程序机械化。在静态型监管理念的指导下,传统金融监管遵循"按部就班"的监管程序,这种嵌套式的监管模式导致监管程序机械推进、不够灵活,只考虑了监管的形式和程序,忽视了互联网金融平台的特殊性。不仅增

---

① 李牧翰:《对沙盒监管制度的冷思考:一个辩证性的考察》,《征信》2021 年第 8 期。

加互联网金融平台的合规成本,不利于其继续进行创新,还忽视了监管的实际效果和监管的社会效益,使得"长尾效应"难以发挥其作用。

其次,监管信息处置的滞后性。由于静态型监管理念指导下的监管方式过于僵化,难以与互联网金融平台的动态性适配,监管机构无法对金融市场动向与风险性现状进行及时跟进,监管信息的不对称进一步加剧。具言之,在静态型监管理念的指导下,监管机构需要根据监管对象主动披露的信息进行监管,但互联网金融平台利用信息技术掩饰、隐瞒、消极地不进行完全披露,致使处于技术劣势的监管者对披露信息真实性、全面性无从知晓[①],从而加剧了监管机构与监管对象之间的信息不对称,同时扩大了监管误差。

从整体来看,静态型监管理念滞后性明显、灵活性不足,无法满足监管机构对于互联网金融平台的监管需求。

(二)过度强调事后惩戒

静态型监管理念更注重监管对象对监管规则的严格遵守,因此监管者会着重强调监管规则与违法惩戒,从而不利于互联网金融平台的持续创新。

首先,忽视事前监管的预防性。监管者事前制定的规则难以预见互联网金融平台的发展趋势,缺乏宏观层面的思考,不能及时有效地甄别、预警潜在或已有的金融风险。同时,监管者仅简单依靠事前制定的规则,无法对金融主体形成有效约束,反而会导致规避监管的现象愈演愈烈。如 Uber 的"灰球计划",即 Uber 利用平台技术对监管人员的身份进行识别,导致监管人员无法使用 Uber 打车软件,从而规避监管。由此可以看出,在互联网金融平台发展早期,监管者未能充分重视对其进行事前预防性监管。然而,随着技术的日益成熟,互联网金融平台已经成为金融业态和社会发展中不可或缺的组成部分,因此监管者难以撼动其地位,导致监管行为受到限制。在这种情况下,任何监管举措都会面临巨大的困难。

其次,强调事后惩戒的重要性。当监管者缺乏对风险信息的准确了解,或对技术风险缺乏足够的了解时,这种双重障碍会导致监管者只能采取事后制定严厉的惩罚措施的方式来应对问题。因此,实践中,当互联网金融平台违反

---

① 周昌发:《论互联网金融的激励性监管》,《法商研究》2018 年第 4 期。

监管规则时,监管者强调通过行政处罚、专项整治等惩戒手段进行严厉处罚。而实际上,事后处罚并非遏制互联网金融平台违法行为的有效手段,而更有可能抑制其创新发展。如 2022 年 7 月,北京银保监局以互联网贷款业务风险管理有效性不足、对合作机构管理不到位为由对北银消费金融公司加以 80 万元罚款的处罚。这已经是北银消费金融自 2010 年成立以来因互联网贷款问题遭到的第四次行政处罚,从中可以看出,行政处罚并未成功威慑其违法行为。应该认识到,互联网金融平台本身具有极强的创新性,技术的发展与成熟也并非一蹴而就,过度强调事后惩戒并不能对互联网金融平台进行有效监管,反而很可能扼杀其创新发展。

二、被动型监管理念难以适应互联网金融平台的复杂性

被动型监管理念依赖于监管对象的自觉性,因传统金融机构具有相对的稳定性与静态性,监管机构在实际操作中的被动监管常常流于形式,难以起到实质的作用。而当面对动态性的互联网金融平台时,被动型监管理念更是捉襟见肘,难以为继。

(一)监管主动性不足

被动型监管理念的本质是"摸着石头过河",即大多数金融监管活动为事后监管,主要针对已经发生的风险和漏洞,其重点在于风险的化解。相比之下,风险的预防往往是被动型监管所忽略的。质言之,被动型监管理念通过行业发展和风险爆发来倒逼监管改革。

被动型监管理念的缺陷是监管机构缺乏能动性与积极性,无法及时识别并处置风险,进而影响监管的有效性。实践中,主要体现在要么是以损失效率为代价的过度监管,要么是以上有政策下有对策的失效监管。[①] 首先,缺乏主动了解金融活动的积极性。囿于金融监管的特殊性,在传统金融监管中前置风险预防程序多、监管程序繁琐,同时传统金融监管对象长期稳定,因此监管机构长期处于按规办事即万事大吉的监管心态,即使面对互联网金融平台,其

---

① 刘骏、曾嘉:《新时期金融科技创新的审慎监管研究》,《理论探讨》2021 年第 3 期。

仍是缺乏对金融活动了解的主动性。这使得监管者缺乏对互联网金融平台的深入了解和洞察力，忽视了监管对象行为的连续性和过程性，无法及时发现和解决互联网金融领域的新问题和风险。由此导致当互联网金融平台的风险开始聚集甚至蔓延时，监管机构才反应过来，从而贻误监管时机，因而产生过度监管或者放任不管。其次，只关注大型金融机构，忽视其他金融主体。监管机构认为大型金融机构是发生金融风险的主要源头，也即认为"大即是坏"，因此在被动型监管理念的指导下，在监管实践中常常抓大放小。由此，以"长尾效应"为基础的互联网金融平台应运而生，在底层层面形成新的金融风险，由此导致监管失效。

由此可以看出，在针对互联网金融平台的监管上，只有当风险显现并爆发时监管机构才开始介入，表现出很强的事后性，缺乏主动监管的积极性。

（二）忽视监管对象的主观能动性

监管对象的主观能动性是指监管对象在运营过程中所表现出的一种自我决策、自我控制和自我调整的能力。这种能力包括了监管对象在自身管理、风险控制、产品设计等方面的主动性和灵活性。但传统的金融监管体系完全独立于金融体系，监管者与被监管者是对立关系。因此，监管机构过度强调金融监管者自身的管控力，而忽视了被监管者的主观能动性，也即自我控制和自我调节的监管能力，使其完全被动地参与监管，这正是导致传统监管模式落后于实践的根源所在。

正是由于监管者认为其与监管对象为非此即彼的排斥关系，因此整个监管活动完全由监管者主导，与监管对象之间以及在监管规则制定的程序上缺乏有效沟通。同时，监管者也没有整合跨行业主体想法的做法。在这种情况下，监管对象没有话语权，无法实现协商对话，也无法表达自身金融需求，从而导致监管关系失衡。而监管者只注重监管效果，忽视了监管对象的金融需求，致使监管信息无法双向流动，最终使监管效果大打折扣，实际上可能破坏创新。

因此，传统金融监管在面对日新月异的技术变革时陷入"治乱循环"。同时使监管对象缺乏稳定的预期，从而因为不确定性极大影响互联网金融平台的正常发展。[①]

三、运动式监管理念难以适应互联网金融平台的创新性

运动式监管理念是指在特定时间内集合监管力量完成对特定监管对象执法任务的短期监管活动理念。这是我国社会治理中的独特现象,长期存在于监管实践当中。运动式监管理念要求监管者在特定时间内完成特定的执法任务,主要表现为"专项行动""专项检查""百日攻坚"等具体的执法形式。[②] 在互联网金融平台乱象治理初期,在运动式监管理念的指导下,监管者可以集中力量在短期内对其进行有效打击。如在对 P2P 的治理中,国务院正式发布《互联网金融风险专项整治实施方案》,该方案决定在全国范围内启动覆盖互联网金融平台业务全部风险点的专项整治行动,该专项行动的期限为一年,由此在短期内有效整治了 P2P 等互联网金融平台的乱象。但在此期间,以短、平、快为主的运动式监管理念同样弊端尽显。

(一)注重短期监管效果

运动式监管理念具有短、平、快的特点,监管的重点在于短期内快速解决积压的风险。互联网金融平台风险的多重性与风险爆发的集中性,促使运动式监管成为处在监管困境中的监管者最直接有效的监管方式。但在实际效果上,因运动式监管理念注重的是阶段式治理,很难从整体上把握,从而只注重短期监管效果,并未从根本上解决问题,忽视了长期监管的重要性,从而导致监管效果难以维系。

运动式监管理念在时间上求快,在力度上求强,在过程上体现为"事件出现—上级重视—成立专项治理领导小组—召开动员大会—制定实施方案—实施治理—检查反馈—总结评估"的运行链条[③]。极易形成"一刀切"的监管情

---

① 顾功耘、邱燕飞:《区块链技术下金融监管的困境及法制进路》,《南昌大学学报(人文社会科学版)》2020 年第 2 期。

② 许多奇、唐士亚:《运动式监管向信息监管转化研究——基于对互联网金融风险专项整治行动的审视与展望》,《证券法苑》2017 年第 4 期。

③ 汤利华:《跨部门协同视野下的运动式治理——一个研究述评》,《中共杭州市委党校学报》2022 年第 2 期。

形。而在互联网金融平台的治理中,运动式监管却成为"常规"的治理手段。究其原因,是监管者并未认识到互联网金融平台背后的生成逻辑,仅是将其认定为新型的金融产品,同时监管机构缺乏长效监管的应对机制。因此,互联网金融平台的违规行为并未在专项治理中偃旗息鼓,反而愈演愈烈,导致监管效果不佳。如针对 P2P 的清零专项运动,从 2017 年开始监管治理,要求 2018 年 12 底前完成整治。在随后的监管过程中,由于风险积压过多,网贷办又于 2018 年 12 月底要求将"整治"变为"坚持以机构退出为主要工作方向"。而实际上在监管过程中因风险积压、情况复杂,整治不断延期、标准日益苛刻,以"一刀切"和行政许可强制要求进行整改的方式,对行业产生颠覆性的影响。[①]耗时三年,直到 2020 年末 P2P 才被完全肃清,正式在我国退出历史舞台。这实际上属于事后重塑监管标准和行业秩序。

因此,运动式监管理念下的监管政策仅是阶段性的权宜之计,不应成为治理互联网金融平台的长期手段。从长期来看,不定期地反复运动式监管并不能从根本上解决互联网金融平台的监管问题,也极易导致执法资源的浪费。

(二)监管手段的非常规性

互联网金融平台的运动式监管理念,其本质是由政府主导的自上而下的单向度治理行为,具有行政强制性。监管机构凭借国家强制力的保障,在整个监管过程中处于高高在上的地位,而监管对象处于弱势地位,致使其必须服从监管行动而缺乏有效协商。因此,在国家强制力的控制下,运动式监管理念具有很强的结果导向,使得监管手段具有非常规性。

具体而言,运动式监管并非常规的监管手段,不论在监管时间上还是在发起的次数上,都具有极强的随意性与政策性。而当"短、平、快"成为执法主基调,为了快速达到监管目的,监管者会默认专项治理的特殊性已超越法律,因此不惜一切代价达成目标成为运动式监管理念下的监管导向。这就意味着监管者运用的手段或者方式容易突破法治程序,进而导致法律规范所应发挥的

---

① 冯辉:《地方金融的央地协同治理及其法治路径》,《法学家》2021 年第 5 期。

社会引导作用被削弱。[①] 在 P2P、比特币等整治活动中就有明显的体现,遇到此类产品不论优劣,一律以违规定处,为快速达到监管效果最终以全部清退进行处理。由此可以看出,监管模式的粗放化会导致路径依赖的形成,这将严重妨碍现代金融市场长效治理机制的建立。因此,长期采用这种监管理念可能会导致金融风险不断加剧和发酵。[②]

同时,运动式监管还助长了部分监管对象的投机心理。一方面,当运动式监管成为"常态",被监管者逐渐掌握了监管模式,使得监管行为成为你追我躲的"猫鼠游戏",从而产生了投机心态。另一方面,运动式监管理念下的监管行动目标明确,因此很难将互联网金融平台的全部同类问题纳入监管当中,从而导致部分问题被忽略。因此当监管结束时,监管对象再次回归市场,违规行为又会死灰复燃。

第三节　监管方式落伍:传统金融监管方式难以适应互联网金融平台的技术性

我国政府在实践中往往将互联网金融拆分为"互联网"和"金融"两个部分,并直接套用传统的监管手段对"金融"部分实施监管。[③] 而传统的监管手段无法与互联网金融平台的高科技性进行匹配,因而无法形成行之有效的监管抓手。

一、人工监管效率低下

在互联网金融平台兴起之前,传统政府监管偏向经验式治理,决策基于个体能力、执行依赖工作人员,人工痕迹明显。[④] 其中,人工监管主要涉及两个

---

① 贾秀飞、王芳:《运动式治理的缘起、调适及新趋向探究》,《天津行政学院学报》2020 年第 3 期。

② 吴烨:《金融科技监管范式:一个合作主义新视角》,《社会科学》2019 第 11 期。

③ 彭岳:《互联网金融监管理论争议的方法论考察》,《中外法学》2016 年第 6 期。

④ 刘建义:《大数据驱动政府监管方式创新的向度》,《行政论坛》2019 年第 5 期。

问题,即数据与效率。

首先,在监管数据上依赖互联网金融平台。人工监管依赖金融机构定期报送的数据进行监管。在数据来源上主要依靠监管对象提供,再由监管机构进行审查复核。在很大程度上,监管效果的实现有赖于被监管者数据提供的真实性。而互联网金融平台拥有海量数据,随之而来便产生了一系列问题,即监管机构是否有能力对互联网金融平台的海量数据进行全面监管?再者,如果互联网金融平台少报或虚报数据,那么监管机构是否有足够的能力及时发现?就目前看来,以上问题仍无法得到有效解决。究其原因,仍是因为监管机构在数据上依赖互联网金融平台。互联网金融平台所提供的数据质量存在问题,其中包含了大量非标准化、非结构化或不完整的信息,导致监管的真实性和有效性无法得到保障。此外,监管机构所依据的报表数据只能反映互联网金融平台过去某一段时间的运营情况,难以反映其实时状态。[①]

其次,效率与准确性无法保障。人工监管与互联网金融平台间的信息技术差异愈加明显,互联网金融平台不论在技术深度还是数据广度都显著高于传统金融机构。而现阶段的金融监管仍主要以现场检查为主,辅以之非现场检查。现场检查即是由监管机构进入企业内部进行现场查阅资料、核实、检查和评价。支付宝公关总监陈亮曾在微博表示,"在支付宝成立的 264 天中,共计受到各种监管 43 次,平均每 6 天 1 次。其中监管形式包括文件备案汇报、现场调研、现场检查等多种形式,另外,央行、证监会、审计署等累计监管 19 次"[②]。从中可以看出,我国现阶段对监管科技的运用相对有限。传统以人工监管为主的监管手段难以对监管者以及评估风险进行有效识别,从而贻误穿透互联网金融平台风险的时机。

由此可以看出,当面对具有跨地域性和网络效应的互联网金融平台时,人工监管一方面容易产生错误,造成系统性风险,另一方面,也会显著增加监管成本。此外,互联网金融平台的规模效应使其可以产生海量的数据,并同时利

[①] 郑丁灏:《论金融科技的穿透式监管》,《西南金融》2021 年第 1 期。

[②] 李冰:《支付宝:余额宝平均每 6 天被监管 1 次》,http://finance.people.com.cn/money/n/2014/0308/c218900-24573902.html,访问日期:2022 年 3 月 20 日。

用诸如算法、人工智能以及云计算等科技手段赋能生产发展,导致有限的人工监管无法对无限的海量数据进行有效监管。

二、监管预警机制匮乏

金融监管预警机制是一种将金融运行过程中可能出现的风险量化为指标的体系,旨在构建评估和预报风险的机制。金融监管预警机制的有效性对于确保金融系统的稳定性和健康发展至关重要,也反映了国家在金融风险管理方面的能力水平。正如法学哲言所指出的"事前的防范胜于事后救济",法律的功能是在于风险预防,而不是单纯的追究责任和处罚。因此,一套正确完善的金融监管预警制度不仅可以保障金融系统的正常运转,还为防范金融风险提供了重要支持。[①] 早在 2017 年 7 月第五次全国金融会议上,就强调要健全风险监测预防和早期干预机制。2020 年,全国两会再次强调要"加大对重大金融风险的有效控制,守住不发生系统性风险底线",将防范系统性风险提升到一个新的高度。在此背景之下,金融监管预警机制作为金融监管的关键环节,应作为国家金融监管制度的重要内容,尤其在面对具有多重风险的互联网金融平台时,缺乏监管预警机制,就很容易造成"治乱循环"的监管困境。

(一)评估数据收集不全面

监管预警机制的基础是充足且全面的监管数据,其是监管者能否准确研判金融风险发生的重要依据,决定了监管预警机制能否充分发挥其效能。但现阶段囿于监管覆盖面不足和数据孤岛的问题,造成用来风险评估的数据收集不全面,由此导致监管者无法提前发现风险隐患的迹象与监管中的薄弱环节。

首先,监管覆盖面不足。目前,现阶段各监管机构针对互联网金融平台的监管处于"各扫门前雪"的状态,即各监管机构都只关注各自的监管范围,难以形成监管上的互联互通,容易出现监管主体之间脱钩的情况。一方面,因重复监管,监管机构在重点监管环节上容易出现交叉,导致监管数据的冗余;另一

---

① 靳文辉:《金融风险预警的法制逻辑》,《法学》2020 年第 11 期。

方面,因"各自为政"的监管现状,容易导致监管真空的出现,从而无法全面掌握互联网金融平台的运营情况和风险状况,也就无法做到监管数据的全面收集,存在监管数据漏洞。

其次,数据孤岛问题。监管部门针对互联网金融平台的监管信息存在数据孤岛问题,这进一步加剧了监管的延迟性。具体而言,监管部门无法做到监管数据实时共享,从而无法对金融数据进行有效分析。再加之监管机构之间存在固有的科层式监管思维,监管机构、监管部门之间协商与沟通效果不佳,无法将监管数据转化为有效的监管政策和执行措施,进而导致监管部门无法统一监管维度,弱化了互联网金融平台监管预警系统的系统性,最终导致监管者无法及时消除互联网金融平台潜在的金融风险。

(二)信息分析流程不完善

互联网金融平台的风险复杂多样,尤其在面对新型风险时,监管部门虽然掌握了一定的风险信息,但却未能充分利用这些信息,导致前期往往无法精准识别潜在风险点。造成这种情况的主要原因是,首先监管机构对预警机制的指标选择与互联网金融平台的风险形成之间的关系还缺乏系统研究,导致监管预警风险指标设置不够精确,直接影响了监管预警信息的及时发布和有效反馈。其次,信息分析缺乏科学合理的互联网金融平台的风险评估方法和分析模型,使得监管预警信息不够准确也不够及时,导致监管效果难以在短期内确定,从而无法及时调整监管目标和监管方式,因此很容易陷入"金融创新—针对性监管—新一轮创新实现监管套利—调整监管机制"的治理循环。[①]

此外,监管预警机制的效果很大程度上依赖于监管人员的风险识别能力,尤其在面对互联网金融平台这类金融监管对象时,其风险复杂多样且隐蔽性强,监管人员稍有不慎就会错过监管时机。同时,监管人员易沿袭传统的监管习惯与监管模式,加之没有完善的监管信息分析流程,从而导致监管人员因循守旧,面对极具动态性的互联网金融平台无法形成实时监督的意识,难以形成具有风险意识的监管思维模式与责任意识,最终导致无法将风险遏制在萌芽

---

① 邢会强:《金融危机治乱循环与金融法的改进路径—金融法中"三足定理"的提出》,《法学评论》2010 年第 5 期。

之中,难以实现对互联网金融平台的有效监管。

三、监管科技应用水平低下

监管科技的概念最早由英国金融行为监管局于 2015 年正式提出,其认为监管科技旨在应用新技术促进更有效的风险识别、监管要求以及数据分析等监管活动,被视为互联网金融平台最有效的监管手段之一。互联网金融平台的科技变革不断改变金融的交易规则,而新型的金融风险不断涌现,技术在金融领域的应用日益增多,逐渐给监管者带来压力。各国纷纷建立监管科技体系,我国作为世界上第二大互联网金融平台发展国也不例外。我国从 2016 年开始布局监管科技,2017 年成立金融科技委员会,再到 2022 年中国人民银行发布《金融科技(FinTech)发展规划(2022—2025 年)》。从中可以看出,我国已经意识到简单依赖监管规则的传统监管方式已很难对互联网金融平台的技术风险进行有效监管。我国虽然开始注重对监管科技的建设,并开始将监管重点逐渐向技术监管转移,但现阶段我国的监管科技水平仍处于初级发展阶段,技术管理法律规范仍然欠缺,专业人员匮乏,成果依旧较少,因此对监管科技建设仍然不能放松。

(一)技术管理规范欠缺

监管机构的监管科技相对金融创新相对滞后。监管科技技术管理规范的欠缺,导致监管科技监管标准不统一、监管技术开发和应用市场混乱。一方面监管机构和互联网金融平台之间的信息和技术不对等,导致双方常常处于对立的局面,缺乏平等的沟通和协商;[1]另一方面,监管者无法全面评估监管对象的实际运行状况,使得监管机构难以支撑金融监管的实时反馈,因此导致金融监管在监管科技技术的开发与运用上面临巨大的挑战。

首先,监管标准不统一。我国监管科技主要由中国人民银行、证监会以及国家外汇管理局等中央金融监管部门推动,如 2017 年中国人民银行成立了金融科技委员会,提出强化监管科技应用实践用以丰富金融监管手段的要求;

---

[1] 程雪军、尹振涛:《监管科技的发展挑战与中国选择:基于金融科技监管视角》,《经济体制改革》2022 年第 1 期。

2018年,证监会发布《中国证监会监管科技总体建设方案》,同时成立了监管科技专家咨询委员会。从中可以看出,各监管机构之间仍然是自谋自划,根据自身的业务范围进行监管科技的建设,未能达成统一建设共识,在一定程度上加剧了监管科技建设布局的割裂。在此基础上衍生出来的监管科技平台难以集中统一发展,监管科技平台的开发标准和监管规则互不相同,无法相互协调。由于对监管科技的开发与应用缺乏顶层设计与统筹规划,由此造成技术标准不统一以及数据收集不规范,最终导致监管科技失灵,无法应对互联网金融平台所带来的区域性金融风险。

其次,监管技术开发和应用市场混乱。从表7.1中可以看出,我国现阶段针对监管科技建设多以统筹规划为主,宏观规划多,具体规则少,从而导致在监管科技的开发端和应用端并未在制度层面上形成具体统一的技术监管规范。由于监管科技是以大数据、云计算、人工智能等技术作为研发的底层逻辑,其中必然存在技术风险。这就意味着,如果缺乏技术管理法律规范,则将导致在技术开发端产生技术伦理问题,在技术应用端产生技术滥用风险,从而造成监管技术开发和应用市场的混乱。

表 7.1 监管科技相关政策文件

时间	颁布主体	文件名称	主要内容
2017.6	中国人民银行	《中国金融业信息技术"十三五"发展规划》	优化金融信息技术治理体系,提升信息技术服务水平。
2018.8	证监会	《中国证监会监管科技总体建设方案》	明确监管科技设计蓝图和三大实施阶段。
2019	中国人民银行	《金融科技(FinTech)发展规划(2019—2021年)》	强化金融科技监管,建立健全监管基本规则体系,探索金融科技创新管理机制。
2022.1	中国人民银行	《金融科技(FinTech)发展规划(2022—2025年)》	加快监管科技的全方位应用,强化数字化监管能力建设,实施穿透式监管。
2022.3	国家市场监管总局	《"十四五"市场监管科技发展规划》	提出到2025年较为完善的市场监管科技创新体系基本建立。

（二）专业技术人员缺乏

首先，监管技术专业人才不足。现阶段，金融与互联网技术的耦合程度越来越高，以互联网金融平台为代表的新业态引发了金融行业的技术性革命。导致以静态指标为基础的传统监管方式失效，运用监管技术进行监管成为必然要求，因此对监管技术专业人才的需求也在逐渐扩大。以监管科技发展程度更高的美国为例，美国在解决互联网金融平台监管问题方面，注重培养监管人才。为此，美国不断增加监管科技的财政预算，在加强监管机构的技术开发以提高监管效率的同时，为人才培养提供有力保障。以 2019 年为例，仅美国证监会一个监管机构的预算就达到 16.6 亿美元，监管人员多达 4500 人。这种做法不仅在监管科技的发展上取得成效，还提升了监管人才的素质和监管机构的整体实力。[1] 反观我国，虽然有大量的技术型人才，但能兼备金融与技术能力的专业复合型人才储备不足。同时，监管人才向互联网金融企业和金融机构流失的问题也仍然存在，成为制约监管科技发展的重要因素。[2]

其次，监管人员的技术能力不足。互联网金融平台使科技和金融相互渗透并双重融合，大幅提升了对监管人员专业技术能力和复合专业知识的要求。而现存的监管人员多执行常规监管业务，大多数面向的是传统金融业的固有形态，对互联网金融平台的了解以及新技术的掌握程度不足，缺乏对监管科技运用的综合能力。根据 2020 年《中国科技人才发展报告（2020）》发布的数据，目前我国科技人才虽在加速增长，但仍缺乏高端科技人才，科技队伍仍存在结构化的缺陷。因此，由于监管人员的技术能力不足导致无法对互联网金融平台进行有效监管，从而造成监管真空等监管漏洞。

---

① 李新宁：《监管科技治理的基本逻辑：美英案例及其启示》，《新金融》2022 年第 1 期。
② 张凯：《金融科技：风险衍生、监管挑战与治理路径》，《西南金融》2021 年第 3 期。

第四节　监管法律错位：实体经济背景下出台的法律法规与互联网金融平台相脱节

规则是监管与执行的基础[①]，而良好的制度设计是治理有效性的重要保障。现阶段以实体经济为背景出台的法律法规面临与互联网金融平台监管脱节的情形，呈现出法律真空、法律碎片化以及法律层级低等问题，无法体系化地进行互联网金融平台法律监管，从而导致监管法律错位。

一、监管法律滞后

（一）法律更新迟滞

面对互联网金融平台这一新业态，监管者囿于金融抑制的强大惯性，在确认互联网金融平台的"金融"本质后，将互联网金融平台纳入现有的金融框架之中成为监管者的首选。[②] 目前，我国针对互联网金融监管的法律规范相对有限，主要零散分布于《中国银行法》《商业银行法》《银行业监督管理法》《保险法》等监管法律之中，但上述监管法律颁布时间早，且长时间未进行修改，如《中国银行法》于 2003 年修正一次，《商业银行法》于 2003 年、2015 年修正两次，《银行业监督管理法》于 2006 年修正一次。由此造成监管法律长期滞后于互联网金融平台的发展，与互联网金融平台的发展相脱节。究其根本，现有法律体系是以传统金融为基础，而监管者未将互联网金融监管与传统金融监管加以区分，仅是简单粗暴地套用传统金融规则，使得监管法律无法适应金融在新技术下的变革与变异，同时也无法适用监管规模庞大的类金融业务。

此外，由于监管法律的滞后，互联网金融平台监管存在法律规制漏洞。一方面，监管法律未能及时跟随技术的发展而更新，未能针对互联网金融平台的科技属性制定有效规则，导致监管套利与监管空白的出现。在利用法规漏洞

[①] 乔安妮·凯勒曼、雅各布·德汗、费姆克·德弗里斯：《21 世纪金融监管》，张晓朴译，中信出版社，2018，第 115 页。

[②] 彭岳：《互联网金融监管理论争议的方法论考察》，《中外法学》2016 年第 6 期。

的情况下,互联网金融平台逐渐失去了有序的发展方向,如蚂蚁集团利用网络借贷没有法律明确规定的现状,以联合贷款的方式,通过债权融资以及 ABS模式放大放贷资金,自有资金占比不到 2%,形成高倍杠杆,存在严重的放贷构成不均衡情形,在获得高倍利润的同时,也给金融市场的稳定带来了巨大的威胁,监管法律的滞后致使蚂蚁集团的微贷科技平台一直无法获得有效监管。直到 2020 年,蚂蚁集团的上市以及违规违法行为才随着《网络小额贷款业务管理暂行办法(征求意见稿)》的发布按下暂停键;另一方面,由于缺乏上位法的指导,在监管规则的制定上表现出一种"宜粗不宜细"的态度,法条表述上要么过于模糊要么过于宽泛,从而导致监管法律过于原则化,无法对执法形成有效指导。这种情况导致了监管者在执法时存在主观性,监管效果难以得到保障。

(二)制度供给不足

金融创新与金融监管经常处于此消彼长的状态,互联网金融平台正是在2008 年金融危机后实行金融抑制政策的大背景下逐渐兴起的,其利用技术手段突破金融规则对传统金融的封控,利用监管规则空白进行业务创新与规模扩充。质言之,互联网金融平台正是在市场创新与政府监管矛盾下产生的新金融现象。因此,正如克斯·布鲁木所说的,"金融监管者正面临着金融创新、市场诚信以及监管规则简单的'三元悖论'监管挑战"[1]。

现阶段,互联网金融平台作为新兴金融业态出现,金融立法过于迟缓导致相关制度供给远远不足,未能形成长效监管机制,严重滞后于互联网金融平台创新。而金融又具有很强的负外部性,若规制放松就有可能导致某类金融产品聚集影响整体的金融安全,从而在一定程度上增加金融风险。[2] 因此,不少互联网金融产品出现后,一度处于"无准入门槛、无监管部门、无行业标准"的三无状态[3],致使互联网金融平台乱象问题频发。

① Brummer C, Yadav Y:"Fintech and the Innovation Trilemma,"*The Georgetown Law Journal* 107,no.2(2019):235-307.
② 潘静:《从政府中心规制到社会共治:互联网金融治理的新视野》,《法律科学(西北政法大学学报)》2018 年第 1 期。
③ 向静林:《互联网金融风险与政府治理机制转型》,《社会科学研究》2021 年第 1 期。

　　尽管自 2015 年起,我国针对互联网金融平台的监管法律密集出台,正式步入"监管元年",但相关法律普遍存在填补原有法律缺失、法律不完备的情况,因此多数监管规定仅仅是"头痛医头,脚痛医脚"的暂时性规定,缺乏前瞻性与针对性。与此同时,相关立法和监管覆盖面有限,对于部分互联网金融产品存在规制漏洞。互联网平台巨头涉足金融领域的现象十分普遍,如滴滴作为互联网平台代表,其涉足了大部分的金融服务领域,包括保险、理财、支付等。然而,从我国针对互联网金融平台不断出台的专门性文件来看,其仅在互联网金融支付、P2P 网络借贷以及网络借贷领域进行了相关具体的规定,但在网络微贷等业务领域没有相应的监管制度。

二、监管法律碎片化

　　随着互联网金融平台监管的不断趋严,法律法规密集发布,但由于没有在监管体系上形成有机整体,不同金融监管规则之间的冲突和矛盾不断加剧,碎片化严重,从而导致现阶段互联网金融平台监管法律规定一方面表现为重叠,另一方面缺乏衔接。

　　(一)监管法律重叠

　　法律规范之间具有一致性与稳定性,同时兼具创新性与协调性,其是理想金融监管法律的应有之义。伴随着互联网金融平台的不断发展,监管者因不能准确把握互联网金融的发展动态,从而导致碎片化颁布的监管规则之间存在重复监管的现象,上位法、同位法相互排斥,造成整个互联网金融体系上的混乱。

　　首先,特殊规则多,普遍规则少。目前,监管部门采取"各扫门前雪"式的监管模式,表现为针对同一监管对象的监管规则由不同主体颁布的现象。因此,面对互联网金融平台的高速发展,立法者为了快速遏制繁荣背后积压的风险,导致对互联网金融平台的调整以特别规则为普遍,普遍规则为少数,进一步加剧了监管法律碎片化倾向。此外,即使同类型的金融产品,不同监管部门制定的监管规则也存在差异,导致金融产品适用规则内容迥异。质言之,这种监管"割据"现象使得现有监管法律规定重叠,从而导致多头监管的情形发生。

其次,监管覆盖范围不足。在互联网金融平台技术监管层面,存在监管覆盖范围不足的情形。一方面,面对互联网金融平台不断升级的新技术,如算法已经成为互联网金融平台经营的底层技术,但现阶段却仍未被有效纳入监管体系之中。另一方面,监管机构受制于监管经验与专业知识,无法对互联网金融平台作出专业的监管分析与定位,导致在法律文件上表现为监管重叠,而在监督执法上却是明显的监管漏洞与监管套利。① 如蚂蚁金服截至 2017 年就已获得银行、保险、基金销售、保险经纪等八类牌照,旗下拥有超过 20 家金融机构。而蚂蚁金服的监管定位却为第三方支付平台,按照《指导意见》的规定,第三方移动支付公司由中国人民银行负责监管,但实际上根据第三方移动支付产业链各环节对应的监管机构,其应当为中国人民银行、银保监会(现已取消)与工信部等共同监管。②

(二)监管法律衔接不畅

自 2015 年针对互联网金融平台进行整治治理以来,监管机构发布了一系列有关互联网金融平台的监管规则,对现阶段互联网金融平台经营活动作出了全面规制,现行法律法规如《民法典》等能够规制大部分一般性的互联网金融活动,同时针对互联网金融平台的具体活动,相关部门也制定了专项的指导意见、管理办法等。但是这些规定过于零散,尚未形成系统性的金融监管体系,传统法律和互联网金融平台监管法律、互联网金融平台监管规范之间缺乏衔接。

具体而言,互联网金融平台的混业经营决定了其经营内容涉及多种业态,因此其所发生的法律问题往往不能依靠一个部门法全部解决。如互联网金融平台的垄断、不正当竞争问题会涉及《反垄断法》《反不正当竞争法》的相关规定;互联网第三方支付问题应由《民法典》等规定进行处理解决;其中涉及的侵害消费者合法权益的问题需要《消费者权利保护法》来进行规制,涉及的个人隐私问题可能需要适用《个人信息保护法》的规定。因此,在实践中对互联网

① 袁康、唐峰:《金融科技公司的风险防范与监管对策》,《山东大学学报(哲学社会科学版)》2021年第 5 期。

② 徐忠、孙国锋、姚前:《金融科技发展趋势与监管》,中国金融出版社,2017,第 158 页。

金融平台进行监管时，由于监管法律之间缺乏有效衔接，如何选择适用相关规定存在困难，因而不能及时有效解决有关问题。如在应对垄断、不正当竞争的问题上，由于互联网金融平台形成了新型垄断、不正当竞争方式，由此造成监管部门在适用法律上的困难。一方面我国目前仍缺乏相关问题的规制法律，另一方面该问题既可以适用《反垄断法》《反不正当竞争法》，也可以适用《电子商务法》《个人信息保护法》等法律，法律交叉严重、衔接性不足，导致实际操作性不足。由此可以看出，我国目前尚未形成全方位、一体化的互联网金融法律体系。

三、法律效力层级低

（一）缺乏高位阶立法文件

在金融领域执行法律变革后，监管机构通过不断修正金融领域的法律，试图将互联网金融平台尽可能地纳入现有的金融法律体系之中，以达到监管的全面覆盖。在 2015 年《指导意见》出台后，我国陆续针对互联网金融平台的不同领域发布相关文件进行规制，如针对金融控股公司的《金融控股公司监督管理试行办法》；针对小额贷款的《网络借贷信息中介机构业务活动信息披露指引》《关于网络借贷信息中介机构转型为小额贷款公司试点的指导意见》等；关于数字货币的《关于防范代币发行融资风险的公告》（见表 7.2）。但从现有规范文件的形式上看，针对互联网金融平台的监管文件包括行政法规、部门规章和规范性文件等，其中部门规章与规范性文件的占比最多，互联网金融监管在法律层面上的规范相对较少，缺少更高层级的法律供给。除此之外，大部分以政府公告等形式出现，而监管依据最多的是政策文件。对互联网金融的监管仍然政策性倾向严重，而对互联网金融平台的监管规则与制度需要以法律的行使保证其有效的实施。由此可以看出，现阶段立法尚未将监管政策转换到法律层面，互联网金融平台监管的规范效力层级相对较低。

此外，因缺乏法律、法规等高位阶法律的出台，监管政策稳定性较差，导致了极大的监管不确定性。自 2015 年以来，针对互联网金融平台的监管文件以及监管政策发布之频繁，最短仅相隔一天就发布出新的监管规定。且此类监管文件多具有指导性与临时性的特质,导致监管的稳定性与确定性不足。

表 7.2　互联网金融平台监管部门主要文件

时间	颁布主体	文件名称	主要内容
2015.7	中国人民银行联合十部委	《关于促进互联网金融健康发展的指导意见》	明确监管原则,要求加强对互联网金融的监管。
2016.4	国务院	《互联网金融专项整治工作实施》	在公平竞争的同时,防范化解互联网金融风险。
2016.4	中国人民银行等部门	《非银行支付机构风险专项政治工作实施》	开展支付机构备付金风险和跨机构清算业务整治,同时对无证经营支付业务进行整治。
2016.4	银监会等十五部门	《P2P网络借贷风险专项整治工作实施方案》	全面整顿治理P2P网贷平台,压实责任、化解风险,持续推进P2P网贷风险长效监管机制建设。
2016.4	中国人民银行等部门	《通过互联网开展资产管理及跨界从事金融业务风险专项整治工作实施方案》	对具有资产管理业务相关资质、未取得金融业务资质、具有多项金融业务资质的金融机构展开调查治理。
2017.6	中国人民银行等十七个部门	《关于进一步做好互联网金融风险专项整治清理整顿工作的通知》	实现互联网金融从业机构数量减少与业务规模的缩小。
2017.8.	银监会	《网络借贷信息中介机构业务活动信息披露指引》	从维护消费者合法权益的角度出发,明确了信息披露的基本概念和原则,以及应当披露的信息内容、标准以及披露主体与管理要求。
2017.9	中国人民银行等部门	《关于防范代币发行融资风险的公告》	禁止代币发行融资,同时禁止金融机构与非银行支付机构展开代币发型融资交易相关的业务。

续表

时间	颁布主体	文件名称	主要内容
2018.4	中国人民银行等四部门	《关于规范金融机构资产管理业务的指导意见》	明确各个类型的金融机构进行资产管理业务应遵循相关基本原则、范围等。并要求按照产品的类型统一监管标准。
2018.5	中国人民银行、证监会	《关于进一步规范货币市场基金互联网销售、赎回相关服务的指导意见》	提出的"三强化、六严禁"的原则要求,同时对"T＋0赎回提现"实施限额管理,并对具体的实施主体进行相应的限制。
2019.1	专项整治领导小组	《关于网络借贷信息中介机构转型为小额贷款公司试点的指导意见》	明确符合条件的相关平台可以进行转型,清退网络机构存量业务。
2020.9	中国人民银行	《金融控股公司监督管理试行办法》	对金融控股公司的行为进行限制,加强了对金融控股公司的监管。

（二）法律约束力不足

现阶段我国虽为规制互联网金融平台颁布了大量的监管规定,但从现有规范性文件中的相关内容上看,虽然监管机构意图对互联网金融平台的乱序发展进行全方位规制,且制定了惩戒性条款,但因法律效力层级低,导致在处罚力度上缺乏震慑力。

根据《国务院关于进一步贯彻实施〈中华人民共和国行政处罚法〉的通知》的规定,部门规章设定罚款的最高数额不得超过10万元,涉及公民生命健康安全、金融安全且有危害后果的,设定的罚款数额最高不得超过20万元。从上述规定中可以看出,现阶段虽已经大幅提升处罚数额,但与互联网金融平台所得的利润相比,违法成本仍然相对较低,因此难以对其经营活动形成实质性的约束(见表7.3)。如2022年3月10日,陕西省银保监会因甜橙保险代理有限公司与非法从事保险中介业务的机构发生代理往来,违规开展互联网保险业务,根据《保险代理人监管规定》第九十九条、第一百零八条对其进行处罚,处罚金额为 3.5 万元人民币,主要负责人为 1.2 万元人民币。反观域外,2021 年 7 月,美国金融监管局(FINRA)以"误导用户和技术故障"对互联网券商 Robinhood 处以 7000 万美元的罚款,这是美国金融业监局历史上的最高罚款。两者相比,可以看出,由于法律效力层级位阶低,约束力明显不足,导致我国对互联网金融平台违法违规的处罚力度相较于其他国家而言,处罚力度严重滞后于经济的快速发展,因此无法对互联网金融平台形成有效的威慑力,导致违规行为屡禁不止。

表 7.3 2021 年"一行两会"监管机构处罚情况统计①

监管机构	罚单	罚没金额	平均罚没金额
中国人民银行(除外管局)	1251	5.40 亿元人民币	43.19 万元人民币
银保监会	3870	26.99 亿元人民币	69.74 万元人民币
证监会	371	45.53 亿元人民币	1227 万元人民币

第五节 未来变革:互联网金融平台监管的法治路径

互联网金融平台背景下金融风险频发的深层次原因在于,原有的金融监管存有缺陷。这些缺陷导致互联网金融平台创新或者无规定无机构监管,或者无监管手段监管。因此,如果监管者仍按照现有的监管理念、体制、手段以及规则应对互联网金融平台,则无法实现既发展互联网金融平台又保障金融安全的目的。因此只有在法治轨道上探索监管方式,才能有效应对互联网金融平台的风险。

2021 年底,由国家市场监管总局印发的《法治市场监管实施纲要(2021—2025 年)》明确指出,法治市场监管建设是整个法治建设的重要一环。习近平总书记同样在 2022 年 4 月中共中央政治局第三十八次集体学习会议上提出,

---

① 腾讯云、腾讯安全、腾讯研究院、毕马威:《监管科技白皮书》,https://max.book118.com/html/2022/0816/8117053030004130.shtm,访问日期:2023 年 3 月 13 日。

提升监管能力,强化监管技术支持,增强监管的前瞻性,以提升市场监管的整体效能。由此可以看出,不论监管方向还是监管法治化道路,现阶段都已明确。因此,监管机构应在监管理念、监管方式以及监管法律上作出转变,完善互联网金融平台监管的法治路径构建。

一、变更监管理念

(一)秉持包容审慎的监管理念

《指导意见》中提出,"要鼓励创新,支持互联网金融稳步发展,同时指出互联网金融平台风险具有隐蔽性、传染性、突发性,需要加强监管"。在国务院办公厅颁布的《互联网金融风险专项整治工作实施方案》中同样指出,在鼓励真正的互联网金融创新的同时,要加强整治金融违法违规现象。此外,在国务院颁布的《优化营商环境条例》中亦规定了对"四新经济"实行包容审慎监管。由此可见,包容审慎中的包容性监管是对创新的包容,审慎监管是对风险的审慎。

第一,金融创新的本质要求包容监管。包容创新是指监管者要站在促进创新的角度实施监管,不能将新业态"一棍子打死",而是要对新业态保持包容的态度,主要包括鼓励创新、保护创新与宽容创新。原因在于以下几个方面。首先,依靠技术的互联网金融产品需要时间来发挥其最终用途和适用性,同时市场会自发确定该产品以及技术的可适用性。一项技术的可用性本身并不意味着它会被广泛采用,这一切需要监管规则给予市场充分的选择权。其次,监管应当保持技术中立,尤其在尚未对互联网金融平台进行整体认识之前,这可以在最大程度上不影响市场创新和技术标准。但这不意味着监管者应完全放任,而是要时刻关注其结果。

第二,风险的复杂性要求审慎监管。审慎监管原则是指监管机构对互联网金融平台的监管应在充分考虑监管的利弊得失后,秉持谨慎干预的态度,实施科学合理的监管。审慎监管应立足于互联网金融平台的风险问题,在其会出现问题的领域进行重点监管,而不是不加区分地进行"一刀切"式监管。将风险点作为审慎监管的立足点,可以更好地平衡监管强度与监管时机,对监管对象进行有的放矢的监管,才能在包容审慎中找到平衡点。

(二)强化协同监管理念

互联网金融平台协同监管理念实质上是指在保证各方利益均衡的情况下,将不同类型的监管主体联合起来,协调各方共同采取监管行动。其中,既包括以政府为代表的监管主体,同时也包括私人监管以及其他类型的监管主体。以上主体都需要明确各自的职责与权限,在应负责任的范围内进行协调配合,防止重复监管、监管冲突等问题。

第一,在监管主体上,需要明确政府在监管中为主导,其他主体协同监管的职责定位。在监管机构内部,金融稳定委员会应统筹协调各个金融监管部门之间的关系,以增强监管机构之间的协调性。在监管机构外部,应积极利用社会的监督资源,如新闻媒体、消费者等,同时积极协助并引导行业自律协会的成立,并制定相应的规则。①

第二,在监管方式上,实现监管资源的互动。要提高监管部门之间的信息交流,加快监管信息的传播效率,建设有效的协同监管机制,打破监管部门之间的信息孤岛问题。同时,技术是实现监管目的的重要手段,因此要求改进互联网金融协同监管技术的水平,创新互联网金融协同监管工具,以高效地实现监管目标。

第三,在监管资源上,实现监管资源的整合。除了要加强监管者之间的协调沟通,要实现互联网金融平台的有效监管,必须整合社会闲散的各种监管资源,为互联网金融平台协同监管理念提供基础,同时明确监管主体的各自职责,增加监管主体和资源的互动性。在此基础上,通过沟通、协商等方式增加监管者与监管资源间的耦合程度,避免强制性的"命令—控制"手段,进而形成创新互动型的互联网金融平台协同监管理念。

(三)注重穿透式监管理念

2016年,国务院在《互联网金融风险专项整治工作实施方案》中正式提出"穿透式监管"理念。其中,穿透式监管理念是指金融监管部门透过金融产品的外在表象,遵循"实质重于形式"原则,穿透结构复杂的金融业务和产品,而

---

① 吴烨:《金融科技监管范式:一个合作主义新视角》,《社会科学》2019年第11期。

对金融市场中的主体业务和行为金融进行有针对性监管的金融监管理念。[1]
穿透式监管主要分为针对具体环节的全面穿透和针对底层资金的彻底穿透两
类。[2] 穿透式监管理念实施的本质是通过信息披露消除信息不对称进而实现
监管目的。

　　穿透式监管理念既是其他监管理念的补充和拓展,也是实现其他监管理
念的必要手段。首先,穿透式监管理念由功能监管衍生而来,弥补了传统监管
体制的缺陷,因此更适合于互联网金融平台所带来的监管挑战。同时,穿透式
监管可以促使其他监管理念发挥最大效能。其次,相较于传统的监管理念更
具有灵活性,可以穿透互联网金融复杂的产品,对其本质进行甄别,因此可以
弥补传统监管理念的不足。

　　此外,面对具有高度综合化与风险复杂性的互联网金融平台,穿透式监管
理念一是有利于提升市场透明度。穿透式监管理念的重点在于深入挖掘互联
网金融产品性质和平台行为的风险本质,可以通过穿透的方式将复杂的互联
网金融产品以及平台行为进行透明化。从源头上遏制风险的传播和扩散,防
范系统性风险的发生,有利于监管机构对于风险的把控与防范,可以及时作出
反应,从而减少违法行为,促进金融市场的有效监管。二是减轻了投资者的信
息不对称的程度,减少投资者的盲目性,进一步保障金融市场消费者的权益。

　　因此,遵循穿透式监管理念,刺破互联网金融平台的表象,精准识别资金
流向以及产品风险,强化了在横向上监管范围的广度和在纵向上监管渗透的
深度,有利于监管部门间的协调配合,避免监管真空与监管套利。

二、创新监管方式

(一)推动监管科技的运用

　　我国处于经济从高速发展向高质量发展的新时期,以及防范化解金融风
险的重要时期。国务院金融稳定发展委员会第十五次会议明确要求,"充分运

---

① 辛积金、张雯、杨天骄:《国际"穿透式"监管理论的发展和实践对我国的启示》,《西部金融》
2018 年第 2 期。
② 王帅:《科技金融发展中的政府监管与法律规制研究》,《财会通讯》2022 年第 2 期。

用现代信息技术手段,加强监管科技建设,提升效率和覆盖面"。不论从理论层面还是在实践层面,传统的监管技术无法适应互联网金融平台的技术变革,因此监管者要从旨在控制人类行为的监管转向旨在监督自动化流程的监管。换句话说,互联网金融平台的发展引发了对监管技术的需要,在监管、控制、报告和合规的背景下,信息技术的运用显得尤为重要。特别在面对以互联网金融平台为典型的技术衍生风险时,应通过监管科技进行有效化解。监管科技作为包含自动化、数据化和智能化的技术化监管解决方案,体现了全新的监管路径。① 整体而言,监管科技是支撑整个金融行业发展的坚实基础,代表着未来金融监管的发展趋势。②

首先,监管者应夯实监管科技的技术基础。互联网金融平台的本质规律是以大数据、人工智能、算法等技术为基础的新金融业态,监管者应当抓住其运行本质,积极构建以技术为核心的科技化、数字化的监管工具,将传统以人工为主的监管方式转变为技术治理模式,将以事后为主的监管方式转变为自动化监管方式。只有丰富监管技术,才能提升监管效果。而监管科技正是利用科技手段,对金融工具进行优化,获取信息实时、动态的监管信息,以此提高监管效率,降低监管成本,从而有助于解决监管政策的滞后性与监管信息的不对称难题。监管科技的基础是科技,核心是监管。③ 因此,首要任务是要破解监管科技的技术短板。具体而言,一是提升监管科技中人工智能、算法等科技技术,将监管科技中的科技性能发挥最大效用,充分发挥监管科技在互联网金融平台监管过程中的优势;二是提升监管科技解决方案的可行性,完善监管效果评估机制,使其可以在金融风险预警等层面进行广泛应用;三是要加强监管者与监管对象之间的信息技术联通建设,以应对金融监管中的信息不对称导致监管漏洞问题。

其次,建立监管技术标准体系。监管科技的内涵不仅要求监管者采用最先进的科技手段进行监管,同时也要关注金融对象的科技基础设施。监管者

---

① 张永亮:《金融监管科技之法制化路径》,《法商研究》2019 年第 3 期。
② 许多奇:《互联网金融风险的社会特性与监管创新》,《法学研究》2018 年第 5 期。
③ 秦勇、韩世鹏:《监管科技:概念重塑、适用逻辑与规范路径》,《金融发展研究》2021 年第 8 期。

应当在法治层面建立起统一的技术标准体系,为互联网金融平台设立技术指标进行指引。监管者要及时更新基础设施,并及时进行信息披露,对应用边界、操作细则等提出明确规范,运用区块链技术,推动自动化监管,提升监管效果。运用监管科技建立统一的技术标准体系,建立实时共享的透明化监管体系,实现金融监管现代化。

（二）设立监管沙箱模式

监管沙箱最早见于英国在政府科学办公室的一份报告中,英国金融行为监管局在2015年11月正式发布的监管沙箱可行性研究报告中具体阐述了"监管沙箱"的基本构想和制度设计。随后其作为创新性的监管手段逐渐被各国所吸收接纳。截至目前,已有20多个国家和地区正式推出监管沙箱。2019年,在中国人民银行支持下,北京在多领域多方面展开监管沙箱试点活动。随后,上海、深圳、杭州等地陆续开展了监管沙箱的试点工作,充分展示了我国保护、发展互联网金融创新的决心和对风险监管探索的努力。

"监管沙箱"的产生是为了更好地平衡创新与监管之间的关系,本质上是以原则为基础的适应性监管。质言之,其是一种附条件且有控制的放松监管。因此,"监管沙箱"制度对轮廓尚未清晰、规则尚未完备的金融创新领域具有更好的适应性,可以在控制风险的同时,最大限度地保护金融创新。具体而言,第一,可以为监管机构提供了解互联网金融平台运行机制的机会。监管沙箱是为互联网金融平台新产品的运行提供类似"试验田"的运行空间,该空间为模拟的真实交易环境,旨在对该产品的可行性进行观察与分析。由此,监管者可以近距离了解该类互联网金融产品的运行机制,为日后的监管积累数据与经验,从而可以更好构建监管体系。第二,有利于实现保护创新与风险控制的双重目标。虽然监管沙箱的运行环境并不等同于真实的金融市场,但却给予了金融创新产品最大的发展空间,让新产品有运行机会,避免了"一刀切"的监管弊端。同时,经过监管沙箱的筛选,使互联网金融产品进行优化,大大降低金融风险发生的概率,产品的相关信息也被记录在案,即使当风险发生时,监管者也可以追本溯源,更利于风险的化解。

因此,我国现阶段应不断完善监管沙箱制度,使其更能够在互联网金融监管领域更为广泛地适用。首先,应当扩大监管沙箱的运行地区。截至2022年6月,我国"监管沙箱"的试点城市以北京、上海、重庆、深圳等为代表,共计15个省市,远不能满足我国现阶段互联网金融平台的需求。因此,应当将运行较为成熟的有益经验进行推广,同时结合不同的城市、不同的金融环境因地制宜,设置具有针对性的监管沙箱运行机制、制度规范,以期在全国范围内普及监管沙箱制度的运用。其次,完善监管沙箱的运行机制。因监管沙箱具有很强的地域性,导致各地监管沙箱的监管标准以及运行机制都各不相同,故中央应制定顶层设计,进行统筹规划,同时加强地方与中央之间的交流沟通,保证监管沙箱的监管的有效实施。此外,监管者应不断完善运行监管细则,如执行方式、责任主体等,保证监管沙箱的可实施性,也需注意要根据"监管沙箱"运行情况进行审视与调整。

值得注意的是,不同国家和地区对于创建监管沙箱,不论在宏观层面的制度规制还是微观层面的沙箱设计上,都不尽相同。毋庸置疑,每个国家和地区都是基于本国国情和互联网金融平台监管体系进行构建的。如英国仍是在"双峰体制"下构建监管沙箱。同样,我国互联网金融平台发展的时间虽晚,但规模化程度更高,因此在对监管沙箱的探索与实践中,不应盲目照搬制度成熟的国家的经验,而应在借鉴有益经验的同时构筑中国版的监管沙箱。

三、完善监管法律制度

(一)构建试验性监管法律制度

互联网金融平台的发展和去中心化为金融监管试验性规制提供了契机和可能,有利于监管机构对互联网金融平台的数据收集,有利于监管者更好地了解互联网金融平台的运行机制与经营模式。通过以往的金融监管实践可以看出,因缺乏统一的试验原则和制度规制,现阶段采取的试验性金融监管方法在程序上缺乏规范性,在制度上缺乏立法依据,从而导致现阶段我国尚未建立统一的试验性金融监管法律制度。这极有可能造成金融监管试验结果失真,不利于发挥金融试验性监管对互联网金融创新与发展的促进作用。为此,支持互联网金融创新的发展需要我们在借鉴国外有益经验的基础上,通过立法建立试验性的金融监管法律制度,以提高我国金融监管的弹性和灵活性。①

首先,健全试验性金融监管的法律规则。试验性金融监管并非意味着可以突破授权范围,应将试验性金融监管的权限划分及程序步骤进一步合理化与制度化,以法律形式规定试验性监管的范围、对象和期限,防止滥用试验性监管授予的权力。

其次,完善试验性金融监管的风险隔离机制。一是对运营范围进行规定,防止风险扩大;二是应进行充分的信息披露制度。互联网金融平台的使用人群承受能力明显偏弱,故应当减少金融监管试验过程中的信息不对称问题。应将试验中的基本信息以及风险状况对全社会进行告知,并实时定期地将风险警示、处罚等情况及时予以公布;三是搭建信息共享平台。试验性金融监管规则对信息的动态性具有更高的要求,因此应使参与试验性金融监管的地区以及不同金融类型的参与主体能够实现信息实时共享。

最后,建立科学评估机制。应将试验性规制的评估机构与实施机构相分离,使评估机构保持中立的态度与立场,从而使测试结果具有真实性与公平性。同时,应将评估报告与评估过程向社会公开,根据实际效果与评估报告进行综合考量。

(二)创设监管科技应用法律制度

监管科技作为伴随互联网金融平台发展应运而生的创新产物,其市场规模日益扩大。根据 CB Insights 发布的《全球监管科技发展趋势报告》,2017年初至 9 月末,全球监管科技领域融资额达 8.94 亿美元,涉及 103 宗交易,预计 2017 年全球的监管科技融资额将达到 13 亿美元,涉及 148 宗交易,并广泛分布于诸多领域。由此可见,随着监管科技发展规模不断扩大,相应的法治建设也应同步跟上,保证监管科技在监管中的适用,同时防止监管科技所带来的技术风险与法律风险。

相称的监管制度可以避免繁重的监管,有利于降低合规成本,加强监管效果。通过观察域外对互联网金融平台的监管实践可以发现,域外国家的监管

---

① 吴凌翔:《金融监管沙箱试验及其法律规制国际比较与启示》,《金融发展研究》2017 年第10 期。

实践大都以监管法律为前提,且监管法律规范大部分为法律法规。以美国为例,美国的互联网金融平台监管法律体系相较于其他国家更为健全。在中央层面连续发布诸如《金融科技监管白皮书》《美国金融科技框架》《CFPB创新细则》等相关法律法规;在各州层面,如怀俄明州颁布《金融科技沙盒法案》,为金融科技创新企业提供更为包容的监管环境。[①]

首先,加强监管科技的顶层设计,统筹规划全国一盘棋。一方面,应充分发挥中央统筹协调的作用,由中央牵头建设监管科技平台,整合金融监管部门的金融科技机构,建立全国统一的金融科技监管部门。同时,协调中央与地方监管科技建设衔接,保障各地方监管科技建设与中央标准相匹配。另一方面,监管者应在法律层面上制定科学合理的监管科技规范,制定监管机构、金融机构的运用、制定可以依据的行为准则,保证监管科技的运行有法可依。

其次,建立数据保护制度和统一的技术标准。在技术与金融广泛融合的背景下,信息技术安全成为监管重点,但因技术适用与模式存在差异,从而导致现阶段监管形势不容乐观。因此,应制定数据保护制度与统一的技术标准,以规范市场秩序,保护数据安全。第一,在数据保护上,应统一监管科技数据,并达到监管数据全覆盖,贯穿数据采集、存储等各个环节。同时,完善关于数据保护与信息管理的有关法律和监管规则。第二,在统一的技术标准上,应在准入标准上、实施要求上、运行规则上制定统一的监管标准,以支持监管合规的自动化处理。

最后,规范监管科技的运用,防控监管科技的技术风险。技术风险是阻碍监管科技应用推广的一个重要因素,因此在享受监管科技带来的监管便利性和高效性时,也应防止监管科技的滥用行为而导致的技术风险。应建立信息披露制度,提高监管科技的透明度,包括内部透明度和外部监管透明度。同时,将监管科技解决方案进行留档存储,为后续的系统升级与改造提供便利,也便于监管机构开展的事后审查与系统对接。

---

① 程雪军、尹振涛:《监管科技的发展挑战与中国选择:基于金融科技监管视角》,《经济体制改革》2022年第1期。

（三）构建多元共治法律制度

多元共治是在法治框架下，通过协商、合作机制，构建多方主体协同治理的制度框架。应涵盖政府、平台、用户以及行业协会等多元主体，共同构建互联网金融平台的共治结构体系，构成协同发力的治理共同体。

首先，政府主治。政府监管部门负有监管的主要职责，应做好顶层设计，适时制定、完善互联网金融平台相关的法律法规，提高法律效力层级，规范指引互联网金融平台的有序运行。同时，政府监管部门一方面要落实平台责任，引导平台发展，与其加强沟通，另一方面要与其他监管主体进行沟通协调，实现信息共享，从而能够及时化解金融风险。

其次，平台自治。互联网金融平台是技术创新、运营管理的市场主体，能够发挥关键性中介力量，平台可以填补政府治理与社会治理的不足。故应积极落实平台主体责任，加快落实互联网金融平台责任相关法律法规的出台。一方面互联网金融平台应保障技术开发、实施与运营中的技术与数据安全；另一方面要保障平台自身规范经营，防止垄断行为和不正当竞争行为的发生。

再次，用户参治。用户自身兼具自治与监督的双重属性。用户作为平台的直接参与者，能够实时监督互联网平台所产生的违法违规行为，可以扩大监管机构的监管视野，更好地弥补监管部门监管的滞后性。但是双边用户的监管有其相应的弊端，用户的个人力量太小，难以与数字平台企业抗衡，并且很容易因为平台的威胁而与之进行妥协。同时，应辅以第三方机构介入，如媒体、信用评级机构、信息搜集机构等。利用媒体的社会影响力与信用评级机构、信息搜集机构等专业性，补充双边用户个人监管的弊端，以达到微观层面监管主体的完善。

最后，应注重行业协会的监管力量。互联网金融协会于2015年经国务院批准成立，但在监管活动中却鲜少能看到互联网金融协会的身影，其处于被边缘化的境地。行业协会具有很强的行业基础，多由专业人士组成，具备相当的专业知识与专业素养，专业化程度更高，可以更精准地对互联网金融平台进行监督。且行业协会较政府和平台更具有灵活性与中立性，行业协会的监管可以很好地中和不同主体对平台实施监管目的不一致的问题，保持一个中立的立场,以更加灵活的监管方式规范互联网金融平台的发展。同时,也可以为监管机构提供监管数据和相关报告。因此,应更加重视行业协会的协同作用,促进行业数据整合,加强行业交流。